復刻版 人相と手相入門

付 小人形相法（大樹小人形法・逆人形法）

中村文聡 著

東洋書院

まえがき

『気学占い方入門』のあと、〝人相と手相〟の本を書くようにとの依頼があったが、何故か私は筆が重かった。人相や手相というものは、姓名学や気学のように形にはまった学門と違って、部位がちょっと違っても、判断が全然違ってくるので、それを本によって学ぶことは、なかなか困難なことである。

今までたびたび講習会を開き、直接講義を受けた方は、のみ込みも早く、よく覚えてくれた。しかし私は講義をするときに原稿というものを作ったことが今まで一度もない。ブッツケ本番の講義ばかりしてきたからである。

ある日、門弟の鈴木乾正氏が遊びに見えられて、〝人相〟の話になり、実は〝人相〟の本を頼まれているが、なかなかとりかかるのがおっくうでと話したところ、乾正氏は「人相でしたら、全部講義を、そのまま記録してありますから、それをお出しになれば、先生の講義を聞くのと同じですから、これが本になれば申し分ありません」という。さっそくそれを見せていただいたところ、実によく書けているので、驚いた。さすが几帳面《きちょうめん》な人だけあって、講義をそのまま記述している。

そこでそれを拝借して、書いてみることにした。そのようにして出来上がった本であるから、この書をよく読めば、講習を受けられたのと同様に上達することと思う。

私は本書を出すことによって、改めてよき門弟に恵まれたことを、喜ぶ次第である。

自分も七十の坂を越して、昔流にいえば隠居となった年であるから、今後は、よき後輩の出ることを祈ってやまない。

中村文聡

目次

人相の占い方

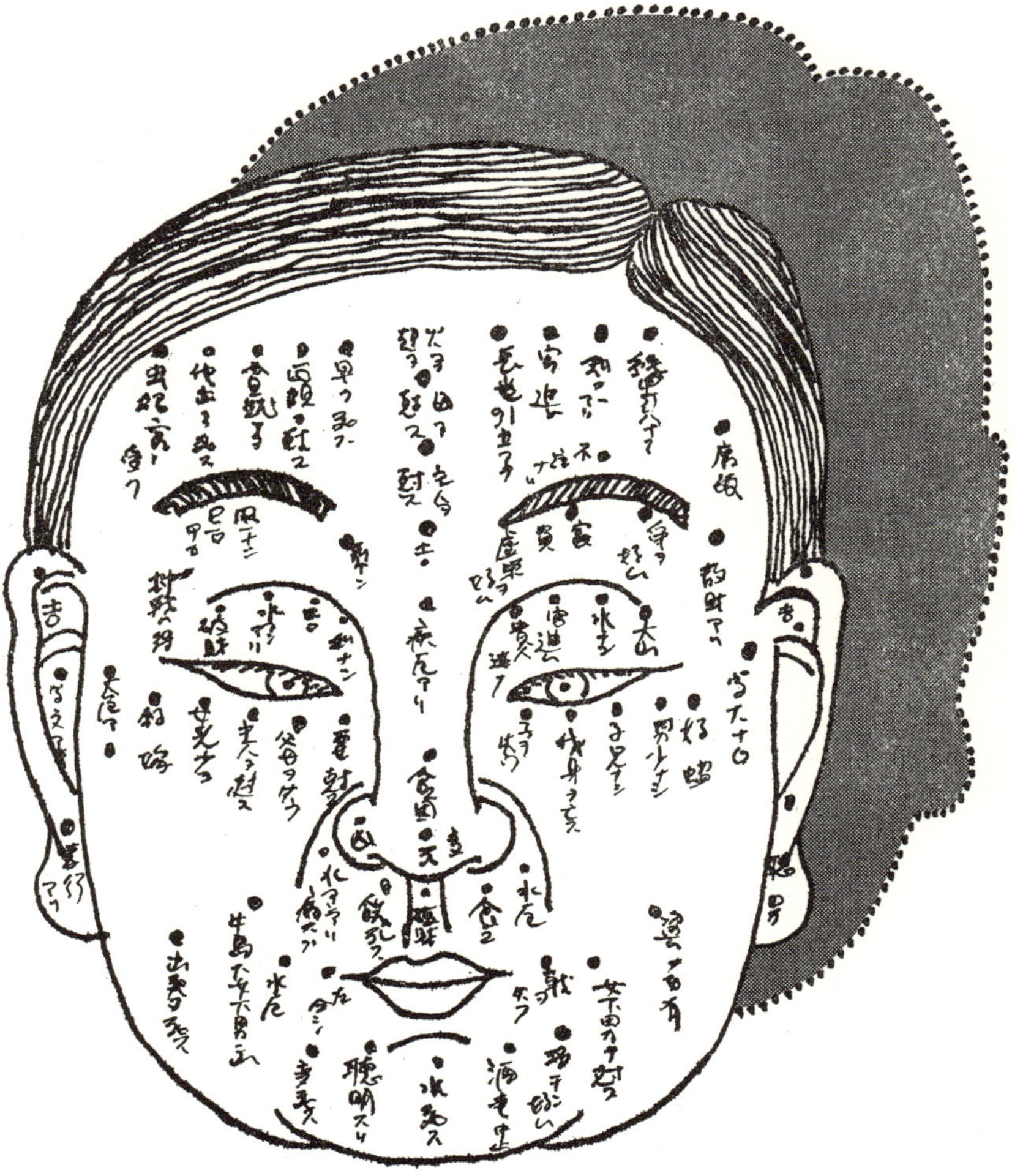

はじめに

人相、手相、家相を総称して相学というが、相学の相という字はすがたとかかたちという意味で、相学とはかたちによってその心理的な動きや、性格を推察する学問という意である。だから人相、手相、家相はみんな相学の各一分科であるということができる。しかし、そのうちでも人相や手相は、人間の精神と直接つながっているところから、その動きも多く、判断にも複雑なものを持っており、家相のように一つの物体を通じて、それに住む人の精神を知る方法とはおのずから性格を異にしている。

これらの学問は人間が運命というものに懐疑を起したころから研究され、永い年代の経験知をもって体系づけられたもので、それだけに科学的に割り切ろうとすることにたぶんに困難を感じる場合が少なくない。しかし、ここでは、できるだけ科学的合理性をもって筆を進めてみたいと思う。

人相は類型の研究から生れた

一番最初に人相の問題から取り上げてみよう。人相学はその初期の時代において類型の研究から出発したもので、中国の古い本を調べてみると、あの人の顔は猿に似ているから猿のような性格を持っているとか、あの人の顔は豚に似ているから豚に似た性格を持っている、といったような研究から始まっていることがわかる。またアリストテレス時代の西欧の人相学などにもそれと全く同じ研究が載せられている。その後これらの研究は漸次部分部分の研究に移され、人間それ自体を研究の対象に持つようになった。

同じような顔付きの者が同じような性格や運命を持つであろうということは、人相学を信じるだれもが考えることであるが、この法則は非常に興味ある真実性を持っている。

私などがよく初対面の人に会う場合、その初対面の人が自分の知人の顔付きに類似していることがある。そのとき知人某の性格や運命をそのまま初対面の人に当てはめて微細な判断を試みると、本当によく的中して相手方を驚かすことがある。これは人相学において類型の研究がいかに必要であるかを裏書きするものである。

しかし、人間と動物との類型を求むることは必ずしも妥当ではない。なぜなら、人間と動物とは生活や環境、肉体の組織、知能等が全く異なっており、いくら掘下げてみても完全な対象とはならないからである。人間を主題とした学問である人相学は、どこまでも人間対人間を対象としなければ完全なものとはならない。アリストテレス時代や中国の古代における人相学が全く忘れられるようになったのも、実はその研究の方法が間違っていたからである。

人相学的な考え方

ここで人相学独特の考え方を知っておく必要があるので述べてみよう。

なぜ当るのか、当るのはなぜか——。

大体人相学というのは第一次的なものをつかまえて判断するのではなくて、第二次的、第三次的なものをつかまえて判断するのが特徴である。具体的にいうと、例えばこの人は鼻が詰まっているし、鼻の病がある、だから記憶力が弱いだろうというのは第一次的な状態をつかまえていっている。しかし、どこにホクロがあるから、この人はこういうことが悪いだろうという判断は第二次的、第三次的なものだから、一般の人たちがなかなか納得しないわけである。

もっとわかりやすくいうと、例えば、ここに一匹の殿様蛙がいるとする。どの雌蛙の前足、後足にも大きな黒い斑点があるわけだが、去勢すると次第に斑点が薄くなり、しまいには、斑点が有ったのか無かったのかわからないほどに薄くなってしまう。

以上のことを実験した人がある。そうすると生殖器に関係があるというのは考えられないことはないが、斑点を見ただけでこの蛙はたくさん子供を産むとか、産まないとか判断すると、一般の人たちにはピンとこないわけである。しかし去勢の実験の結果斑点が薄くなるとしたら、斑点の有無を見て蛙の子供縁の判断が可能になり、その斑点は生殖器に対する第二次的、第三次的な一つの現象である。

人相学は順を追って研究してゆくのではなく、いきなり、これは子供を産まない、これは子供を産む、という判断をするから、ただ勘の働きで見ているように思われがちだが、実際はそうではないのである。

爪の根元に印をつけ、何カ月で爪先まで伸びるか実験したら、約九カ月かかった。赤ん坊だと二、三カ月で伸びる。年齢や労働状態を調べれば、大体、何歳ぐらいの人なら何カ月かかるかというのがわかるのである。

爪は皮膚の変形であって上昇する繊維と横の繊維で網のように交差し重ねられて作られている。爪は角質物体といって牛や鹿の角と同じ種類のもののように考えられるが、身体を保護するための存在であり、同時に皮膚の変形だというのが正しい。

人間の皮膚は非常に敏感だから爪は必ず横に段ができる。この横段を見て

「あなたは何カ月前にこういう病気を患《わずら》ったね」

と言うと、見てもらった人は非常にびっくりするが、我々の世界では常識なのである。ただ違うのは、見てもらった人はそういうことについて研究しなかったのだし、我々はそういうことばかり研究しているというだけのことである。

だから人相というのは第二次的、第三次的な現象をつかまえて直接核心に触れる。つまり結論をすぐつかまえようとする。こういう点が学問的な発達を遅らせた原因である。もしも学問的に、これはこうなんだから、こういう状態になる――例えば斑点の場合でも、それは染色体の関係から、ああなったり、こうなったりしたのだというように、理論展開が最初から行なわれれば、一般の人も納得するだろう。ところが、そのように理論的に解明せず、斑点が濃いとか薄いとかだけで判断するから、なかなか一般の人は納得しないわけである。そして〝当る〟ということによって不思議を感ずるのである。

人相学は、医学関係の人が今後ますます徹底的に研究しないといけない問題だと思う。現在でも何人

かの医学者が熱心な研究をやっているが、他の研究に比較するとまだまだ非常にお粗末というほかはない。

　我が国では、医者が患者を診察するときは、その顔色、目、舌などを見るが、アメリカあたりでは、いきなり患者の手をとり、その裏表を見て観察するのが常識になっている。そして悪い個所を判断して、それから診察にかかるという順序になっている。しかし我が国では「ちょっと手相を拝見」という易者はいるが、手を見る医師はほとんどいない。

人相学上の五官

人相学の五官は、目、口、鼻、耳、眉の五つをいい、生理学でいう五官とは少し意味が違っている。

口について

口の名称は上唇を金覆、下唇を金載、口の隅を海角と呼んでいる。文字から受ける印象だとちょうどガマグチのようなものといえるわけである。

(1)常に口を開いている人は金持ちになれない。俗に財布のヒモがゆるんでいる形。

(2)口の中に自分の握り拳《こぶし》が入る人

　これは昔の説だが、大人物の相であるとされている。だが、赤ん坊ぐらいの拳ならまだしも、自分の拳が自分の口

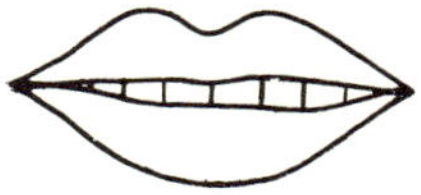

に入るというのは余程大きな口でなければ入らないわけで、ずいぶん誇張された説だが、大口は体格も非常に大きい人に多い。また財界人なら新しい領域を開拓し、経済の段階を的確につかんでゆく。芸能人ならその人を一つの節として芸能界が一変したとか、いわゆる歴史的な人物というようなのが非常に多いものである。

政治家では永井柳太郎、財界人では大倉喜八郎、芸能界ではエノケンなどだが、なぜそうした状態が出てくるかというと、昔の人相書に「口は思想の器である」とされているように、大口はその人の考え方が非常に大きいことを示しているのである。だから歴史的に何かエポックをきたすようなことを考える。それが口が大きいという一つの裏付けのようにみている。

(3)女性で口の大きな人

男性的なものの考え方を持っているから、一応大きなことを考えるし、生半可なことでは満足しないのが特徴である。一般家庭の主婦のように、妻の座におとなしく座っていることはできず、自分で何かをやらなければ気が済まないし、やれば今度は主人を省みないようになるから、縁も変りやすいということになる。後家相の一つである。

唇の色について

(1)唇の色が青白くて、あまり赤味のさしていない人は殊に婦人に多く、貧血症である。色は医学的に最も証明されやすい。

(2)唇の色が非常にドス黒い感じの人は、好んで肉食をしている人に多く、はなはだしいときは朝からスキヤキを食べている人さえいる。野菜食を多くとっている人の唇の色はきれいである。

(3)紅色をした人は愛情に対して積極的

昔から芸者は唇に紅をつけ、目尻や耳朶《じだ》にもちょっとつけるが、非常に魅力的になる。これは人相の重要部位で、人間が情欲を感じたときは必ず耳朶が赤くなるし、恋愛問題でのぼせているときは目尻が赤くなっている。したがって口と目尻と耳朶は一つの関連性があると考えられる。もしそうでなくて耳

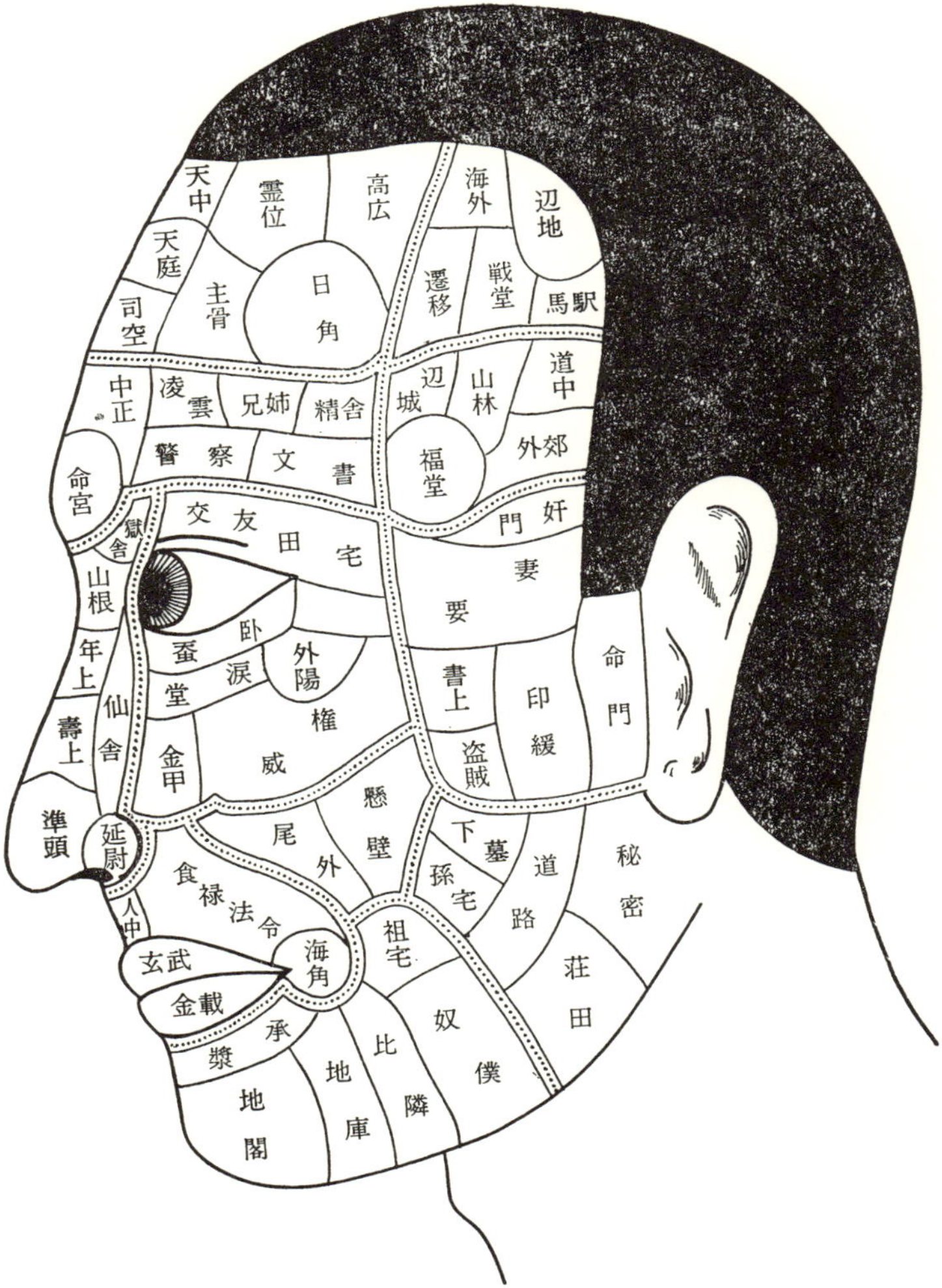
天中
霊位
高広
海外
辺地
天庭
司空
主骨
日角
遷移
戦堂
馬駅
中正
凌雲
兄姉
精舎
辺城
山林
道中
命宮
警察
文書
福堂
外郊
獄舎
交友
田宅
奸門
妻
要
山根
臥蚕
外陽
涙堂
年上
書上
印綬
命門
仙舎
権威
壽上
金甲
盗賊
懸壁
準頭
延尉
尾外
下墓
道路
秘密
食禄
法令
孫宅
人中
祖宅
玄武
海角
荘田
金載
承漿
奴僕
比隣
地庫
地閣

顔面総部位の図

が赤い場合は、熱のある証拠なのである。風邪をひいて熱のあるときは、まず耳だけが赤くなっている。病気か恋愛問題かはよく気をつけて見ればわかる。

唇について

(1)唇の薄い人は、昔からおしゃべりだというが、これは人相学から出た言葉で、女性なら井戸端会議の議長格といえる。

(2)唇の厚い女性は、見たところ余り美しいとはいえないが、なかなか愛情が豊かで親切である。

(3)上唇の厚い人は、愛情的に多少変質である。

(4)上唇がまくれ上がっている人は、子供運が悪くて、物質運も充分に恵まれない。

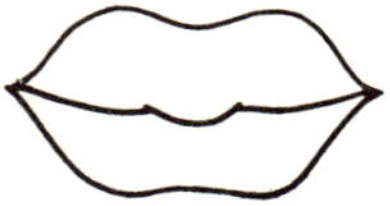

(5)火吹口の人は、運勢的にも不幸で金持ちにもなれない。

(6)どういう唇が良いかというと、上唇よりも下唇のほうが比較的厚いほうが良いし、白紙三枚をくわえて落ちない程度に、軽く結んだくらいが良いとされている。

(7)唇を強く結んだ人は、緊張した生活の連続を意味しているから決して幸福とはいえない状態である。

(8)受け口の人は交際してみると親切だが、どこかに自己主義的な考え方を持っている。自分一家の幸福だけを考えている人が多い。

(9)唇にホクロのある人は食べ物に執着が強い。例えば、貧乏で家族が困っている状態でも、自分だけは毎日ぜいたくな食事をする。他人を訪問して「飯でも食っていかないか」と言われれば自分の好きなものを遠慮なく言うし、また近所の店の何がうまいということなどもよく知っている。

(10)海角が爛《ただ》れているときは胃腸障害を起したときで子供に多いが、食べ物に注意すれば治る。

(11)への字形の口の人でも、力のあるときは成功する。力がないときは不運である。海角が

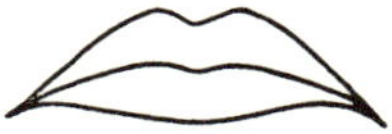

垂れ下がっている人は、左だけとか右だけとかにかかわらず、必ず他人の恨みを買う人で、いかにまじめな顔をしていても行ないに残酷なところがあったりする。海角の右が垂れ下がっている男性は、女性から恨みを受けているし、左ならば男性の恨みを買っていると見る。女性の場合は、その反対になる。右が下がっていれば男性の、左が下がっていれば女性の恨みを受けているとみる。

歯について

昔の本を見ると、34枚ならどうだとか、36枚ならばどうだとか書いてあるが、人間の歯の枚数は大体決まっていて32枚あるのが普通だとされている。それ以上あるときは、乳歯が抜け変らずに残っているためである。枚数によって吉凶はいえない。

歯の色についても、古書には「明眸皓歯《めいぼうこうし》」といって、白くて艶々《つやつや》しているのが良いといわれているが、私はそのようには見ない。歯はやや黄色味を帯びて、しかも艶のあるのが健康人の歯である。昔の人は、乞食《こじき》は上下座ばかりして地気を吸っているから歯が白いのだという考え方をしたのだが、それは間違いである。栄養が充分回っていないから艶のない白さを持っているのだと考えるのが妥当である。呼吸器病患者は馬骨のような白さを持っているが、やはり栄養不足の状態から起る一つの現象である。

(1)非常に長い歯の人は、歯槽膿漏《しそうのうろう》の原因にもなるし、また脳溢血の傾向を示している。これは唾液に石灰分が多いために歯床に歯石がたまり押し出されて抜け上がった場合が多く、年代を経て長くなってきたものである。

(2)入れ歯が必要なのに入れない人は、金銭の有無にかかわらず、物質的に不自由したり問題を起す人である。財産があっても商売に窮したり年中問題が多い。

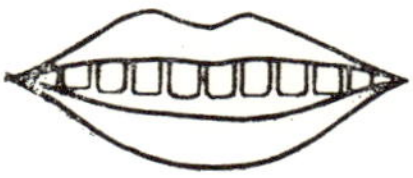

(3)特に短い歯の人は、アゴの構造が違うので、上の門歯と下の歯が当るが、歯は絶対に大きくならない。

(4)小さくて隙間《すきま》のある人は、嘘つきの相だとされているがそのようなことはない。

「あなたは子供のときから食べ物に好ききらいが多すぎるし、また、身体も弱いですね」と判断すれば絶対に間違いない。歯が成長期にあるとき、偏食とか身体虚弱のため、歯が充分成長せず歯床だけが発達したからこのようになったもので、隙間のある小さい歯は少年期の偏食や病弱などを物語るものである。

(5)門歯の大きい人は、文学的才能を持ち、また宗教的な素質を示している。

(6)門歯と門歯の間に小さい薄い歯がある人は、養子の相で、他家相続の相だとされている。

(7)梅毒の歯というのがある。花びらのような形をしていて、左右から押しつぶされて中央にシワが生じている。先天梅毒。ハッチンソン氏が発見したのでハッチンソン氏の梅毒歯といわれている。

(8)犬歯ばかりでなく門歯も尖った人は、乱暴な性格の人である。

(9)乱杭歯（並びの悪い歯）は、物質的には面白くない状態を示している。

(10)ソッパの人は家庭的に問題が多く、配偶者の変る人が圧倒的に多い。こういう例がある。再縁で、家庭では兄弟の争いが絶えないが、商売には積極的であるし、また金儲《もう》けもうまい。

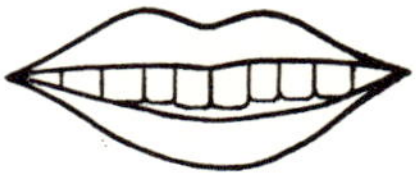

鼻について

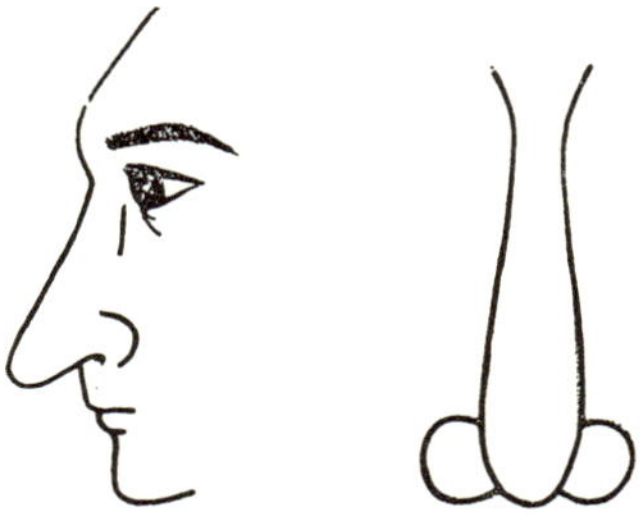

(1)貧相の鼻――これは幸せな状態ではなくて、一つの貧相であるという考え方をしている。

私の知っている材木屋のご主人にこうした鼻の持主がいた。関東大震災で大儲けをして隆盛に営業しているのを見て、「ハテな、こういうのは貧相だということなのに不思議なことである」と思った。まだ私が独身のころで、親類のように毎日その店へ出入りして食事をしたり昵懇《じっこん》の間柄だった。しかし、妻君は良い鼻をしていたので、これは妻君のおかげで繁盛しているのだなと思った。ところが、そのうち妻君が胸を患って寝込み、間もなく死んでしまった。それから、その家に使われていた女中さんが後添えに直ったわけである。

そしたら、二年も経たないうちにバタバタ店の営業も悪くなり潰れてしまった。このご主人は現存しているが、小学校の小使いさんをやって細々と暮らしている。一時的には栄えても、元来は貧相なのだから、結局はそういう末路になってしまったのである。

(2)金持ちの鼻――普通人相学ではこのように、むっちりと肉がついて小鼻のしっかりしているのが良相で、金持ちの相だといわれている。金銭に困窮することもなく、裕福な生活をしている福相だといわれる。だが、財閥というほどの大金持ちになれる鼻ではない。

財閥になるような人は、他に良い点をたくさん持つ必要がある。鼻は少々まずくても、非常に粘り強い質で、部下運の良い人相でなくてはならない。また、財閥になる人は家相についても、なかなかやかましく、Rさんも何回か図面を持ってきて急所の質問や細かい質問をしてゆくのだが、先代から家相のおかげで今まで繁栄してきたのだという考え方をし

ているわけである。

(3)段鼻――あまり上等とはいえない。人生にある程度の波乱を含んでいるとみる。

(4)鼻先が垂れ下がったもの――これは二種類ある。

(A)力なく垂れ下がったもの――胃下垂の人に圧倒的に多い。また金銭に年中困窮していて、だれの顔を見ても、すぐ「遊んでいる金はないか」などと聞く。こういう人に金を貸したら絶対に戻ってこないということになる。

(B)力があって垂れ下がったもの――格好から見たら同じような鼻なのだが、前者と全く反対である。したがって絶対に金銭に困るということはない。また、金遣いは細かくて、外出するときも電車賃とバス代の足代ぐらいしか持っていかない。大金をつかむ人なのだが、それでいて金に執着を持っていない人が多い。だから他人から貸してもらいたいといわれても、なかなか貸さないが、貸すときは、くれてやる心組みで貸すから借り倒されても文句は言わない。もっとも借り倒されても差し支えない程度しか貸さないのである。

永井荷風

一般にはユダヤ的といわれるタイプで守銭奴的に見える。日常生活も、金の有るときでも、無いときでも同じような生活をしているから、はたからは、金が有るのか無いのかさっぱりわからない。普通の人だと金回りが良いとすぐ食べ物や着物、調度品等が今までと違ってくるのだが、このような人はそういった傾向を示すことはない。永井荷風先生はこのタイプに属する人であった。

(5)シャクレタ鼻――シャクレていて割合に肉づきのよい形である。子供の鼻に多いが、人相学では童面といって大人で子供に似た顔をしたのがある。そのような人はこのような鼻をしていることが多い。顔は丸々として四十、五十になっても子供っぽいし、性格も子供っぽいところをいろいろと持っている。

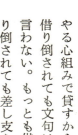

(6)鼻の穴の大きい人――金銭の出入が激しいから、大きく入ってきてもまた、大きく出費してしまう。自慢話をするのも特徴である。仕事も多忙で収入も多いが、本人が死んだあとは財産が残らなかったという場合が多い。

しかし、どんなに良い鼻をした人でも無一文になるときがあるし、悪い鼻をした人だから年中一文無しで困っているわけでもない。要するに運が巡ってくれば花の咲くときがある。顔に勢いがあり、艶があって健康ならば、必ず隆盛のときだが、たとえ目や鼻や口が良相でも、顔の血色が悪ければ惨めな状態にあるわけである。したがって後述するところの〝気血色〟ということは、人相学の上では非常に大切な問題とされている。

(7)大きな鼻――巨大で隆隆とした鼻を持つ人は奥さん運が悪い。事業は隆盛なのだが、何回も妻縁が変る。奥さんがヒステリーになって短命で終ってしまう。だが、顔全体からみてバランスがとれていれば、そういうことはない。

(8)女性で大きな鼻――これは男面の一つである。女性は元来口もと、鼻もとが純情だというのが基本タイプ。

人間の顔には男面、女面の二つの型があるが、女性でヒゲを生やしているのは男面で、推命学的にいえば身《み》旺《おう》の命だから、自分が一家を背負って立つが、旦那は小さくなっているという一つの矛盾した状態が出てくる。もし旦那がしっかり者だったりすると、反対に早くご主人に死なれるようになる。したがって、後家相の一つだと見ている。

(9)女性で鼻の低い人――結婚運は良くない。自分を卑下し低く評価する人が多い。相当頭も良くて立派な女性もいるのに、自分を誇張して言わないところがある。

その反対に鼻の高いということは自我意識が強いわけである。大体、鼻という文字は昔は「自」の字を書いて「ハナ」と読んだのである。人間は自己を表徴するのに、「おれが？」と言って鼻を指したりする。女性は夫運の強弱を鼻が示していると見る。

鼻の気血色について

(1)鼻に蒙色《もうしょく》の出たとき――女性の場合、暗蒙色が現れたときは、夫のことで苦労する。主人が道楽者で困ったとか、現在仕事の上で主人が大変苦境に立っているという場合に必ず蒙色が出てくる。それがシミ状で現れていたら、長い間主人のことで頭を悩まし続けている相である。

男性の場合だと必ず自分の実力以上の責任を負わされて非常に苦労している。ある問題が片付くと、また次の問題がおおいかぶさるように起り、気持ちの上の大きな負担が感ぜられるときに蒙色が出てくる。もう一つは健康に自信が持てないといった相である。

(2)鼻全体が赤く艶々している人――ちょうど入浴した湯上がりのときのように、きれいで華やかな赤い色をしている。その人の言うことは全部信じられないと見てよい。儲け話ならその金額は五倍ぐらいだし、損したときは少しの損でも大損したようなことを平気で言うから、そのつもりで聞く必要がある。

(3)鼻に毛細血管が出て赤くなっている人――鼻の先から小鼻にかけて出ているのが非常に多い。内密の借金のある人で、借金も次から次へと絶えず、なかなか返済ができない。大体に毛細血管の出る場所は、鼻のほかに、顴骨《ほおぼね》(目の下)、鰓骨《えらぼね》(耳の下)に限られており、ほかに出ることはない。いずれも借金を意味している。

(4)鼻の赤点――鼻に出たときは、ある程度戻ってこない出費や損失をした場合で、株を買って損失を招いたとかいうときである。鼻以外の場所に現れた場合は、戻ってくる金であるときか、戻らなくてもある程度自分の財産になるときである。

大体において、物を仕入れるために金が出る相で、現れた場所によるから、金を損するという単なる判断ではいけない。胃潰瘍のときでも悪化しているときは赤点の色も強く、多少でも快方に向うと薄くなるということができる。

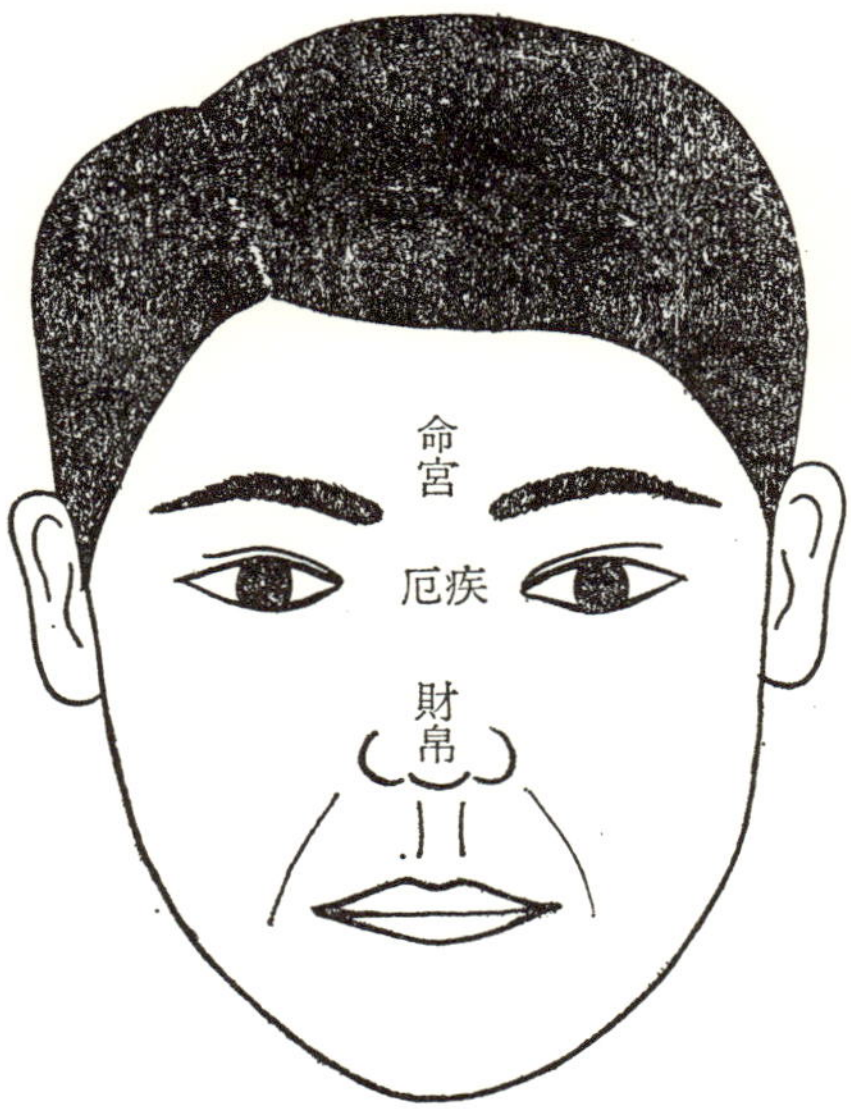

★金運と財帛

財帛というのは鼻——それも準頭と称される鼻の先の部分から小鼻にかけての総称で、金銭運を示すところなのである。

大体鼻は男子の性欲を表徴したところであるだけに、鼻の発達した人達は精力が旺盛で何事にも馬力がある。それだけに経済的にも発展性があるということになるのであろう。

財帛の形も中国の古典相書に書かれているように、現代ではあてはまるとはいえない。経済機構が複雑になるにつれて相学の原理も漸次移行するものであるから、現代の財界人なども遠い昔に研究されたものとは大変異なってきている。

もちろん古典相書に金持ちの相として記されたような鼻を持った財界人もいないことはないが、それはどちらかというとまれなほうで、準頭の肉付きがよく、小鼻がムッチリとした相などは、かえって裕福な個人商店のご主人に見かける場合が多い。大企業の財界人などでこのような相をしている人は、とかく個人商店の主人のようにワンマンになりやすい傾向がたぶんにある。

こんな相の人はどこか人の良いところがあるのだが、その一面、独裁的で仕事のこととなるとなかなか人のいうことを聞かないといった特徴を持っている。理財の運には長《た》けていて、親譲りの財産を増やすことには至って巧みである場合が多い。

ところが財界人として成功している人達は、前にも記したようにこのような相の人は少なく、むしろ鼻が横に開いたような人が多い。鼻が横に開いているのは困難に対する忍耐力を持っているので、いざというときにがんばりが利く相であるから、ちょっとぐらいのことではビクともしない。財界人として名をなすには種々な困難を一つ一つぶち破っていかないことにはダメなので、このような相が有利なのであろう。

また財界人には鼻の下半分の肉付きが豊かな人が多いが、これは雅量に富む相で、財的に名をなす重要な要素を示すものである。その点、財帛とは全くよく名付けたものだと感心させられる。大体金持ちの相を見ると、鼻にどこか力があって、肉付きといい、皮膚の状態といい、力もあるし、皮膚の色艶も良好で、しなびた鼻を持った人などは一人もない。

それに引き替え鼻に力のない人は物質的に困窮する相であって、あまり感心しない。その上皮膚に艶もなく蒙色がかっていたら、その日の生活にも追われるような貧困な状態である。また、この財帛がやせていて、とがっていたりするのは、猜疑心《さいぎ》が強くて、腹ができていない。それだけに小金はできても大きな財は握れない。

財帛といえば面白いことはよくある。私の知人でいつ会っても鼻全体が紅色を呈していて、艶々している人がある。この人は十万円儲《もう》ければ五十万も百万も儲けたように話す。友人仲間では彼のことをホラ吹きだとか、虚栄心が強いとか噂《うわさ》をし合っているが、たまたまあるところで知人と同じような鼻にぶつかった。そこでそれとなく二、三の人にその人の性格を聞いてみたところ、知人と全く同じ性格を持っていることがわかって一驚した。

それからまた、財帛に毛細血管が網のように現れている人をときどき見受けることがあるが、これは家族にも内緒の借金があって、それが気になって仕方がないといった相で、外見はいかに裕福そうに見えても、内実にはそのようなことがあると見たら間違いがない。財帛に赤点のあるのは、一時的な現象だが、現在、金銭的に困っているとか、思わぬ損失に遭うとかいったことを示すものである。

★健康と疾厄

健康という問題が生活の上で最も大きな役割りを

持っていることはいうまでもない。かつて将棋の名人の木村義雄氏にお会いした折、氏が「私は貧しい家庭に生れ、何一つ親から物質的な恩恵を施されたことがない。だが唯一つすばらしい財産を継承した。それは健康的な肉体である。それが今日の私の地位を得た根本的条件であった。勝負の世界では最後の勝負はその体力によって決定されるからである」としみじみと語ったことを私は記憶している。

だが体力が成功を決定することは、単に将棋の世界ばかりではない。吉川英治が文壇の雄となった理由も、植物学者の牧野富太郎が九十余歳にして日本の国宝的存在として世界に英名をとどろかせる理由も、銀行の頭取生活六十有余年として銀行界に重きをなしている駿河銀行頭取の岡野喜太郎も、皆その体力が最大の要素をなしている。もちろん成功は体力ばかりによるものではないが、成功をもたらす種種の要素の中でも、体力が重大な要素であると私は言いたいのである。

人相学では人間の顔でその健康状態を知るのに山根といわれる眼と眼の間を一番重要な部位として取り上げている。健康は人間の顔の種々な部位に関係をもってくるが、その内でも山根を重要なものとして取り上げているわけなのである。

それではその山根を人相学ではいかに取り扱うのかということを述べてみよう。「山根の成形中止年齢は日本人では大体に二十五歳と見てよい」と二代目玄龍子目黒八朗先生は言われている。人間の山根が発育成形するのにこれだけの時間が必要だということなのである。しかもその二十五歳は人間の性の完成と年齢を一つにしている。

したがって人間の性欲と深い関係を持つ部位だと古人は早くから目をつけていることは興味がある。古人は山根は寝室の部位であると見ているし、夫婦の寝室だと見立てている。夫婦生活が健康的に行なわれているかどうかは、この部位を見ればよくわかると見ていることは、人相学上の達観であるといえよう。

また、配偶者の良否を決定するカギである妻妾宮に次ぐ参考部位として、山根を取り上げていることは注目に値する。夫婦生活が成功と性交という二つの同音の言葉によって最も左右されやすい点から考えてのことであろうが、適度の性交と、適度の社会的成功が夫婦生活を円満に導くことは否定できない。

健康な人は働かずにはいられないし、働いていれば社会的に大なり小なりの成功はできるものである。また健康な夫婦は性行為が適切に行なわれていることも事実である。性行為を一方が拒否すれば夫婦間の危機はすぐ訪れるし、不健康で怠け者で、一生涯貧乏すると考えられる男性に女性は魅力を感じない。離婚の理由はその経済的理由と性的理由が統計上の一番大きな数字を示している。健康という問題を十二宮の第一に私が取り上げた理由もそこにあるわけである。

さて、その見方であるが、西洋人の山根はやせていて高い。それに対して東洋人の山根は肥えていて低いというのが多い。これは栄養と発育とによって異なるもので、食べ物によって以上のような差が生じてくる。東洋人の内でも、中国人と日本人とは山根がよく似ているが、インド人の山根はどちらかというと特殊な山根の状態を示している。

あるときICC会議に出席するために来日したインド人ミスター・シャーの一行から迎えを受けて、ヒル・トップホテルでお会いした。そしてたくさんのインド人の観相を行なった。ところがそれらのインド人は男性はやせて高い山根を持った人が多く、女性は低くて豊満な山根を持ったものが多かった。これらの人達は回教徒らしく、肉も魚も食べない。また酒類は一切用いないといった人達であった。このように食物に特別な習癖を持つ人種は同じ東洋人でも、山根に特徴があることは興味のあることである。

玄龍子先生は「山根の低いものは二十五、六歳までの甘党偏食が多く、山根の高いものは幼年時に葉経コンブ類の多食に起因する」と述べているが、これは確かに味わうべき言葉であり、興味ある研究である。

中国の相書に「疾厄は印堂の下の山根と称されるところにあって、高く、豊満であれば、福祿が無限であり、その上輝いているように見えるのは五福ともに全き相である。ところが紋があったり、傷痕があったりするのは、長い病気にかかる相である。また、この部位に黒色が浮かんでいるときには、一身上の災厄が降りかかるときである」と記されている。

山根が高くて豊満であるということは子供のときに偏食することがなく、完全食をとった証拠であって、その人の健康を約束する第一条件が備わっていることを示している。したがって社会に出て精力的な活動ができる人である。それだけに生涯困窮することが少なく、成功の可能性が強められてくる。

それとは反対に山根が低かったり、山根に肉が薄かったりするのは、子供のときに偏食であって、青年に達したときに不健康に陥りやすい。それだけに社会に出ても充分な活動ができない。ボリュームのある仕事にぶつかるとゲンナリしてしまって、その仕事と取組む気力がなくなってしまう。――そんなことで社会的な成功は期することはできない、という結論になる。長命で成功している人達の山根は必ず見事に発達しているし、その色艶も輝いている。また八十歳、九十歳になっても頭がボケるようなことがない。

山根にホクロのある人達は持病のある相だと記されているものと、夫婦の縁の変る相だと記されているものとある。しかし、これを実験してみると、その両者の現象が出ている人が多い。殊に山根が低くてホクロのある人は決定的である。またその持病も胃腸疾患が多く、他の持病であることは少ない。それというのが山根は小人形法で見ると顔面の人体配位からいって胃に当っているからである。

また山根が性行為と関係を持つところから、夫婦生活に影響を及ぼしてくる。そこで変縁の運命が生れてくるという判断になってくる。

山根と胃ということを述べたが、胃の悪い人は山根の眼頭によって部分が黒づんできている。これは慢性的な人だとシミのような状態で出ている。その上顔全体の色が黄色を帯びているときは全く決定的な胃病の相である。

画相法の創始者として著名な林文嶺翁の伝書を読むと「新病」という特殊な術語が用いられている。例えば「山根に新病現れる場合は」といったようにである。この新病という術語は血色上の術語で、新しく現れた病色蒙色のことを指している。山根に新しい蒙色が出ていた場合、本人の健康状態が良くないか、家人の病気のことで心配があるか、いずれかの状態を示すもので良相とはいえない。山根すなわち疾厄は以上のように鑑定するわけである。

★希望と命宮

希望のないところに人生はない。したがって人間は必ず大なり小なりの希望を持つ。しかしその希望は往々にして挫折《ざせつ》したりする。だが一つの希望が挫折すると、また一つの新しい希望を作り出してそれに向って行こうとする。また一つの希望が達成された人は、さらに新しい希望を達成させようとする。人間は希望がなければ生きられない動物である。だから希望を失った人間は自殺ということを真剣に考えたりするわけである。生きるに強い人間は絶えず旺盛な希望を持っている。命宮を重要な部位とする所以《ゆえん》である。

この命宮の部位は、山根の上部で眉と眉との中間に当っている。人相の人体配位からすると頭に当っているのも面白い。結局希望はその人の理想的観念から出発しているからである。金持ちになりたいという希望、社会的に成功したいという希望、良い家庭を持ちたいという希望、そのような種々な希望は、その人の人生の考え方と結びついている。

世の中が金でなんでも解決すると考えている人達は、金持ちになりたい希望を絶えず持っている。また社会的に優位な地位につけば、金がなくともなんでもできると考えている人達は、社会的に成功しようという希望を持つようになる。

これは環境とか性格から出るものであって、ある程度の人生経験を通ってこないと心からの希望として生れてこない。

希望を示す命宮は、それだけではその希望がいかなる希望に属するかを決定することは困難で、人相上の総合的判定によって定まるものとされている。しかし達人になればその限りではないようである。韓国の大邱というところに今でもいるかどうか不明であるが、一人の優れた韓国人の観相家がいた。その人は命宮だけであらゆる判断を行なうといった才能を持っていて、命宮だけを微細に観察して万に一失のない具体的な判定を行なっていたと聞いている。

俗に眉間といわれているこの部位は、両眉の位置によって幅広くなったり、幅狭くなったりする。それによって希望のスケールが異なると見ている。

眉間の狭い人は、外見はいかに寛大な態度を見せていても、実際には神経質で、自分の実力以上の大きな希望を抱かない。

その反対に眉間の広い人は、おおらかな性格でスケールの大きな希望を抱く場合が多い。財界人や政界人でも著名になった人の命宮を見ると眉間の広い人が断然多い。

換言すると、眉間の狭い人は自分の実力に応じた地味な生活をする人で、その希望も自分の体力や才能に応じた堅実なものを持つが、その代りに乾坤一《けんこんいっ》擲《てき》といったような度胸のある行動はとれない。それに対して眉間の広い人は、機会をつかんで思い切った行動のとれる人であるから、成功も大きい代りに、ときによって大きな失敗をする場合も出てくる。

眉間に一つも緊張味がなくてだらしがなく広いのは良いとはいえない。何事にも締まりがなくて、ただだらしのない楽天家で、しっかりした人生観を持っていない。こんな人が人生の勝利者となることはない。

女性でこのような相の人は、貞操観念に乏しいし、家庭でもだらしがなく、良好な家庭生活を保ってゆくことはできない。

昔のことだが、私はある三業地帯で鑑定を業としていたことがあるが、場所柄その土地の待合や芸者の置屋が顧客の対象であった。もちろん一流ではなく場末の下級の三業地であったので、芸者とは名ばかりの不見《みず》転芸者の多いところだった。毎日のように方々の置屋から芸者を雇い入れることについての相談があったが、その場合に、顔の美醜よりも眉間の広さを私は常に問題にして鑑定し、判断の効果を上げていたのである。

眉間の狭い芸者は、お客の好ききらいが激しいので、ある客には深情けをかけるが、他の客には良い顔を見せない。そのために売れっこにならない。また性病に対しても弱くて、顔はきれいなのだがサッパリ売れなかったり、病気ばかりしていて税金も稼げないので、置屋でもてあますようなことになってしまうわけである。

眉間の広い芸者は、お客の好ききらいをしないし、陽気で物事にこだわらない。どんなお客でも一応面白く愉快に遊ばせるから、お客に歓迎される。また性病などにも案外強いところがあるし、たとえ病気をしてもすぐ治ってしまうというところから、本人も稼げるし、置屋にも喜ばれるといったことになる。私はそれだけの鑑定で繁盛をした経験を持っている。相法のちょっとした効用といえよう。

命宮を一名希望宮といっているが、それは人間が希望に対して具体的な行動を起そうとするときは、必ずこの宮に血色を伴うのが定則である。その血色の良否は希望の通達に深い関係をもっている。希望が達成される場合は、眉間が艶々とした輝きを持っている。あたかも、ちょうどよくみがき込んだ器物のように艶が出ているのである。

命宮に艶があって良い相であっても、紅潤といって、赤い色を持っているときは時間的に問題になる点がある。

赤い色を持っているのは早ければ、事が成就するという意を示すが、遅延すると不成就ということになる。その赤色も濃い場合と薄い場合で違ってくる。濃紅色の場合は、たとえ艶が良くても希望の達成を見ることができない場合が多く、薄紅色の場合は事の達成する場合が多い。もしも、この宮に濁色が出ているときはどうかというと、心に迷いがあって、それが志望の達成の邪魔となるようなことが多い。

眉間の凹《くぼ》んでいる人があるが、このような人も希望の達成がなかなか難しい。自分で計画してやろうと思っても、うまく運ばないと、どれもこれもやめてしまうようなことになりやすい。したがって、この相の人は、父親から譲られた職業を地味に受け継いでやっている人は、その割りに間違いを起さないが、自分の思いつきでやる仕事は成功しないことが多い。眉間は厚満であることが理想であって、高くなっていても低くてもよくない。

眉間にホクロのある人があるが、これは良いという説と悪いという説とある。

だが、それはホクロの状態によるので、漆《うるし》のように黒く艶のあるホクロや、ホクロの中から毛が一本か二本出ているのは、良い相でこれは成功発達する相であるが、灰色をしたホクロなどは感心しない。事が八、九分まで進んであと一息というときに破れをみるようなことになるのである。したがって充分に観察した上で判断しないと間違うものである。

眉間のシワなども問題になる。ダーウィンはその著書『人間及び動物の表情』の中に眉間のシワについて種々書いているが、人相を勉強する人は一度読んでおくと参考になる。

眉間のシワといえば、私に次のような話がある。大正十五年のことであるから今から五十年も前のことである。私が深川の富川町のとある稲荷堂を借りて観相を業としていた。そのころの話である。当時独身であった私の身の周りの世話をしてくれていた華族のなれの果てだと自称する老婆が、毎日稲荷堂に通って来ては食事の仕事だの洗濯だのと気をつかってくれていた。その老婆のつれあいは河岸へ行って石垣の間に棒を突っこんで、もくぞう蟹《がに》だの弁慶蟹だのをバケツに取ってきてヒモで結び、街で子供に売るのを商売にして細々と生活していた。

そのころの富川町は人間のハキダメのようなところで、貧民窟だの貧民宿が軒を並べていて、いつもジメジメしたような街であった。その老夫婦もご多分に洩れず、貧民宿の一間に住む惨めな人生の敗残者だった。ある冬の日のことだったが、いつものように手伝いに来た老婆の顔をお茶を飲みながらしみじみと観察した。

命宮に懸針紋といって、一本の竪《たて》ジワが強く長く出ている。これは昔から剣難の相だといわれるもので、あまり感心した相ではない。と思いながら見ていると赤脈が強く瞳を襲って、命門（耳の前）から口角に向って白気が出ている。これはいけない、ただごとではないと、私は考えた。

「お婆さん！　あなたの人相に剣難の相が出ているよ。今日は注意しないといけないね」と言うと、老婆は笑いながら「先生！　そんなことはないでしょう」といかにも冗談でしょうと言わぬばかりに答えるのであった。

ちょうどその晩のことである。硝子《ガラス》戸越しに寒月が私の寝床一杯に白い光を投げかけて、凍るような冷たい風が戸のスキ間からヒューヒューと吹き込んでいつまでも私を眠らせなかった。だが、十二時を少し過ぎると、昼の疲れでいつか眠りに入ったらしく、無茶にたたく硝子戸の音に目を覚した。驚いて戸を開けると、ころがりこむように飛び込んで来たのは、昼間私が剣難を予言をしたお婆さんなのである。お婆さんはいつまでもガタガタと歯の根を震わせていたが、少し落ち着くと私にこんな話をした。

「今朝、先生は私の顔を見て剣難の相があると言われましたね。しかし私はそんなことがまさか起るとは思いもしませんでした。私達夫婦は他人さまに恨まれるようなことは何一つやっていないのですから、そう思うのが当り前でございましょう。いくら私が先生の崇拝者であっても、先生だって人間だから、たまには見間違いもあるのだと思いました。今日はうちでは久し振りに良い仕事にありついて、いくらかのお金を持って帰ってきました。すると同宿の与太者がそれをどうして知ったものか、夜中に私達の部屋に来ると、飲み代を貸せとの無心なのです。電車賃を貸してくれというのなら別ですが、酒代を貸してくれでは、いくら人の好い主人でも貸せないではありませんか、そこで断ってしまったのです。すると与太者はいきなり怒って懐中にのんでいたドスを振り回して乱暴を働くのです。

そのときです。先生に今朝言われた言葉を思い出して主人と二人で逃げてしまいました」老婆はそう言うとやっと安心したのでしょう。人気づいた顔に、暗いお堂の電燈が寒々と照らしているのであった。

その夜はそれから眠ることもできなかった。小さな火鉢に炭をおこすと、それを抱えながらそれでも自分の判断が間違いを未然に防ぐことができた興奮に何か心うれしい気持ちに満たされるのであった。

このように命宮には重要な問題の数々が刻まれるのであるから、それを重大の部位と定めたことはうなずけないことではない。

顔についての雑義

団子《だんご》鼻は、人柄の良い相だといわれている。また、おかめというのがあるが、比較的良相ではあるけれども、少しばかりしゃくれたような顔は消極性を示している。すなわち封建時代の女性の美徳を備えた顔の典型的なもので、何を言われようといつもニコニコして亭主大明神と祭り上げているのがその代表的な相である。このほか、満面そばかすの人があるが、セックスの上で強いといわれている。

★鼻にホクロのある人——女性は再縁するとみている。縁の変らない女性の特徴は目が穏やかで非常に良い目をしている。いつごろ縁が変るかということは、顔の流年法によって、鼻の先ならば大体四十歳ごろとかいうことが判断できるわけである。また男性の場合には商売が変ったりするとみる。

私が初めて看板を上げたころ、ある日、巡査がやって来て世間話から人相の話が出たわけだが、一つ見てあげようかということになった。

「あなたは三十歳のときに警察官を辞《や》めるようになる」という判断をした。すると、その年は今年だと言い、別に辞める意思は全然ないと言う。ちょうど春先のころだったが、私は、

「あなたは夏から秋にかけて必ず辞める事になる」と言ってがん張った。間もなくその人は妻君を迎えた。警察では妻をもらうと届けることになっているが、妻君の郷里の福島県で身元調査を行なったら前科者の娘であることが判明した。ある日のこと、署長から呼ばれて、君の妻君は前科者の娘だから別れるなら従来通り勤務を続けてもよいが、別れないなら警察を辞めてもらいたいと申し渡されたのである。本人はまだ新婚の夢まどらかなころで、そんなことを言われても本人に罪があるわけでなし、それで離縁するのはかわいそうだというので、警察を辞めてしまった。そして肥料会社へ勤めたが、ある日、私の所へやってきて、

「中村さん、あんたこの前、私の人相を見たときに、夏から秋にかけて商売が変ると言われたが、私は信じなかった。しかし、こんな事情でとうとう警察を辞めてしまった。あんたの言う通りだったよ」と言った。

流年法の種類

流年法にはおよそ次の種類がある。

(1)三主《さんしゅ》の流年——これが最も合理的な取り方であり、確実性があるとされている。水野南北が使ったのもこの法である。

(2)仙伝《せんでん》の流年（別名—飛流年《とびりゅうねん》）——これは中国で用いている法。目黒玄竜子は(1)と(2)を併用したが、一個所で三十何歳、四十何歳というようにダブって使っていた。

(3)弘法大師の流年

(4)九執流年《きゅうしつりゅうねん》——外占者が多く使用したものだが、現在ではほとんど用いられていない。

耳について

昔の本には「耳とは腎の苗である」と書かれているくらいで、耳を見ると腎臓が強いか弱いかがわかる。また腎には内腎と外腎があるといっている。内腎はセックスそのものであり、外腎はそれに関連のあるものという意味である。かりに我々が一杯飲むと顔が赤くなるよりも先に耳から赤くなる。これは血液の循環作用を最も早く知らせるのは耳だということである。したがって耳の色が良いのは、その人の健康状態が良いことを示している。耳の色の良好とされているのは、顔の色よりも白く、どちらかというと、ちょっとさくら色がかったのが最上の色だとされている。情欲を感じたりするとポーッと耳朶《じだ》が赤くなってくるが、それは気のある証拠だといえよう。

(1)耳の色の黒ずんでいる人——これは腎臓の悪い証拠で、まだこのときは自覚症状のないころだが、このくらいの時期に病院で治療してもらうとよい。しかし、このころ病院へ行こうとする人はほとんどいない。そのうち顔全体が黒ずみ、ムクミが出てきてから、びっくりして病院へ行くのだが、いわゆる、そのときは手遅れで、なかなか治らないということになる。耳の色は非常に大切で、健康状態が良いということはがん張りもきくということだから、耳の色の良いときは、何をやってもうまく運ぶといったときである。

(2)耳の小さな女性――耳は腎の苗といわれているから、耳が小さくて貧弱な女性は、子供に縁がなく、全然子供に恵まれない人がある。これはたとえ人中、目、唇が良い場合でもそういったことがいえるのである。耳の長さは、その人の眉間から鼻底部までを標準（左図参照）としてそれよりも短い人を小さいと見る。

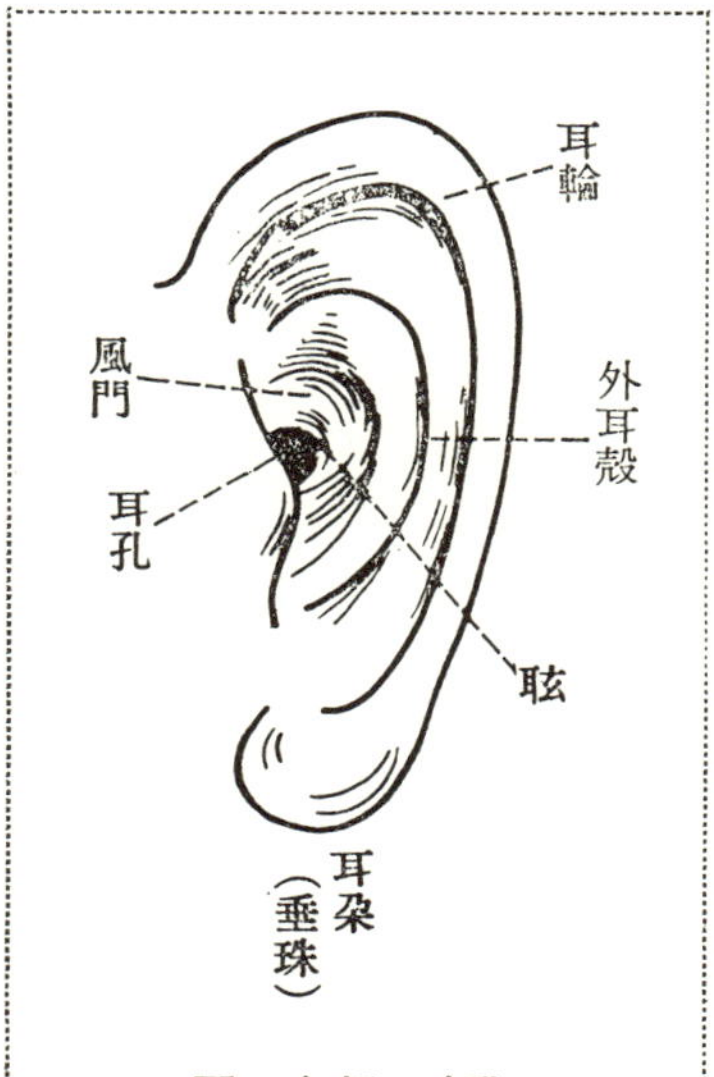

耳の各部の名称

(3)耳が大きすぎる人――こういう人は子供が女の子ばかりだったりして、養子に跡を継がせる場合が多い。男の子ができるときは遅くなってしまう。

(4)耳が霜焼けのように黒くなっている人――子供に恵まれずまた長生きもしない。

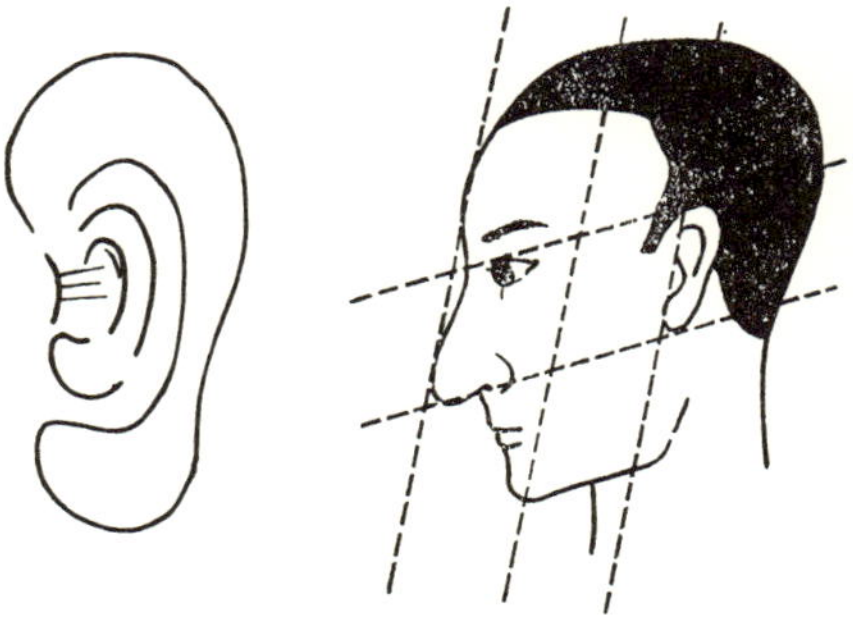

(5)耳にホクロのある人――頭が良く聡明な人だが、耳の流年で見ると、必ず親に死に別れているとか病気をするとか、何かの事件に当っている。

(6)耳の穴から長い毛の生えている人――

これは年齢に応じて考えなくてはならない。若い人のときは悪いと見るが、五十歳以上の年配者の場合は長寿の相だといわれている。

(7)耳朶の大きく盛り上がっている人——垂珠《すいじゅ》がもち上がって大豆粒が乗るとか、また垂珠の方角が海角に向って通じているのは理想的だとか金持ちになる相とかいわれているが、私は特別にそうしたものが良相だとは見ていない。

(8)耳が大きく立っている人——記憶力が良いし、音感も非常に優れている。

(9)耳の大きな人——だれに会っても自分が小さくなって物を言ったりすることがないし、思ったことをズバズバ言ってのける。人間は腎臓が強いと積極的な意欲が出てくるから、どんな相手であろうと臆面なく話すことができる。一般には心臓が強いという言葉があるが、私は腎臓が強いという誤りではないかと考えている。しかし、その場合に耳が大きくても色が悪ければ別である。耳の色が良いというのは精神年齢が若いから、これから先、何か仕事をやってみたいという意欲を持っている人である。

(10)ソクラテスの耳——非常に厚くてちょうど俗にいう相撲耳といって耳の形が厚ぼったくなっているもので、ボクサーにも見受けられる。ソクラテスという人はそういった格好の耳をしていたわけで、当時ソフィアという人相見が彼の顔を見て、

「君は哲学者だといって偉そうな顔をしているが、人相を見ると非常に情欲が旺盛で、少しも哲学者らしい顔をしていない」

と判断した。すると弟子達が憤慨してソフィアをなぐろうとしたが、ソクラテスはそれを止めて、「ソフィア君の言葉は当っている。しかし、それは私の過去を言ったもので現在の私を知っていない」と言った。そこでいかなる耳の格好をしていても、その人の修養次第では大成しないということはないわけである。

(11)特別に小さい耳の人——気の小さい人。平常、口先では非常に大きなことを言ってもイザというときには非常に臆病な人である。

(12)耳朶の厚い人——一般的には耳朶が厚いと金満家の相のようにいわれているが、必ずしもそうとは限

らない。私の知人に大きな耳で耳朶も厚くいかにも福々しく、顔も布袋《ほてい》様そっくりだし、腹も出ているという人がいた。ある人が「彼のようなのは良い耳というのだろうね」と言ったが、私は「どうも気に入らない点がある。人柄は好々爺でとても良いのだが、肉全体に締まりがないから成功する相とはいえないし、また金持ちにもなれない。むしろ非常に貧乏して困るような状態が出てくるだろう」と言った。

そうこうするうちに店も売ってしまってどこへ行ったか居場所さえわからなくなったのだが、終戦後、聞くところによると、裏長屋住まいでニコヨンをやって食うや食わずの生活をしているという。

垂珠

⑬耳朶のほとんどない人——こういう人でも案外物質的に恵まれている場合がある。これは大体において心性質《しんせいしつ》の顔だちの特徴で、耳朶だけを見て財運を計ろうとしたら大変な誤断の因となる。耳は形質によって各々特徴があり、心性質の人の耳は耳の上部が発達していて廓《かく》や耳朶が発達していないし、筋骨質の人の耳は廓が発達していて、なんとなく堅いといった感じであるし、栄養質の人の場合は耳朶が豊かで、廓はあまり発達していないのが常である。だから原則的にこういうことを心得ておいてほしいと思うのである。

眉について

女性の眉は昔から半月の眉といって、かぐわしい新月の眉はどこか柔和な感覚を与えていいものである。だが、余り眉毛の濃すぎるのは感心しない。そこで、どの程度が良いかというと、眉の下地皮膚が見えるくらいが良いといわれている。

中国の昔の本を見ると眉毛は血の苗と呼び、眉毛の一本一本に血管が通っているという。これは頭髪の場合もいえるわけであるから、バリカンで

刈った跡を顕微鏡で見ると一本一本から血が出ているのだそうである。したがって、何か自分の身体に変調の起る前には心ず眉毛に変化を生じる。大難の前には眉毛がポキンと折れると伝えられているし、女性がメンスになると眉毛が、何か油をつけたように艶々《つやつや》してくる。

　男性の場合、弓絃のような形をしている眉毛が良いとされるのは、それが男性的な力強さを示しているからにほかならない。

(1)一文字眉——計数的な観念が強く実際的な活動力を有している。ソロバンも達者だし、計数を扱う仕事に優れた才能を示す。

(2)ルーベンス眉——これは真ん中が高くなった眉でルーベンスという画家の眉からつけられた名称だが、非常に色彩感覚に鋭敏な相だとみられている。また、眉の端のほうへきて高くなっているのは、ある程度の積極性を持った人の相で、これは決して悪いとはみない。

しかし、一文字眉と違って数学的には弱く、文学的な方面に興味をもつ人である。

(3)眉頭の毛がすなおに寝て生えている人——これは長男の相であり、一人っ子に多く、この見方は実験上多分に信頼性がある。

(4)眉頭の毛が立っている人——最初反対の方向にハネていてそれから普通に生えている場合は次男、三男以下の人に多い。

(5)眉が疎《まばら》であったり切れ目のある人——疎な人は兄弟親族が自分の力にならないし、切れ目のある人は兄弟と早く死別する相とされている。その場合に眉頭に近いのは自分より上の兄弟、真ん中あたりだと自分と幾つも違わない年齢の兄弟、眉端のほうだと自分より下の兄弟ということになる。その場合向って左ならば、男なら男の兄弟、女なら女の姉妹、向って右ならば、その反対に性を異にする兄弟姉妹ということになる。したがって、兄弟が小さいときに死んだというよ

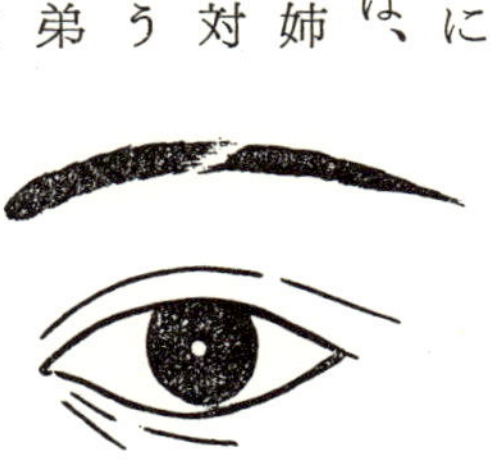

うな人の眉は一生涯切れているということになるわけである。

⑹眉毛の中のホクロ——頭脳もよく聡明だとされている。これも兄弟に死別しているのがあるが、左右の見方は、前述の場合と同じように考えてよい。ホクロは眉の艶とは関係なく兄弟に死別する相であることには間違いない。また、ホクロに艶のあるのは差し支えないが、灰色のようなホクロはよくない。ホクロに毛が生えているのはどこにあっても災いがあるとは見ない。なおケガや傷で眉毛が切れているのは、兄弟間に問題が起るとみる。

もしも、眉毛のホクロに傷をつけたときは、腕の病気を患う。左の場合には左腕とみる。眉尻に近い場所だったら手の先ということになる。

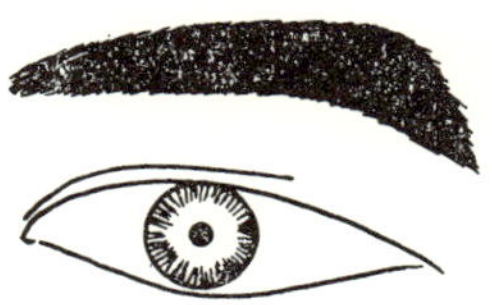

⑺鍋ズミのように濃くて太い眉——色難の相と見る。結婚しても他に恋愛関係が生じて離別し好きな人と一緒になるというように、再縁の人が多い。というのは同情心が強いのでそのために結ばれるのである。

⑻眉の続いた人——特に呼吸器障害者が多く、身体が悪い。

⑼眉毛中の一本長い毛——若い人や四十歳以前の場合はよくないが、五十、六十歳くらいならば長寿と見る。ただ、それが寝ている場合があるが、ツンと立っているときのほうが運勢の調子は良好である。

⑽眉間が広い人——眉と眉がウンと離れているのは太ッ腹の人に多く、政治家によく見かける。しかし、広いばかりで筋肉が締まっていないでダラシのないのは、仕事の上でもルーズだから大きな器とはいえない。しゃべらしたらうまいことを言うが、言行の一致しない人である。

⑾眉の長さ——大体眉の長さと目の長さは同じくらいだが、目よりも長い眉は、生れ故郷を出

て他郷で生活している人に多い。
⑿八の字眉――縁がしばしば変る相で、目尻が下がっていれば八婚の相とする。私の知っている中には、もらうたびに妻君に死なれて、三十何歳で四回も代っている。また、女の人を見ると、やたらに心中したくなり、自分だけがそのつど助かって四人も殺してしまった人もいるが、非常に陰気な相をしている。
⒀房々とした眉――同情心が深くて人情もろい相である。僧侶にはよくみる。華蓋眉《かがいまゆ》も僧侶に多く、孤独な相だとしている。
⒁ごく細い眉――剃《そ》って細いのではなく、生まれつき細いもので、色情上の欠点がある。女性はいろいろ好みの描き方をするが、それによって自分の気持ちを表している。
⒂左右の高さが違う眉――難産で生れてきた人や腹違いの兄弟がある人である。
⒃目がしらから生えている眉――愛情のない人だから注意を要する。また、大変道楽者で自分の遊ぶことには金を出すが、問題の起ったときは非常に冷酷で、大概、ロクな死に方をしない人である。

⒄目と眉の間（田宅《でんたく》）の狭い人――外国人は大体狭い人が多く、外国の人相書には聡明な人であると書かれている。しかし、日本人は大体において離れている人が多く、広い人は祖先からの不動産をたくさん受け継いでいる人が多い。狭い人は祖先の遺産を与えられていない。
⒅田宅にホクロのある人――田宅は非常に良くても、ホクロがある場合は、祖先の遺産は、全部身につかない。しかし、自分が稼ぎ出して買った不動産なら身につく相である。
⒆田宅に傷のある人――横傷のときは他人のために自分の財産を奪われる相であるし、立傷のときは自分が財産を消費する相である。
⒇眉地全体の暗蒙色――必ず親類のうちに病人がある。それに白気が混じっていればその病人は死ぬ。

上墓《じょうぼ》という個所へも白気が出ているときは必ず身内の死に会う相だとする。

目について

目に力が有るか無いかということは一つの問題だが、これは感じで判断するものである。人相のうちでも、目に60％から70％の判断のウエートを置くべきであると昔からやかましくいわれている。例えば「私は事業をやりたいと考えているが、どうでしょうか」という相談を受けたとき、まず第一に見るのは目に力があるか否かということで、病上がりのようなドロンとした力のない目の人だったら、「やらないほうがよいでしょう」とズバリ判断したほうがよい。もし目に活力があり、他の条件の鼻などいろいろと見定めて良ければ「これはやっても大丈夫だ」というような判断をしてよい。

だから水野南北の書いた『南北相法』には「目が鋭ければ心鋭し、目が柔和なれば心柔和なり」とある。しかし、絵などに書いて表現するのは難しく、全く感覚的なものである。刑事の目は鋭く、殊に昔の観相家にも目の鋭い人が多かった。また、掏摸《すり》はそれらしい目をしているし、子供は子供らしい目をしているといったように、最も正直に当面の状態を示しているのである。「達磨相法」などには、目だけに70％の重点を置いて判断せよといっているが、それは無理としてもそれ程に目を重要視している。俗に目は口程に物を言いといわれるくらいで、黙っていても目はその人の心情を表しているといえよう。

(1)目と目の間の狭い人――一つのことを熱心にやる性格を持っている。

(2)目と目の間の広い人――常識的なことについては発達しているが、物事の間口が広くて奥行きが浅いといった人である。

(3)目の大きい人や出っ張っている人――非常に情熱的であるが、反面移り気なところがある。

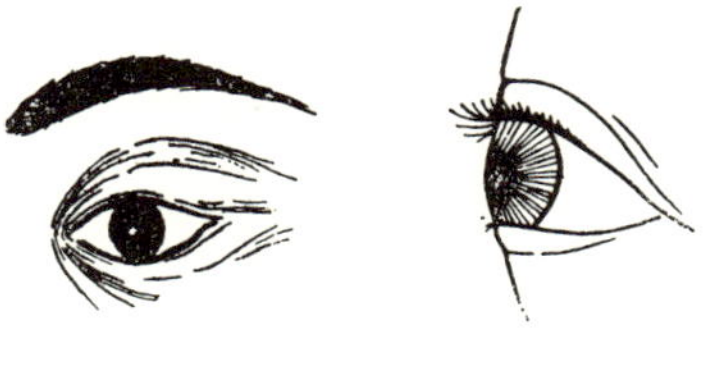

何を勉強しても端的につかんでゆく、いわば直観的な才能の持主である。その代り深く掘下げる研究は不得手である。

(4)目が小さくて落ちくぼんでいる人——自分の専門については非常に熱心であるが、専門外のことは一向に知らないという人だから、話題も豊富でなく、非常に狭いといった欠点がある。

(5)三角の目の人——帝釈様のように目の中央がつり上がって三角の目になっているのだが、ケンカが強く、ケンカ上手である。

終戦後、ある男が町のつまみ者になっていたが、私はそれを一つなんとか更生させようと殊勝な気持ちを起して、彼を呼んだ。

「結局のところ君は職を持たないから碌《ろく》なことをしないんだ。だから君に仕事を考えてあげるからやってみる気はないか」と言ったら「やりましょう」と言う。

その当時は練炭の大流行時代で、どこの家庭でも残灰の始末に困っていた。仕事というのは、料金をもらってその灰を片付ける役目なのだが、町中軒並みに依頼され、結構それで生活が成り立った。おまけにみんなに喜ばれるとあって、それからは、本人もケンカより、よほどこのほうがマシであるというわけで熱心に商売した。現在では立派な家に住み、トラックを五、六台持って運送業を営み、社長に納まっている。

だから三角眼をしていてケンカ好きといった男でも指導よろしきを得ればこのように社会に役立つようになるものである。助ける側もうれしいものであり、やり甲斐のあるものである。

(6)四白眼の人——およそ気持ちの悪い目で、乗り物に乗っても絶対に隣へ腰をかけてはいけないとされている。殺人者に多い。昔の本を見ると渡船場でこういう人物に出会ったときは、次の舟に乗るべきであるというように書かれている。

私は今日までに二人ばかり見たのだが、興味をもって身元を調べてみると、やはり人殺しをしている。もちろん、そうした目をしていない場合でも殺人をしている者もあるのだが、そういうのは真四角な顔をして鰓骨《えらぼね》が非常に発達している人で、平常は愛嬌があり、にこやかで親しめる顔だが、一杯飲んで目が座ってくると非常に厳しい相になる人である。

(7)金ツボ眼――女性の場合は家庭運が悪い。ほとんど不幸せであり、性格としては執念深い点がある。

(8)三白眼――下三白の場合は、比較的頭の良い人が多く、俗に気位の高い人といわれている。良相には入らない。それに対して上三白の場合は特に悪いといわれている。

(9)赤脈――前にも述べたが、真っ赤に盛り上がって強く出ているのは本当の剣難の相である。ただし、片方だけならそういう気配があるという程度、ただ注意しなさいというだけである。また、網の目のようになっている場合もあるが、それは単に目の病気と思ってよい。目は肝の苗というから肝臓病には特に注意。

(10)白目が青く澄んだ状態――女性のヒステリーで、重症となると顔全体が透き通るような青白色をしている。重症の場合には夏でも汗をかかないし、入浴しても垢《あか》が出ない。

(11)しきりにまばたきをやる人――平常まばたきをしない人がしきりにやるときは、住所の移動の起るときが多い。

(12)蒙輪眼――癌《がん》を患っている。黒目の周りを茶褐色が取り巻いているのをいう。

(13)白目のホクロ――子供のころに肋膜や結核を患うというように呼吸器障害をやった人が多い。目尻に近い個所にあるのを多く見受ける。

(14)目尻の下がった人、上がった人――再婚型。

(15)左右の段が異なる人――その人の両親の性格が合わなかったという人の場合である。しかし、目、鼻、口はどんな人でも多少は異なるものである。

(16)その他には眼瞼《まぶた》の内側のホクロは子供に関係がある。また、斜視眼の人は非常に勝気で、ちょっと手癖の悪いという人がある。片目は片意地といって昔は前田竹千代のような人物が居たわけである。

七つの顔

　江戸時代の観相家で山口千枝《ちえだ》という人が、その著書『観面秘録』で人相を七分類して論じている。これに基づき順を追って研究することにしよう。

　七分類とは、男面、女面、童面、姿面、若衆面、遊女面、陰者面である。このうちの女面、男面、童面というのはどちらかというと基本型に属し、姿面、若衆面、遊女面、陰者面というのは混合型である。このように大まかに分類できる。

　そして女面というのは男性を見るときの相法であり、男面というのは女性を見るときの相法である。また、童面というのは子供を見るときの場合でなく、大人を見るときの相法である。

　これは要するに、男にせよ女にせよ、父なる男性と母なる女性のもとに生れてきているのだから、純粋な男性とか女性とかはあり得ないという考え方が一つの前提条件になっている。

女面男子の特徴

　男性であっても非常に女性的な男性とみられるタイプを女面の男子という。

　女面の特徴というのは、一般女性でしかも特に女らしい女性を対象にして研究すると非常によくわかる。山口千枝はそれについて、陰大陽小といって、陰れた部分が大きく発達し、現れた部分が小さいことをいう。だから着物や服を着ていて隠れる部分というのは女性は比較的大きく発達している。例えば、臀部《でんぶ》や乳房などがそうである。ところが、表面に現れた手や足や顔などは比較的に小さく感じるのだが、これが女面の最大の特徴であるといっている。

　したがって、顔を見ても、鼻、額、目、耳、顴骨《ほおぼね》などはそれぞれ純情にできている。すなわち顴骨、鰓《えら》骨《ぼね》も出っ張らず、地閣も前方に出っ張っていない、いかにも女性的に感じられる男性を指して女面の男子といっているわけである。

(1) 顔や挙動について

血色は桃の花のように華麗な色をしている。毛髪が細く柔軟で猫の毛のようにしなやかに感じられ、生え際も非常に深く、ハゲ上がっていかない。揉《も》み上げが柔らかく見え、襟足《えりあし》が深い。眉毛が一見して無いように見える。でなければ女の眉毛のような感じをもっている。つまり、非常に細くて長く、睫毛《まつげ》が長い。額が狭い。人中が非常に弱々しく見える。

海角が美しい。歯が白く艶がある。桃花眼といって白目がやや桃色を帯びている。毛穴の力が弱い。

小鼻の力がない者。テノヒラの筋が細くてきれいに見える者。肌が白くてなめらかな者。撫《な》で肩な者。座るときに曲がって座る者。しきりに衣紋《えもん》をつくろって毛髪を撫でる者。

腰が弱々しく感じる者。話をするたびに笑う者。ヒゲが薄くて柔らかい者。反対にヒゲが濃くて硬すぎる者（濃すぎるのは女性的だとしている）。ヒゲの全然ない者。顴骨のない者。鰓骨の張っていない者。頬に肉があって締まりのない者。地角が張っていない者。指先が細くて根元の太い者。耳朶に肉が多くて大きい耳をしている者。口の締まりの悪い者。鼻に力のない者。

それで大体女面というのは、どのくらいの年ごろの男性を対象として考えるかというと、未婚女性の顔、挙動を注意して見ることが判断の上で非常にプラスになることが多い。例えば、男性でありながら、ちょっと着物を着替えるにも時間がかかるというのは女面相といえるし、ゲタ、靴、肌着などについて常に細かな注意を怠らないといったような人も入るわけである。

(2) 性質

女面男子の特徴としては女性らしい性格が出てくる。

〈欠点〉 例えば非常に大事な場合にも決断力が弱い。物事に疑り深い。感情に支配されやすい。自分の考えていることがもし成功しなかった場合、自分自身を反省してみるよりも、周囲の者を恨んだり、ねたんだりすることが多い。目先の利益にとらわれて遠大な志がない。涙もろい。華美を好む。

〈長所〉 非常に如才なく、人づき合いがよい。細かなことにまでよく気がつく。他人の気をそらさない。手芸に堪能《たんのう》。気長で乱暴なことはしない。万事に従順で家庭の円満を保持する。

右のように長所の多い人と欠点の多い人がある。

(3)上相に属する人

鼻や目がしっかりしている者。声に余韻があり非常によく通る。眉毛が長くて細く、頭髪も細くてしなやかな者。頬に充分肉がある者。アゴも豊かで唇の肉も厚い。

右のように20%が男面がかって、あとの80%くらいが女面の人は上相に入る部類の人である。そして性情は寛大で如才なく蓄財も上手である。商売上の駆引きも油断がない。

頭脳は緻密《ちみつ》であるし、気が長く、また目下のめんどうもよくみる。したがって、実業家にはこのような相の人は非常に多い。

(4)下相に属する人

額が狭い。頭髪、ヒゲが濃すぎて、しかも艶がない。両方の頬がこけて生気がない。皮膚が青白く薄い。目が小さく、顴骨《ほおぼね》や鼻がともに貧弱で、口の締まりが悪い。物事をやるのに覇気《はき》がなく、テキパキとやってゆかないし、果断なところがない。愚痴っぽく、ひがみ、ねたみの気持ちが強く、余り才能がない。

(5)悪相に属する人

女面の男子で犯罪を犯す者が割合に多い。よく新聞紙上に載った犯人の写真を見ると、獰猛《どうもう》な顔には縁遠い。いかにも優男《やさおとこ》であったりする場合が多いが、これらは悪相に属する。そして特徴としては、必ず目つきが悪い。アゴや地閣が左か右へ曲がっている。音声は猫撫声をしている。

悪事を働いたり、殺人を犯しているのは案外にこういうタイプが多いから注意せよとしてある。したがって、男子の相を見るときは必ずこの点に注意して見るべきである。

⑹才能について

(A) 例えば商売するときは、大局の方針を立てずに、ゆき当りばったりでやってゆく傾向があるから、特に相場の変動の激しい仕事や大勢の人を使う仕事やそれを監督する仕事には向かない。また理性によって合理的に物事を考えたり研究してゆくことにも向かない。しかし、感情的に緻密なことはよくやるし、手先の細工をする仕事には非常に適している。

(B) 社会に勢力を持つことはできない。というのは非常に努力はするのだが、忍耐力がなくて持続力も薄弱だからである。

(C) 非常に疲労しやすい体質なので、時折休みのとれる仕事ならよいが、間断なく努力する仕事には適さない。

(D) 文学的な趣味が深いし、芸術を愛好する。だが、愛好する点で熱烈だというだけで、それらを深く理解する力は劣っている。

(E) 柔順な性格であるだけに他人と衝突することを好まない。また、如才ないところがあるから接客業には向いている。そのうちでも良相に属する人は、如才ないし、努力家であり、創造力や総合力もあり、事業的に成功する人が多い。共通点は情に厚いことや目上に対しても如才ないといった点である。

⑺適業について

小説を書くことを好む人なら恋愛小説のような軟文学を書く。

大事業には不適だから、大問屋よりも小売商が向くし、相場の変動の激しいものよりも安定したもののほうがよい。殊に細かなことを加工するもの、例えば、靴屋、ゲタ屋、印判屋、印刷業、裁縫師、菓子屋、薬屋、貴金属屋等は適しているし、その他には雑貨屋、タバコ屋、文房具屋、小間物屋等も適業といえる。

(少し男面が混じっているとき)＝酒屋、金物、飲食店、精米所等が適し、これは相場が多少上下するものでも差し支えない。

(非常に上相の人)＝大実業家になるように努力し

たほうがよい。小さな仕事よりも、大きい貿易、製造会社等に適している。

（凶相の人）＝ちょっと見たところでは上相に属するような人でも、口に締まりがない、声と目が悪いというのは、さらに悪いものである。怠け者の上にすこぶる貪欲だから、いかなる方面に使っても全く使い道がないといった存在である。

（勤め人のとき）＝およそ研究的な仕事には不向きなので、一般事務や会計などを主にしたほうがよい。だが、額の狭い女面男子は勤め人には適さないから、例え少資本でも自家自営の道に進んだほうがよい。額の良好な者は勤め人としてもある程度うまくゆくが、晩年になり不運な状態が出てくるから注意を要する。

（その他）＝例えば、音楽関係なら作曲をやるよりも、歌手として伸びていくほうがよい。また、作詞家もよい。

(8)不適な職業と特質

学問の研究、政治方面、数学は適さない。本能に支配されやすく、抑制力がなく、感情の赴くままに動き、理性に乏しい。自負心、自惚心が強く、ものの見方、考え方がいつも主観的でおだてに乗りやすい。だから、少し賞《ほ》められると有頂天になって天狗になるような性質で、そのうちでも顴骨《ほおぼね》のやや張りぎみのものは、特に強い。したがって、特別に重大な仕事を任せることは禁物である。

顴骨の全然張っていないものは頭から抑えつければ、内心は不平であっても、それに従ってゆくというようなところがある。ところが、顴骨が出ている人は抑えつけようとするとかえって反抗的になりやすい。

(9)結婚運

ワイニンゲルという哲学者の書いた『性と性格』という本の中には、山口千枝の説と似たような論法が書かれている。

「人間には完全なる男性だとか、完全なる女性というのはあり得ない。故にいかなる人間でも、何％かの男性味と何％かの女性味を兼ね備えているのが現実である。両極相ひき、異極相避けるという一つの原則がある。それらを絡み合わせると次のようになる。

60%男性味、40%女性味を兼備した男性の場合、最も彼を強く魅了する女性はこの反対の場合といえる。つまり、60%女性味、40%男性味を兼備した女性を最も好ましく思うということになる。そしてまた、この反対の%を含有した両者の場合もいえるわけである」

以上のような論法は次の事柄が日常起ることでもわかる。

ショパン

彼は美人の妻君がいるのに、大して美人でもない二号さんを持っている。こういったことは、むしろ当り前なのであって、いかに美人の妻君がいても、相ひくところが薄ければ、より相ひくところのものに心がひかれるのは至極当然である。

そこで例えば、女性的作曲家として有名なショパンは、声も風貌も女性的だったが、その反対に男性的な女性のジョルジュサンドと恋に陥った。そして初めて出会ったときに、彼女は男性的な声で彼に呼びかけ、ショパンは女性のように震えながらそれにこたえた、ということが本に書かれている。だから女性的な男性は、男性的な女性に非常に魅力を感じるのである。

また、街を歩いていても、一人があそこに美人が来るぞというから見てみると、自分には少しも美人とは思えない場合がある。このように、美人という概念が人により異なるのは右の法則に基づいているのである。

したがって、結婚問題で本当に良縁を決定するとか、お見合でも二人とも不平を言わないだろう、ということをもし精密に鑑定しようとするならば、数字の上で出してみる。例えば、その人の額、鼻、耳、眉などに何%の男性味があるか、点数を算出してみるのである。そして、女性と男性を比較して、果たしてどの程度の牽《けん》引力が働くかを調べてみると、結婚の相性が、はっきり出てくるのではないかということが考えられる。

このように点数制で相性を決定していったら、不和とか反目、離婚等が大変少なくなるだろうが、一般的な注意としては次の点である。いわゆる人相学的にいって、後家相か、子供を産まない相か、夫の運勢を止めてしまう程の悪い相をしているか、ということに注意してみるならば、良い結婚を期待できるのである。

⑽女性的な性情

女面の男子が子供のころにどういう状態を示すかというと、女の子がきれいな着物を着ているのを見ると、自分も同じようなものを着たがる。着せてやると非常に喜ぶ。また女の子と一緒に人形遊びや、ママゴト遊びをやったり、姉や妹と一緒に編み物やミシンを踏むようなことを好んだりする。それが成熟期になってくるにつれて次第に激しい状態を示し、毛髪をできるだけ長く伸ばそうとしたり、内密で白粉やクリームを塗ってみたり、また女性に対して非常に親密な態度を示したりするような状態が出てくる。ただ、昔の本には子供のできない人が多いという見方がされているが、これは極端な話だと思う。

⑾運命について

(A)　凶相

女面の男子は中流から下流のほうの生活をしてゆかなければならないような運命の人が多い。たまたま、そうしたような男性が金持ちの家に生れたときには他人に品物を施したりすることをきらう。それどころか、なんでも自分のものにしたがるという性格のため、目下や部下が従ってこないし、親族の者も遠ざかる状態が出てくる。子供も男の子が得られず、多くの場合は女の子が多い。俗に、色男金と力はなかりけり、のほうだとみている。

(B)　中位の相

ケチで気紛れであるという点は変りないし、才能に力量がなくて感情によって行動するのも同じである。また、人間としての器が小さいから部下や目下が従ってこない。手芸のようなものには秀《ひい》でている。また、勝負事や遊びが好きであるが、その代り悪いこともできない。だから無為平凡に終る相だとみている。

(C) 上位の相

気力も策略もあり、目下にも情を施し、寛大でコセつかない。また、一般社交にも如才ないし、お金にも不自由せず巨富を得る相、いわゆる金満家の相だとしている。

男面女子の特徴

これは要するに男のような顔をした女子をいう。男面の特徴は女面の場合と反対で、陽大陰小の理に従って見る。すなわち、表に現れたところが大きく、はっきりしていて、着物で隠された部分が小さい。乳房や腰も小さく、尻も締まって小さい。音声も男性としての特徴のある声をしている。毛髪は濃くて荒々しく短く、生え際はハゲ上がったような格好をしている。歯は大きく長い。

若い女性なのに法令がはっきりしている。肩骨が高い者。目が大きく力がある者。鼻がそびえていて高い者。鰓骨《えらぼね》が張っている者。耳をさわってみると堅く感ずる者。口の締まり方が堅く力がある者。小鼻に張りのある者。口の大きな者。顴骨《ほおぼね》の高い者。頬のこけている者。

眉間が強く締まりがあるように見える者。例えば眉間に八の字が入っていたり一本筋の出ていたりする者は男面の一つである。柚子《ゆず》面といって顔の皮膚が夏ミカンの皮のような者。皮膚がなめらかでなく男子のようにざらざらするような女性。

脚や腕に青筋が強く出ている者。肩がいかってみえる者。骨太の者。首筋が太くて堅い者。座って上のほうばかり見ている者。音声が太くて大きい者。セッカチな者。人と応対するとき、特に目を開いて丸くする者（これは男性では酒癖の悪い者が多い）。

(1) 性情について

万事に乱暴なところがある。一般の女性のように

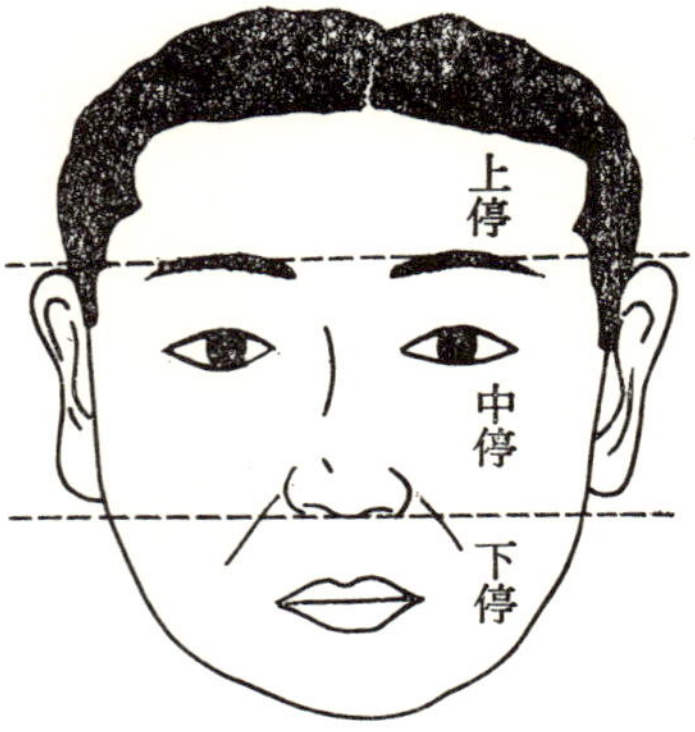

細かな気を遣わない。その代り非常に敏腕なところがある。女性でありながらどうしても家庭の中心的人物になりやすい。陽気な性格を持っている。ご主人とは衝突しやすいから、夫婦ゲンカをやると後へ引かずに押しの強いところが出てくる。以上は一般的な性情であるが、次のように分類できる。

(A)　中停《ちゅうてい》だけが男面の女子——上相

夫の仕事を非常によく助けるし、家事も比較的ピシピシと取り締まる。快活で正直。手芸や料理、裁縫等も一通りは人に負けずによくやる。夫の仕事に対しても口出しもするし、手出しもする。だから仕事でもなんでも上手にやる。

(B)　下停《かてい》だけが男面の女子——凶相

アゴが尖っている者。頬がこけている者。鰓骨《えらぼね》が現れている者。目に力がある者。口の締まりが堅いもの。これらの相のある者は最も始末が悪い。不貞で度し難い。剛情者で時により暴力を振るったり、中には夫や子供を殺す者もある。そして愛情には薄い相である。

(C)　上停と下停が男面の女子——中相

要するに、中停だけが純粋の女面をしているもので、夫や子供に多少縁の薄いところがあるが、表面は優しいいし学問もあり、技芸にも優れたところがある。

大体に女の相を見て男面の相がいくつか混じっていないものはない。むしろ一割や二割くらい入っているのは良相で、かなり優秀であると見てよい。特に宗教、哲学、化学、発明、美術、彫刻、絵画等は、ある程度、男面を持っている女性でないと、本当に理解はできないと見ている。

また女性の記憶は非常に断片的とされ、人の宛名、電話番号、電車内の広告、結婚のときの日付などは、男性よりよく覚えているものである。

ただ男面の女性は、こまごましたことは忘れてしまうが、筋道立ったことはよく記憶している。例えば、男面の者は算術ならそれのやり方について考えるが、女面の人はやり方に当てはめて計算する。つまり男面の人はどこまでも根本的なことに取り組んでゆくのに対して、女面の人は応用的なことにその才能を発揮する。

そこで、運命学を研究する場合でも、女の人は鑑定の上手な人が多いが、運命学自体を研究しても掘下げ方が浅いから、直ちに応用できるようなことばかりを習いたがる傾向がある。難しいことを習おうとする人がいるが、必ず男面がかった要素を持つ女性に限られている。

(2)職業について

(A) 上相でないとき

もしも男面の女子で、あんまり上相でなかった場合は、頭を使わない男のような仕事を好む傾向がある。最上位の部類では、雇人の監督、帳簿の整理、商品の仕入れ等に対してなんでもやってのけるから非常に働き手である。

しかし、こまごました仕事は下手だし、きらいである。裁縫、料理等の女性的な仕事に対してあまり才能は発揮しないで、男のやるような仕事の範囲には才能を発揮する。要するに大ざっぱで急いでやる仕事をテキパキと片付けるのに向いている。だから、最もよくそれがわかるのは、大掃除や引っ越しのときで、率先して大いにその才能を発揮する。また製造販売的な仕事だと、職人と一緒になってどんどん仕事をやってゆくし、何事に対しても非常に競争的である。他人と衝突したり口論することは大して悪いとは思わず、考えたことはどんどん実行し遠慮しない。

外交、秘書、店員……こういった分野では腕利きになる傾向があり、水商売のおかみや、家庭工業における主婦のように、大勢を統率して監督してゆくというような才能に恵まれている。

しかし、ここで考えられることは、いくらか男面の女子といっても女性である以上は、たとえ何％にせよ女性的な部分が多いということである。それは女面の男子の場合でも、女面といっても男性であることには変りはないのと同様である。

そこで男面の女子と女面の男子と、どちらが才能的に優れているかという問題も出てくるが、最終的には、男性味がどんなに強いとはいえ、女性であるという点では、女の弱味が出てくる可能性がある。

(B)　人相上大切な部分が男面の場合

音声、体格、目、口といった人相上大切な部分が男面になっている場合は、一般の男性に劣らず、男以上の仕事をやり抜く場合が多く、才能的にも何かに秀《ひい》でたところを持っている。

男面の女子がこういう仕事を持ちたいと考えるときは、料理屋、飲食店等のおかみ、美容師、髪結、裁縫師、教師、産婆、医者等であるが、このような職に携わって成功している人が多い。また理学士、理学博士になりたがる人や、政治的な方面に打って出ようと考えている人もある。

あるとき、私は美容師ばかりの会合に招待されて出席したことがあるが、そこで見かけたのはほとんど男面の女子であった。また、理髪店の主人なども男性でありながら女面の人が多いし、そこで働いているのは女子でも男面が多いということも事実である。

(C)　上停だけが女面で、眉から下の部分が男性的であるという場合

このタイプは非常に多い、鼻も高いし、小鼻も張っている。顴骨《ほおぼね》も張っているというのもずいぶんある。こういうのは非常に勢いはよいのだが、才能的には欠けているのが多い。女の人夫や女工をしている人だったり、せいぜい成功してもバスの車掌さんといった程度であるが、そのようなうちでも、眉毛がとても柔らかで、よく整っていたり、法令がはっきりしているような人だと、手先がとても器用である。ピアノ、生花、三味線の師匠に多い。

(D)　上停がよく発達した女性で眉毛も非常によく整っている場合

一般事務員、会計、タイピスト、会社の秘書、教師、保母、看護婦等の仕事に携わる人が多い。

(E)　上停だけが非常によく発達していて、他のとこ

ろは総体的に女面だと思われる場合

こういうのは上相の部に属するから、教師なら学校長くらいまで昇進するし、学問をやっても学士や博士くらいまで昇進する人である。

私の所へ見える方で、栄養学校の経営者であり、校長であり、医博でもある女性だが、総体的に女面で額の相だけが男面がかっている人がいる。この人はなかなか温厚な良い人だが、それでいて仕事については非常に積極的で政治家でもなんでもアゴの先で使うという人で、また非常に活動家だから一年のうちに何回か海外視察に出かけたりする。

★玄竜子相法

要するに、女面男子とか男面女子というように、一応分類してみるのは非常に面白い見方なのだが、私の先生である玄竜子先生は、男面女子は男子を見るのと同じ法則で見ていた。

例えば、左の目の下にホクロがあれば、女性だからという理由で右にあるのと同じように考えるという判断はしないで、男性のときと同じように「あなは男の子と縁がない」というような判断をしていた。

それが玄竜子判断の最も特徴のあるところであった。というのは男面と女面というものを必ずはっきり分けて判断の基礎としたのである。現存する鑑定書の記録のうちには、必ず男面、女面、妾面といったようにいちいち明記してある。

童面について

童面、若衆面、妾面等は、男面、女面ほど、重大ではないので要点だけを述べることにする。

童面は男性を見るときにだけ用いられる。少年時代の面影がその顔にどんな風に残っているか――例えば目や口や鼻に何かしら子供っぽいところがあったりするものであるが、そういうところを多く持っている男性を童面という。

童面の人の考え方は、子供のように勝つことだけを知って、負けるということを知らない。また常に他人と争いを起したり、何事にも競ってやりたがる。ちょっとしたことにもびっくりしたり、悲しんだり、人を恨んだりする。食事でも普通の人の場合は、三度三度およそ決まった時間に食べるが、童面の人は一定した時間に食べるということはしない。

大きな問題にぶつかったりすると、心の取り締まりがないから、運勢的にも発展性がなく、金銭を持っていても失いやすいし、家庭内では妻や子供が増長して自分にそむいてゆく。しかし、他人のことというと一生懸命にしてやる人が多いが、いたずらに他人に利用されるだけで、実際には損失を被ることが多い。

子供があっても、多くは女の子で、自分の力にならないことが多い。一般的にはそれほどに悪心はないのだが、とどまるところがないから、重大なことでも平気でできる。

妾面について

女面、男面、童面は観相の一つの基本型である。

妾面は、女面に童面を兼ね備えた相であるし、女性を見るときの相法である。

大体「妾」というのはいかなる者をいうかというと、昔の本には妾は女に随従するものであって、婢女の中の貴いものが妾であるとされている。

私が若いころは、確かに妾面を示しているとすぐ判断できたものであるが、現在では社会機構が変り、昔の相と大変異なってきたので、どれが妾面に当てはまるかを直ちに見分けることは、非常に困難になってきた。

額、目、鼻、耳の形、生え際とか髪の結い方などに、ちょっと子供っぽく見えるところがあり、これらのうちに一個所か二個所は必ず欠点があるわけである。

妾面の女子が正妻になったらどういうことになるかというと、世間には妾面の人で奥さんになっているのは結構見受けられるが、これらの人は晩年になってから非常に貧困になると見られている。

(1)　妾面の特徴

腰の肉が比較的小さく締まっていて小粋に見える。富士額が特徴で、耳が大きく柔らかに見える。睫毛《まつげ》が多く、黒目がちに見える。

顔の前面から見ると耳がちょっと見えないような

感じのする人、懸針紋といって眉間に一本立っているシワがある人、八字紋といって八の字のシワが出ている人、項《うなじ》がいかにも子供のように見える人、撫《な》で肩で寂しく見える人、色が白く透きとおっているように見える人、後頭部の骨が出っ張っていない人、後ろ姿が寂しく見える人、手足が小さい人、猫背の人、礼服を着てかえって仇っぽく見える人、晴着を着たときよりもかえって不段着のほうが映りの良い人、ケチに見える人——等は一つの特徴である。

(2) 妾面の運命

妬《ねた》みが強い。気持ちに実意がない。悪賢い。そういう女性は、たとえ妾でなくても、その夫が隆盛なときには一生懸命に従っているが、一度夫の運勢がさびれると逃げ出すようなことにもなる。また再婚の傾向があったり、子供にかかることができない。

もし妾面の女子を妻にしたときは、親類やお手伝いに対して非常にケチであるため、だれも従ってこない。従わなければ非常に憎しみを持つし、憎しみを持つから更に従ってこないといったように、非常に人使いの点で下手である。どうしても夫の威勢を借りて自分の心のままに振る舞おうとするから、配偶者としては適任ではないという見方である。

若衆面について

これは男面と童面の混合型で、男を見るときの相法である。大体、男子の十九、二十歳くらいの人相をよく見るとわかる。相当の年配なのにそういう容貌の残っている人をいう。

女子の若衆面もあるが、女面と童面の半々が多い。男子の場合もやはり半々混合している。大体若衆面は地味なことがきらいな性質だから、むさ苦しいことは特にきらう。万事威勢のよいことを好み、やることも義には強いが、大義を為《な》すところの器ではないといえる。

だから兵書には、小兵で美男子の者は勇剛を現すというが、これは若衆面を指して称したものである。しかし陣頭に立って采配《さいはい》を振る器ではないので、戦闘に際し勇敢に飛び出し、そのために戦死する者も多いということになる。

女の若衆面の場合も、多少特異なところが出てくるわけで、例えば、結婚の相手を選ぶ場合も鷹揚《おうよう》で男らしい男をきらう。少し癇癪《かんしゃく》持ちでしょうがないというような男性を好んだりする。また、よく見受けるのは、男に働き甲斐がなくてかえって男を養っているというのはこのタイプである。

若衆面の人は、男でも女でも十歳台のときに色情難があるから、結婚するまでに童貞とか処女を保っているということは絶対に望めないのが多い。また情死したりするのもこの若衆面同士に非常に多い。

遊女面について

この名称がつけられたのは大体江戸時代であるから、大正、昭和の遊女というのにとらわれないほうがよいと思う。また、妾面とちょっと似た点もあるので、そういうところも見誤らないで見ることが必要である。

遊女面の特徴としては次のようなことがいえる。

肉が多くて骨が細く見える人。命宮《めいきゅう》の締まりがないように見える人。田宅の広い人。眉毛が長く曲がって見える人。髪の生え際が寂しく見える人。山根《さんこん》に骨を現すといってやせている人。法令の筋が外へ流れている人。

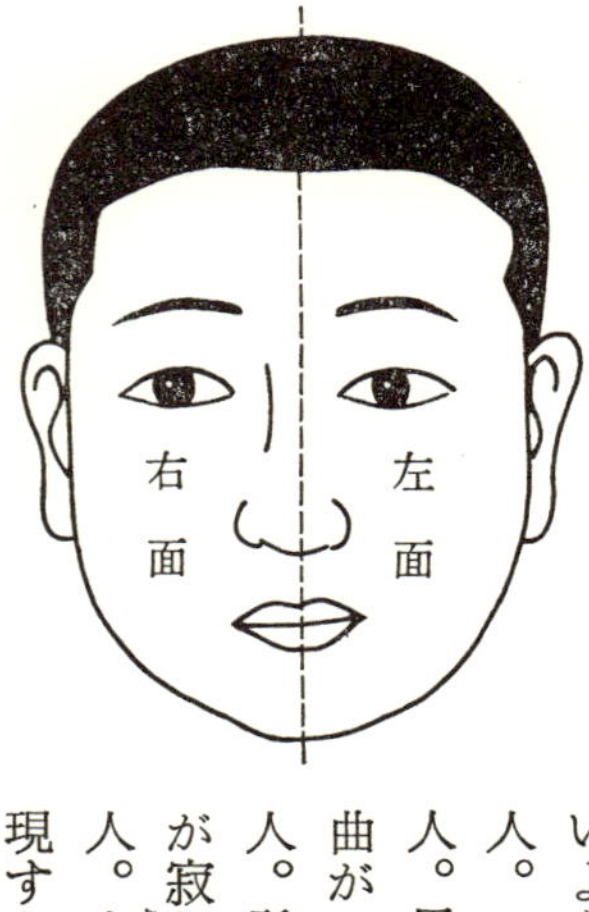

督脈《とくみゃく》の線（顔を正面から見て左右に分けられる中心線で、額の中央から眉間、鼻、人中、口、アゴを通した線）が曲がって見える人。襟《えり》元が寂しく見える人。座るときに身体を曲げて座る人。

まだものを言わぬうちから笑う人。笑うと歯茎の見える人。乳首の出っ張っていない人。手足の小さい人。良い着物を着て立派に見えるが、どこか寂しく感じられる人。

笑ってエクボのできる人。髪の生え際がひからびて見える人。笑うときに法令がいよいよ外へ流れる人。年齢よりも乳が小さく見える人。

小指が特に短い人。座るときに必ずそばにあるものに寄りかかるようなことをする人。遠目に見てきれいだが、近寄るとなんとなくキタナラしく思われる人。舌を鳴らし、ハナをすする人。座ったときの状態がどこか締まっていない人。五体がどこかとろけたように見える人。

遊女面の人は、以上のような特徴を持っている。もちろん、これらが全部そろっていることはないが、そういう点がいくつかそろっていた場合は、これに該当すると見て差し支えない。

遊女面の人は男難の相である。だから結婚後も夫縁がたびたび変ることがある。大体、遊女面を女房に持つ男性は勤め人タイプ、陰者面タイプの人だとかに多いとされている。

遊女面の女性の運勢は不幸せであるということがいえる。ただ、不幸の中に幸福を得ることもあるし、幸福の中に不幸を得ることもある。したがって、運気といえども流れる水のように変ってゆく吉凶定め難い生れであると見ている。疑り深い性質は、妾面の人よりも遥かに強いといえる。

遊女面の人が求めるのは、女面の男子である。遊女面の人は妾面の女性よりも困難に耐えて貞節を守ってゆく傾向が強いから、再婚の相があっても再婚せず、あとは独身で生活してゆくということも多い。こうしたことも妾面にはない傾向である。

陰者面について

陰者というのは当節向きの言葉ではないのでピンとこないが、昔は陰者といわれた者は結構居たわけで、要するに士農工商以外の他の商売で生活したものをいったのである。現代ではこうした言葉は用いないが、仕事そのものは存在しているわけである。例えば、僧侶、医者、文士、易者、歌俳諧、お茶、お花、音曲、遊芸、軍談、噺家《はなしか》等は皆この部類に入っていた。

大体、男面というのは正面が陽で内面が陰であると見ている。その反対に陰者面は正面が陰で内面が陽のものが多いと見ている。

一般人はヒゲが濃くて髪が薄いが、陰者面の人はその反対で、髪が濃くてヒゲが薄いという状態で出てきている。また、顔が白くて身体が黒い。

一般人はある程度俗っぽい顔をしているが、陰者面の人はどこか雅味のある顔をしている。更に顔の部分的な状態を挙げると、

眉骨が高いが角立って見えない。髪が硬くて多いが、むさ苦しく感じない。眉毛が薄いが目を蔽《おお》っている。山根の締まりがよいが、摘んだように目立たない。法令が鮮やかに見えるが、深く切り込まれていない。威厳があるように見えていて優しい。柔和に見えるが、近づくと慣れにくい。目は優しく見えるが、それでいてなんとなく人を射るようなところがある。

右のようなのは上格の部類に属すると見ている。

★人相の分類について

中国の医書『素問霊枢経』は俗に『内経』といわれているが、その中に五態説というのがある。それは、大陰人、小陰人、大陽人、小陽人、陰陽和平人であって、大体人間の顔を五つに分類して論じているものである。要するに今までに論じたところの男面、女面、童面等はこの説から出発したものと考えられている。また、言い替えるとこの見方は形質論の中に入るべき性質のものである。

形質論といっても実際にはいろいろと分けられており、例えば十字面法とか二十面法だとか、五行説を軌範としたところの五行相法もあり、普通我々の使っている三形質の見方もあり、いろいろあるわけだが、別段こういったことを詳しく知る必要は特にないと思う。

挙動について

昔はこの問題については特にやかましく言われてきたので、次にこの点についていろいろと研究してみよう。

歩き方の相

人間はその心のままに歩くものであるから、靴やゲタの減り具合を見て、その人の持っている性格が大体わかるものである。

履物《はきもの》の爪先や前歯が減るのは非常にせっかちな性分だし、カカトが減るのは反対にのんびりした性格であると見る。履物の減り具合は、歩き方に原因があるのだから、猫背で首を前方に突き出して歩く人は、いつでも爪先や前歯が減るし、そりかえって歩く人は必ずカカトのほうが減るものである。

中国の本には虎歩といって虎のような歩き方がよいとされ、身体がどっしりしていかにも脚が軽くゆっくり歩くことが良いとされている。あまりそりかえって歩くのは感心しないし、そうかといって、前に首を突き出して歩くのも感心しない。

運の有る者、無い者は歩き方でよくわかる。身体が重く見えて脚が軽く動くような人だったら非常に運が有る人で、運の無い人は脚をひきずるように歩くものである。なんとなく落ち着きがなくて騒がしく歩くような人は、散財の相だといわれている。事業をやっても散財して必ず失敗するし、住所もたびたび変る相である。

急ぐこともないのに駆けるように歩く人や身体まで騒がしく歩く人がいるが、これは決断力のない人である。親の財産も身につかず、生涯貧困で暮らすことになる。

身体や腰に力がなく、身体を左右に曲げて歩くのを蛇行というが、このような蛇行や雀がピョンピョンはねるような歩き方をする人は、正しいことを考えていないから、必ず不正な行ないがあり、たとえ正面がいかによく見えていても、このような人には油断ができない。

下賤で貧相の人はいかにもヒョコヒョコした身の軽いような、足の重いような歩き方をするものだが、そのような歩き方を改めれば発展するようになる。

歩きながら途中でたびたび後ろを振り返る者は、何か心にやましいものを持っている。爪先で歩く人は生涯住所が落ち着かない。足元を見ながら歩く人は大して成功しない。

くたびれたような歩き方をする人は子孫断絶の相である。歩きながら頭をかしげたり身体を振るような人は運勢が次第に衰える。

足音を立てて騒がしく歩く人は、心に締まりがなく、仕事に失敗して貧乏する人だが、人間的には正直な人が多い。一直線に歩くのはせっかちで短慮な人。他人の家に入るのに全く足音をたてず静かに入ってくるのは、人を疑ったり悪意を持ったり、孤独な人に多い。

女性で上を向いて歩く人は短命。男性は多少上向きが良いが、女性は多少下向き加減に歩くのが良い。足の相は晩年を占うとしている。だから、びっこをひくとか大きなケガをした人は晩年に障害が出てくる。歩く様子が悪い人は、住所の苦労が絶えないとされている。

以上のことを考えてみると、歩き方には、むしろ足のほうよりも上体のほうに問題があるように思われる。

女の人が内股《うちまた》に歩こうと外股に歩こうと、そういうことは大した問題ではない。それよりも全体の勢いや落ち着きを見るほうがむしろ大切である。女の人でも七、八歳ぐらいまでは男の子と同じように外股に歩いているもので、ただ風俗や習慣によっては内股に歩くようになると考えられる。だから歴史的に見ても昔の絵巻物などは外股に描かれているし、元禄時代前後から内股に歩く習慣ができたようである。

座っているときの相、その他

相対座して鼻の穴が見えるのは、口先だけが調子よくて心に真実がないと見る。

女性で頭を年中、上のほうへ上げているのは夫縁も変るし、生れ故郷を離れる性質が強い。

人と応対するときにヒザを撫でたり、襟をつくったりする男性は女難の相である。

人と話をするときに肩を怒らせてヒジを張る人は貧乏して苦労する人である。心労が多いため発達しないという。人と向き合って顔を手で撫でる人は、現在運気が滞っていて万事思うことが通らないときである。座って首を伸ばしたり縮めたりする人は運気が発達しない。

痰《たん》も出ないのにやたらに痰唾を吐く人は、最初は金持ちになれるが、後になって衰える。また長生きをしない人である。

ハナをすすったりクンクンいわせたりする人は、中年に破産の相である。人の家に入るのに騒がしくガタガタ入る人は出世しないけれども、心に悪心を持っていることはない。

物を言うのに目を閉じる人は奸悪の相であるが、ものを聞くときに目を閉じるのは差し支えない。上目遣いで人を見るのは、人を欺き、騙《だま》す気持ちのある人である。

大したことでもないのに大げさに驚く仕草をする人は、淫欲旺盛で身持ちが悪い。しゃべるときに口から泡《あわ》を吹くのは、運としては強くない人である。常に口の辺りを拭《ぬぐ》う癖のある人は、人の頭に立つ人である。話をするときにヨダレを流す人は子供縁がない。

いつも鼻をいじっている人は金銭的に苦労する。ものをいうのに唇をなめ、歯で唇を押さえる人は心に毒がある。相談に来て自分の意見ばかりしゃべる人は、人の意見を聞かない強情っ張りの人である。呼ばれてすぐ返事をする人は、才知もあり正直である。掃除をするとき、よく手を回して、やり残しがないようにやる人は、万事篤実のところがある。

話をするのに言葉つきは大変律義に聞こえるが、粘ついてゆるゆる話をする人は、心に企《たくら》みがあって油断できない奸物である。目の中が赤く濁ってしきりにまばたきする人は、心に毒があり、そういう人の言うことは信じてはならない。

炭火を大変上手におこす人は、必ず何をさせても一家を成す人である。

対話をするときに、まずニッコリして、それから話をするのは、男性の場合は非常に発達の相だが、女性の場合は淫婦の相である。人と応対するときにときどき顔を横にそむける人は、心中に企みをもっている。物を見るのに、まばたきが多い人は、短気で臆病者であり、何事を企てても失敗する相。横目を遣う人は色難の相である。

物を見るのに愁《うれ》うるように眉と眉とにシワを寄せて見る人は、苦労が多くて発達しない。頭を振って物を言う人は、女性は夫が決まらないし、男性は親の譲りが身につかない。物を見るのに頭を傾けて見る人は、男性は寿命が短く、女性は夫について大変苦労する。物を言うのにアゴを突き出す女性はたびたび縁が変る。目を閉じて物を言う人は薄情者。アゴや頬をしきりに撫でている人は、住所の苦労が多い。座って貧乏ゆすりをする人は、住所が落ち着かない人である。

だらしなく衣服を着る人は、性が惰弱で心に締まりがなく、生涯発展できない。頭髪が一本も乱れぬよう、きちんとしているのは孤独の相の一つである。

男性が晴着を着て、いかにも清潔に見えるとか、落ち着いて温かく見えるというのは吉相。なんとなくにぎやかに陽気に見えるというのも良い。それと反対に見えたり、感じられたりするのは凶相。ひどくうらぶれた生活をした人が、たまたま晴着を着てもしっくりしないのは、凶相である。

寒中でも汗を流すのは、高尚な仕事を好まず下賤の仕事をやる人である。女性は再三縁が変る。ただし、病気の場合は差し支えない。話をするときにいろいろ癖の多い人は、心に悪い気持ちはないが、何事も仕遂げることができない人である。座っていて落ち着かない人は、住所にも苦労が多い。座っていてしきりに毛髪をいじる癖のある人は、せっかちで偽りごとが多いし、また性欲も強い。ちょっと才能があって人にかわいがられるが、四十歳ぐらいから運気下降する人である。

女性で大股に歩いたり、座っていて股を見せる人は夫を克す相。口先では困る困ると言いながら実際には困らない人がいるが、話をしていて非常に退屈なところが感じられたり、目に涙がたまってくるとか、アクビをするとかする人は、実際には困っていない証拠である。

文句や不平などを言いたくなってくる人は、上唇のところに風をふくらませてくる。

腹の立つときは、まばたきが遅くなるという。また顔色が赤らんで見えたり、青白く見えたりする。

無心に来たり、わび言を言いに来たりしたときは、顔色が赤くて、座っていても落ち着きがない。また返事をよくしたり、笑顔をつくったり、いつもより特におしゃべりになるというような状態になる。そこで試してみると、いつもよりも多くタバコを吸うし、火鉢の中をかき回したりする人が多い。

裸のときに見ると大変太った人なのに、股の肉が薄い人は、老年に貧乏する人。子供でこういうのは、早死にの相。

女性で股の肉の薄い人は、一生涯苦労する相である。二号になれても正妻になれない人である。

食事のときの相

やせた人で遅くゆるやかに食べる人は、相応の発達をしている。太っている人は早く食べるほうが成功する。戦国時代の名将・信長、清正、信玄等は食事は早く食べたが、厠《かわや》は長かったといわれている。

ネズミのように食べる人は貪欲。鳥がついばむように食べる人は、病気か餓死する人である。食べ物をのみ込むときに頭を動かす人は、短気で財産を減らす人。食べるのに癖のある人は、中年までは良いが、以後運気が衰える人である。食べ物のほうに口を持ってゆく人は、貧困で寿命が短い。

三十五、六歳前後で定職なく暴飲暴食する人は、たとえどんなに一時良好でも晩年に至り運気が衰微する人である。上腹のふくれるまで食べる人は、長寿しないし、発達の相があっても発展しない。食事をしながらしゃべりすぎる人は大凶。食事中に怒ったり、悪言を吐いたりする人は更に大凶。

寒中なのに冷たいものを食べても汗をかく人は、

貧乏して住居も定まらない。大体、物を食べるときには、歯が重要な役割を果たすのであるが、日本人は、平らな歯が六本と犬歯が一本しかない。すなわち一週間に一回肉食をするのが適当だという。真偽の程は別だが、そういうのも一つの理屈だろう。

寝相について

寝ながらヨダレを垂らすのは寿命が長くない。絶えず夢をみて呻《うめ》くのは、妻君や子供を克し、女性ならば夫を克す。歯ぎしりをする人は、父母を克す。丸くなって縮んで寝る人は一生貧乏する。寝言を言う人は、心が定まらない。

人と対座したとき

手足や身体をよく動かす人は、決断力が乏しい。ヒザ頭を開いて座る人は、胆力があり、豪気《ごうき》な性格を持っている。ヒザ頭をくっつけて座るのは、胆も小さいし、やることが細かい。

腕あぐらといって手を組む人は、頭の良い人に多いといわれている。頭を前のほうに垂れぎみにする人は、心中に愁《うれい》があり、心配事のある人である。顔を向き合って動かさないのは、剛直な人が多い。

おしゃべりの人は、実行力が乏しい。早口の人は、胆玉が小さい。声の高い人は、正直な人が多い。低音で上手なしゃべり方をする人は、心を許すことができない。口を開いて大きく笑う人は、豪気な性格を持っている。笑って目の中が潤う人は、性格の優しい人が多い。肩をすぼめて首を垂れぎみの人は、成功しない。一生涯他人に使われる人である。

音声について

昔のダルマ相法に、富を問うのは鼻、精神を問うのは目、全きを求めるのは声、だと書かれてある。だから、その人が成功するか、しないかは、声にあるのだといっている。声には、子供、大人、男、女、老人とそれぞれに決まったものがある。

大人で子供のように甘ったれた声は凶相。相当な年配の老人なのに青年のような声をするのも悪い。つまり、老人になって老人の声が出るのは、自分の子供たちが充分成長して、親のめんどうをみる力があると見る。

話す言葉に鐘音といって余韻を持っている人は、衆に抜きん出て発達し、晩年に至りますます盛んとなる運命を示している。聞いて不愉快でなく落ち着いていていて、しかもハッキリしているのは、非常に幸せな人間の声である。

現在非常に困っていても、音声の良い人は将来大きく成功すると見る。声に力のない人は、失敗する場合が多い。身体が非常に大きくて女性のような声の人は、絶対出世しない。身体が小さくても締まりがあって大きい声の人は、必ず発達する。

女性は女性らしい声がよく、男性のような声の女性は、夫を尻の下に敷き、運勢的にも良くない。女性は余り大きくなく、さわやかに余韻を持った声が良好とされている。小声でしゃべるのにどもるのは頭はキレるが、才能が良い方向に働かないために生涯成功することがない。声が堅く感じられるのは、あまり成功しない。

人間はウソを言うときは言葉に決して力があるものではない。正直なことを言う場合には言葉に力が出てくる。声が大きいといっても、破鐘《われがね》や破れ太鼓のような声は、凶相であり、短命であるし、また、晩年没落して非常に貧乏になる。潤いがなく枯れたような声は、聞くほうでも、聞き苦しいものだが、余り発達しない相である。芸能、学問に秀でても成功することが少ない。

女性の金切り声は、夫を克す相であり、必ず縁が変ると見る。女性で声の大きい人は、勝気で衣食に困ることはないが、縁が変ったり後家になったりする。話をしていて最初はハッキリしているが、次第に小さくなってわかりにくくなってしまう人は、次第に運気が衰えてくる。

昔の観相家は、人間の運勢を開発するには、まず声や挙動をやかましくいって指導することであると言った。音声や、挙動が良くなれば運勢も良くなるというわけである。

何か人を欺《だま》してやろう、陥れてやろうという人は、アメを含んだように言葉つきは柔らかく、もっともらしく聞こえるから油断してはいけない。言葉の非常に速い人は、深くものを考えてしゃべる人ではなく、一生涯他人に使われ、徳も薄い。朗々たる余韻のある声は大変良いし、心中良い策略を持ち、中年に必ず発達する。いくら大言壮語しても余韻のない声の人は、大きな事を企てて失敗する人だから、そういう人の言葉を信用して話に乗ってはいけない。

泣き声のような声は不運の象。独り言を多く言う人は、心に不平不満を持っている人である。笑うときに泣くような顔は、貧相のうちでも特に貧相とする。怒るときに笑うような顔は、心に毒がある。

中国の本は声を五行の木火土金水に分けている。

木声音は、細いが多少カン高い。必ず成功する相。

火声音は、最初がパッとしてアトがない。中年に失敗して晩年に苦労する。

土声音は、言葉が重く濁って、静かだが正しい。非常に発達するのが遅いし、ときどき他人のために迷惑を被ることがある。

金声音は、潤いも締まりもあり堅いが、相応の発達をする。

水声音は、長く余韻を持ち、伸びやかな感じで、金もできるし、長命の相だとされている。

また、中国では、人間の身体に五行を当てはめている。

木性は、やせ型で神経質なタイプ。

火性は菱形で顴骨《ほおぼね》の張ったタイプ。

土性は、丸味を持った肉づきのよい栄養質で、皮膚の色は若干黄色味を帯びている。

水性は、体質は土性と同様だが、皮膚の色は白いほうである。

金性は四角張った顔をしている。

皮膚について

身体の皮膚で見えるところは顔と手だが、厚い皮膚のほうがよく、薄いのは良くない。皮膚が薄い人は、人情にも薄い。皮膚の厚い人は、人情にも厚い。大義名分を誤ることがなく長命である。女性で皮膚が厚すぎるのは、後家相の一つである。これは多少キメが粗く、多少厚く見えるといった状態を指す。

平常はなんでもないような人が、ときどき油ぎった顔になることがある。一つは、倒産する前で、もう一つは、大病にかかる前兆である。俗に光沢が良いというのは、油ぎって光っているというのではない。皮膚が煤《すす》けていると、顔面が曇り、光沢が全然無くなってくるが、精気をもっているときは運勢は打開される。見ているうちにますます煤けてくるのは一段と衰えてくる相である。

衰えると本人も焦ってくるものだが、焦ればますます悪くなるから、落ち着いて焦らず、晴れ晴れとして愉快な心を持つことにより血色はいくらでもよくなる。

顔の皮膚がいつもと違って急に変ってくる場合がある、赤く、黄色く、青く等、どんな色に変っても、大病が来る前兆か、大難が来るときである。

鼓皮面といって、鼓を張ったようにシワがなく、艶《つや》があってテラテラと光り、ちょうど湯上がりのような顔をした人は、孤独相の一つで、子供に縁がない。

橘皮《きっぴ》面といってミカンの皮のように粗い相で、色が白いのは薄情で、色が赤銅なのは、親分株のような人である。

梨地《なしじ》面というのは梨の皮面のようにザラザラした感じで、一時的に出る場合が多く、顔全体だとか鼻の周りに、毛穴がボツボツ黒く出る。そういう人は金銭上の問題で非常に苦労している。芸者に多い。目の周りが梨地面の人は、男の人なら女性問題で大変苦労しているときである。顔面一杯に出るのは、事業の失敗の前後に多い。

桃花面は顔一面が非常に血色が良く、桃の花のような皮膚で若々しく皮膚も薄い。こういう人は、ものを誇張して考えるから、ちょっと具合が良いとすばらしく良いように話すし、少し悪いとすごく悪くなったように話したりする。良否を極端に感じる人で、若いときは幸運だが、中年から衰退する。悲観のあまり自殺したりする人が多い。

郎君面とは、のっぺりしているが、人形のようで、目鼻だちも整っている美男子だが、音声にあまり力がない。悪人ではないが、孤独相で、つかみどころのないような意気地の無い相である。音声に力があれば成功するが、大体においてあまり運勢は振るわない。

なお、顔面の皮膚の色が急に冴えたように赤くなってくるのは火難の相。赤黒くなるときは淋病。額全体が焦茶色でアゴが赤くなるのは、火難の相。耳《じ》朶《だ》にいくつか立筋のあるのは、一生涯に何度か火事に会う相とされている。

ホクロについて

雀卵斑《じゃくらんはん》というのは、大豆粒ぐらいの大きさで、出っ張っており、色はグレーである。赤子《せきし》というのは、真っ赤なホクロで、大きさは普通で出っ張っていない。

ホクロは大体において、赤いのなら真っ赤なのが良いし、黒いものなら漆《うるし》のようなのが良いとされているが、灰色や褐色は最も悪い。

ホクロの真ん中から毛が生えているのは差し支えない。形の小さな色の薄いホクロは判断上最も災いをなしている。薬品を使った場合に、真っ黒な艶のあるものは、すぐ取れる。毛の生えたのも取りやすい。薄い色は根が深くて薬品で取ったとしても必ず痕になる。取ると再びアトから出てくるものもある。ホクロはメラニン色素の凝固体で、悪いというのは深さに問題があるわけである。

ホクロの除去法としては、火鉢の灰と石灰を等分に混合し、水で糊状に伸ばした上、餅《もち》米の玄米を半分ぐらい差す。一週間ぐらい経つと、飴《あめ》色に変るから、それを楊子《ようじ》の先で何回かつけると、きれいに除去できる。煮てはいけない。蛇の脱けがらとゴマの花を米粒で練り合わせて、それをホクロにつけると、一晩で除去できると、昔から言われている。硝酸銀も取れるが、少し痛む。

ホクロは、大体において、すぐ見えるところにあるよりも、見えないところにあるほうが良い。眉毛の中にあるのは頭が良い。耳にあるのも良い。雀卵斑は、夫婦の縁が一度でおさまっている人が少ない。

次に人相の十三部位（後述）やその他の個所など

判断すると、

(天中《てんちゅう》) 髪の生え際にある人は不信心であり、信仰心がない。

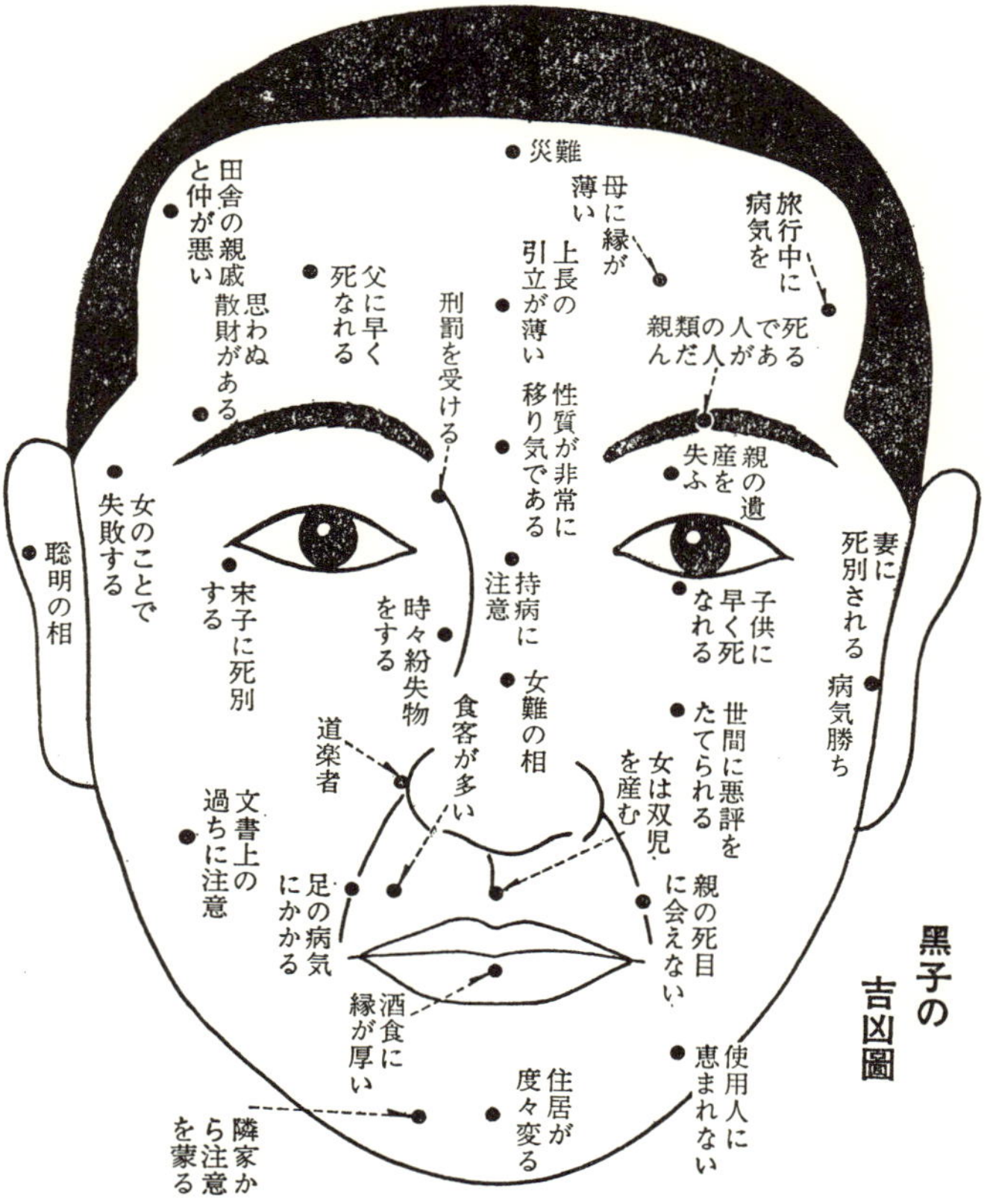

黒子の吉凶圖

(天庭《てんてい》、司空《しくう》) 目上を克す相であり、両親に必ず縁が薄い。女性は夫について苦労が多く、初縁でおさまらない。男女とも一生涯に一度は必ず自分の家から火事を出している。

(印堂) 親の跡を相続しない人。性質も非常に移り気で、どんな仕事をやっても最後までやり遂げることができない。女性も移り気で飽きやすく、苦労しても、どたんばへきてうまくいかない。

ニキビの痕《あと》のように凹《くぼ》んでいるのは、長男にはいないが、それでいて、その人が親の跡を継ぐようになる。

(山根《さんこん》) 目と目の間にある人で、故郷を去って他郷で暮らす人である。夫婦縁も一度は変る相である。胃腸の弱い人だから食べものに注意を要する。また親類の家で潰れた家がある。

（年上《ねんじょう》、寿上《じゅじょう》）　女難の相であり、性欲旺盛と見ている。

（準頭《せっとう》）　男は女難の相。女性だったら夫のことで苦労が絶えない。夫がどちらかというと病気がちの場合が多い。これを流年で見ると四十歳に該当するから、女性はその前後に夫と死に別れる。ただし、男性が妻君に別れるとは見ない。

（人中《じんちゅう》）　ここにホクロのあるのは寿命が短いと見るし、子供縁が薄いとも見ている。女性は双生児を生む。白点があるのは不具の子供を生むとする。また、唇にある場合は、美食家で食べるものにうるさい。

（承漿《しょうしょう》）　一生涯のうちに、一度は必ず中毒する。六十一歳の年は最も注意を要する。

（地閣）　生家が悪く、生家を出て暮らす人である。

（目）　俗に泣きボクロといわれるが、生れた子供が親と早く別れたり死んだりする。それも目頭に近いときは、最初生れた子供、目の中ほどのときは、中の子供、下尾に近いときは、末子といったように見る。

顔面と人間の身体とは関連しているから、目の周りにホクロがあれば乳房にも必ずある。頬のときは臀部《でんぶ》、鼻ならば背中、眉毛ならば腕、眉尻は手の先、眉中は腕、法令のときは脚、鼻の先は陰部や陰茎にもあると見ている。

（妻妾宮《さいしょうきゅう》）　妻縁が変る。二つあれば二回は変ると見る。

（田宅）　ここにホクロや傷がある人は、親の遺産が身につかない。必ず生家の池が凶方位にあり家相上良くない。田宅に縦傷のある人は、自分から事業をやって失敗したり、道楽をやって失敗する。横傷のある人は、他人の保証人になって支払わされたり、他に貸金をして回収不能となり、財産をなくしたりする相である。

（命門）　これは中国の医学語で心臓の刺激点としている。一生涯のうちに一度は火難がある。また長命しない。

（典御、技堂）　遊び好き、芸者買いなどで身代を無くす人で、女性ならば浮気や色情とか起る。

（小鼻） 散財が多く、勝負ごとに弱い。中年になって他郷へ流浪する相と見る。

（耳） 聡明の相であるが、親と別な仕事に携わる人である。例えば、親が薬屋ならばサラリーマンになるとか、親が建築屋ならば理髪業に携わるとか。

（目頭の上） 額路、交錯、獄舎という。心臓の弱い人が多い。また、この辺りの色が漆《うるし》のようにきれいなときは、若いころは弱かったが、現在は丈夫だと見る。色が悪ければ、現在心臓が弱い相と見る。入獄の難ありと見るが、それは失敗色といって、湿った灰色をしているときで、ホクロを中心に取り巻いているときには注意を要する。

（玄武） 女性で髪の生え際からちょっと入ったところにホクロがあるときは、不義密通をする相と見る。

（眉の中） 親類の人で死んだ人があり、それも変死、悪死である。仏を充分弔わないと、自分の子供がとられる。また親と別業になる人が多い。

（後ろ項《うなじ》） 俗にボンノクボといわれるところにホクロのある人だが、他人のことばかり心配する人だと見る。また陰部にもホクロがあると見る。

人相の十三部位

人相の名称では最も重要な部位であって、天中から準頭《せっとう》までを脏脈といい、人中から地閣までの部分を督脈と称している。

★部位の名称の起源

(1)中国の官名からとったもの
(2)中国古代の天文学
(3)庭園学
(4)易経
(5)そのもの自体

おおよそ、右のような理由から名づけられたのだが、人相の部位は本来あまり深く研究されていなかった。なぜ、こういうように並べたかというのは、少し頭をひねってみれば理解のつく問題である。

各部位の解説

(1)天中

天は高い、中は中央、顔の最も高い所で、中央に位していると一応考えられる。天中の意味から察すると、中国古来の伝説で、漢民族は崑崙山から発祥したということになっている。この山の上には無限大に高い天の中柱が立っていて、それを天界から降ろしたのが漢民族だという考え方である。

天中は我々の親や祖父母だけでなく、遠い祖先までさかのぼってのことがわかる。天中が起肉《きにく》していて色艶が良いというのは、先祖の恩恵を被るものだと見ている。

(2)天庭

古代中国の天文学の術語で星座名である。すなわち、北斗七星の柄の部分に当り、衡ともいわれている。北斗七星は「道教」の重要な星座で、官庁を示すといわれているが、宗教的な問題を示すと見たほうがよい。

(3)司空

古代中国の官名で、司空、司馬などいろいろとあるが、土地人民の星とされている。土地問題で官庁からの呼び出しなどがある。

以上の天中、天庭、司空は乾卦とする。

(4)中正

これは易経の離卦《りか》で、二爻《にこう》を主爻《しゅこう》とし中にして正なるなり、の辞からきている。

司空と同様に官庁を示すのだが、民衆と直接につながりのある区役所、警察、税務署、消防署等に関係のある座所である。

(5)印堂

眉と眉の間で人相十二宮では命宮の場所。印鑑に関するものを見るところで、林文嶺の書には、印堂かまたは承漿に出るとされ、印鑑にどういう文字がどのように刻されているかということも判断している。

印は離火であり、堂は艮土《ごんど》であるから、火土明潤《かどめいじゅん》なり、などと古書にもある。

以上の中正、印堂をもって離の卦とする。

(6)山根

山根の形が山の尾根に似ているところから名づけられたもの。

十二宮では疾厄宮《しつやくきゅう》と称し、健康を示すところであり、また、夫婦の閨房生活を示すところである。山根に暗色や曇りが出たときは以上のことに障害があると見ている。

(7)年上

年の初めの運勢を見る場所で、上というのは上中下の上で、初めという意味である。鼻は易卦の艮《ごん》であり、丑寅であり、一月、二月の意であるところから、この部位に悪い気色が出ると、一月、二月の運勢が振るわないことを示している。

(8)寿上

寿命を占う部位で、しっかりした相ならば天寿の永いことを示している。またその年一年間の健康状態の吉凶をも見るところ。

(9)準頭（せっとう）

鼻の先の骨のない部分で、財運を示すところと見ている。中国では昔は鼻のことを隆準と称した。胎児の性別を判断するのに、乳白色に艶が出てきていれば男の子、薄桃色で艶のあるときは女の子をはらんでいると見ている。

⑽人中

鼻の下の溝のことで、中国古代医学でもこの部位を人中と称している。また溝洫《こうけつ》（人中）ともいわれていて、子供縁を見る部位とされている。寿命にも関係があって、鼻の下の長い人は長寿の相。女性で人中の溝が深くしっかりしているのは、子供に多く恵まれる。花柳界の人で溝のない人が見られるが、子供を生まない人である。曲がっているのは、子供についての心配苦労があるとし、子宮前屈か後屈かの場合が多いとされている。

⑾水星（金覆、金載）

口唇のことで、上唇を金覆《きんぷく》、下唇を金載といい、両方を含めて水星という。易には兌《だ》をもって口となすとしている。口唇のだらしのない人は、金持ちにはならないし、口唇の厚みや状態によってその人の愛情問題を見る。

⑿承漿《しょうしょう》

坎《かん》と坤《こん》とを混ぜ合わせたような名称で、主として病気、薬違い、水難を示す。この部位に暗色やカッパの画相が出たりするときは、水難の相だから、水泳や水辺に近づくことを避けなければならない。

⒀地閣

この部位は俗にアゴと称《よ》ばれ、ふっくらとして血色が良いのが望ましい。ここは家庭内の幸慶やその反対に愛情に飢えた姿などを示すところだし、赤蒙色を呈しているのは住居の移動を示すもので、近いうちに移転する考えを示していると見るのが定石。

しかし、海辺に居住する者、水上生活者、酒造家のように水を多量に使用する者は、ここに暗蒙色が出るのは当然の現象と見られているから、それをもって家庭の不幸を示す相とは見ないわけである。

名称と易位

（艮為《ごんい》山《さん》）

易経説卦伝に艮《ごん》をもって鼻となすとあるが、艮は高いという状態で、鼻の高い人は、易卦を、艮為山として、気位の高い相だと見ている。また非常に一家の責任を背負わされる相である。

(地山謙《ちさんけん》)

鼻の低い状態で、へり下りの気持ちが強いので、自己を低く評価して決して高ぶらない。実際に見てみると低い人、高い人はそのような状態である。そういうところから、人相の吉凶が定められたわけで、易の考え方を知っていれば人相も次第にわかってくるわけなのである。

(坎為水《かんいすい》)

耳をもって坎《かん》となし、坎をもって黒色となす。だから耳が黒ければ腎臓疾患と見ている。人相の難しさは、百三十部位を暗記していなければならないことである。専門家でも血色を見ただけでは、どう判断してよいかわからないときもあるものである。

(火山旅《かざんりょ》)

鼻に赤点が出た場合で、鼻は艮山、赤点は離火なので火山旅となる。旅は旅行の意だが、昔の旅は、非常に苦労が多く、失費ばかりで心細い状態であった。入る金がなくて、出銭、散財ばかりの重なる状態を示している。

(水山蹇《すいざんけん》)

鼻に黒い色が出たときで、進まんとすれば大きな谷があり、退《ひ》こうとすれば大きな山があるというときで、にっちもさっちもいかない苦労の気持ちを持っていると鼻が黒くなってくるのである。

人相と気学

私は十八歳ぐらいのころ、この仕事を開業したが、そのときに自分の新しい見方を試みた。例えば、鼻に蒙色ありとした場合に「あなたは現在困難が多くて次から次へといろいろなことを背負わされてなかなか安定した心が持てず、どうしたらよいか思い惑っている」と判断すると、「そうですが、いつごろからこの状態から抜け出せるでしょうか」ということになる。いつになったらその責任を果たして、というときに気学を応用してみるわけである。それは自分の相星が中宮したときに自分が楽になる。だから本命が一白の人ならば、今月は一白だとすると、次に最初に相星が中宮した七赤の月だから、何月ごろからあなたは開けてくる、といった見方である。

私はこの方法を用いて大いに人気を得たわけである。訴訟問題が出ているときでもいつごろ解決できるか、有利か不利かは、南に相星のあるときに、示談が整い勝利を得られるだろうといったように見る。また年盤の南に四緑アが入っていて、次の年には三碧が回るという年ならば、今年は敗訴になるが、来年なら有利な解決があると教えることもできるわけである。想像力は、運命家にとって必要なものである。

他の部位の解説

(上墓《じょうぼ》)

お墓のことを示しているから人間の生死のことに関係がある。例えば親類に病人があるという場合には、上墓の状態をまずよく調べてみる必要がある。もしそこに「白気《はっき》」といって白いような色が出ていて、危篤の病人があるというときは危ないと見なくてはならない。

ずいぶん以前のことだが、兵庫県の農家の人が来て「人相の気色画相というものを知りたいから是非先生教えて頂きたい。私はそのためにわざわざ兵庫県からやって来たのですが」と言うので、私はその人の相をひょっと見て「あなたはウソをいっている。今日ここへ来たのはついでに来たのだ。今度東京へ来たのは、妻君と子供も一緒で三人で来ているし、それも兄弟に不幸があって、その葬式に来た。だから、ついでに勉強してゆこうといった気持ちなのに、それだけで習いに来たといっても、私は人相を見る人間なのだから、それは信用できないではないか」と言ったら「申し訳ない。その通りです。しかし、どうして兄弟が死んで葬式に来たとか、三人で出て来たことがわかるのですか」と言う。それは上墓のところに白気が出ているが、これは親類に不幸のあった相。また、遷移宮の所へ三人の画相が出ている。だからそのように判断したと説明してやった。

あるとき、講習会で国鉄に勤めている人が、実験

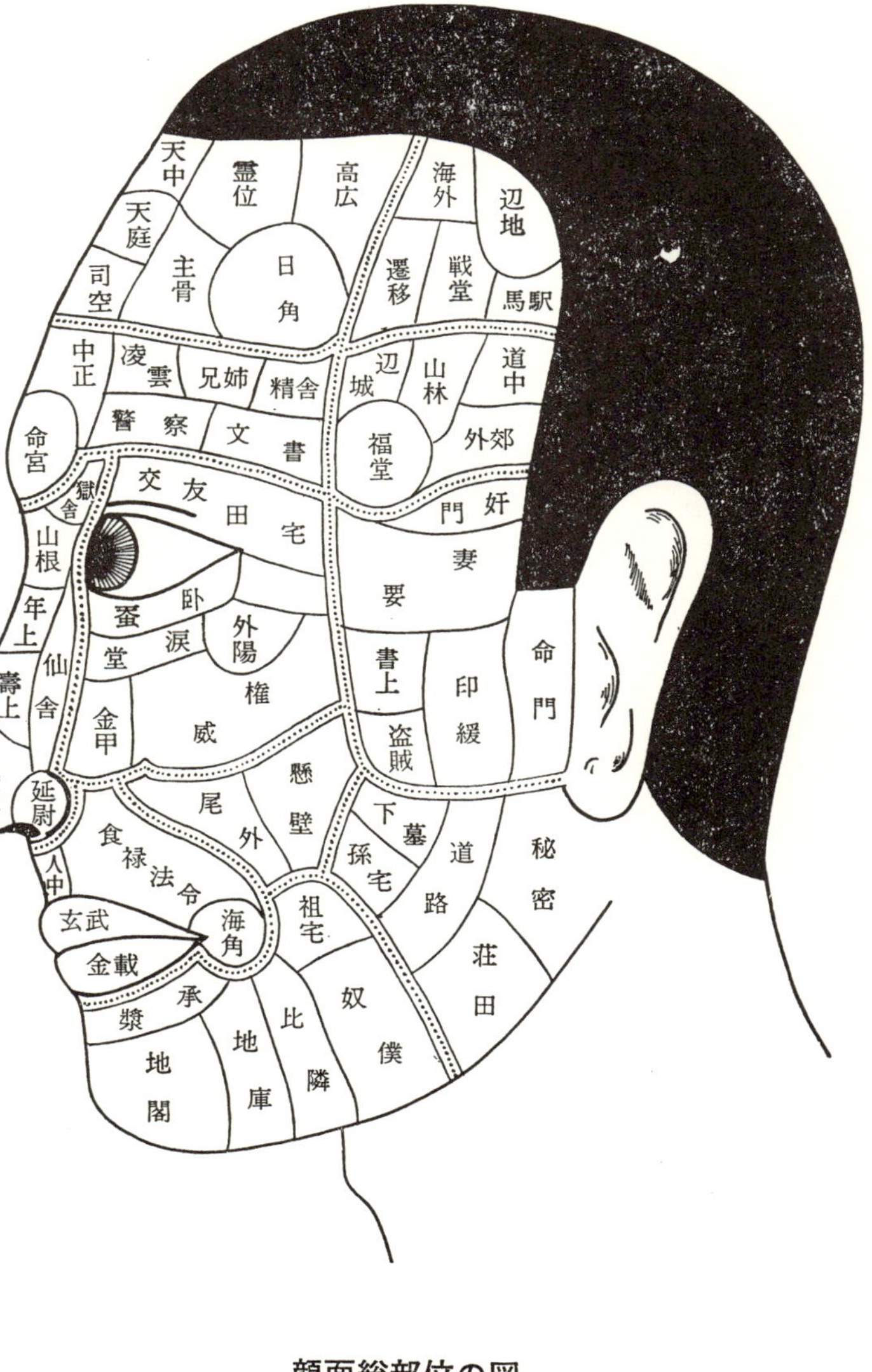

天中
霊位
高広
海外
辺地
天庭
主骨
日角
遷移
戦堂
馬駅
司空
中正
凌雲
兄姉
精舎
辺城
山林
道中
命宮
警察
文書
福堂
外郊
獄舎
交友
田宅
奸門
山根
妻
要
臥蚕
年上
外陽
涙堂
命門
書上
壽上
仙舎
権威
印綬
金甲
盗賊
準頭
延尉
懸壁
尾外
下墓
道路
秘密
食禄
法令
孫宅
人中
祖宅
玄武
海角
荘田
金載
承漿
奴僕
比隣
地庫
地閣

顔面総部位の図

台になったのだが、その人の小鼻のところからずうっと横に一本白い気色が出ているので「あなたは友達に金を貸してそれが取れなくて困っている、そういうことがないか」と言うと「その通りなのです。ちょうど暮れの賞与の時期に隣に居る者が今度のボーナスは君は遣い道があるか、というから私はそのまま貯金するつもりでいると言ったら、僕に四月まで貸してくれないかと言うので、全額貸したところが、四月になっても返してくれないので催促したら、もう少し待ってくれと言われ、今日では一年以上になってしまって、全くこれには手を焼いているのですが、そのようなことが顔に出ているのですか」というわけである。

気色でも画相でも、一度見えるようになれば、よくわかるし、応用もできる。特に画相が見えれば実に判断のうちでは世話なしというところである。

画相というのは林文嶺翁の創見によるのだが、この人はついぞ笑ったことがなく、鼻の下の長いことも実に印象的である。神経質な人で、東京のお客さんの玄関先まで行っても、三脈を調べて調子が悪いと、そのまま汽車に乗り再び帰ってしまうという人だった。相当の年配で亡くなったのだが、大体、坪井信道という有名な蘭法医が深川の八幡様の近くに居て、そこで書生をしながら、浅草の馬道の山口千《ち》枝《えだ》という人相見に通って習ったのである。しかし、書生のままで一生終るのはいやだというので坪井信道のところをやめて、千葉の寒川に帰り、医業を始めたが、さっぱり患者がこない。そこで漢学塾を開いたが、これも大したことがない。ところが、人相見になったら、大いにはやるようになったという人である。

私が終戦後経験したのは、ほとんどが自分の息子が応召していまだに帰ってこないが、生きているか死んだのかみてくれ、ということで、この鑑定以外には無いというくらいであった。そのときには上墓を見て判断したもので、そこに白気が出てなかったら、「あなたの息子さんは生きていますよ」という判断が的中したし、白気が出ていれば、お気の毒だが、まだ軍から通知がなくても死んでいるから、無事に帰ってくるわけにはいかない、という鑑定をしたものである。だから、この部位だけの判断でも結構用が足りたという時代であった。

上墓から出発して眉頭に至る気色の線のときは、法事、年回のあることを示す。

上墓のところへいやなネズミ色が出ていることがある。それは墓に何か障りがあるが、今までに調べてみると自然石の墓だとか、倒れている墓だとか、墓が欠けているという場合が多かった。


(警察)


警察問題が発生するときは必ずここに気色が出る。人に会ったときはよく注意して見ると出ているものである。

「雲色《うんしょく》」というのがあるが、これは見ているうちにポカッと血色が出てくるのだが、やがてスウッと消えて無くなってしまう。変だなと思って見ていると再び出てくるといったように点滅する状態になる。これは必ず三時間以内に警察問題が起ると見る。赤い色の場合もあるし、白気が出るときもある。

現在は故人だが、私のお弟子さんに高橋さんという人がいて、画相や気色に長じていたが、あるときの講習会で「私は雲色というのを見た」と言う。その人はクリーニング店の仕上げ工なのだが、アイロン掛けの仕事をやっているところへ、主人がちょっと出てきたので、それとなく顔を見ていると、警察のところに赤く雲色が出ていて、見ているうちにまた消えてしまう。あまり顔をながめているので、主人にとがめられたが、「実はご主人の顔を見ていると、三時間以内に警察問題が起ってくる」と言ったら、「そんなバカなことはないだろう。用件もなければ招《よ》ばれるようなこともない」と笑って相手にしない。

ところが、一時間ばかりたったころ店員がひょっこり帰ってきた。そして、お得意さんから頼まれた洋服や衣類を籠に入れ、自転車台に乗せてあったものを、公園で昼寝をしているうちに自転車ごと持っていかれたというのである。主人にしてみれば、お得意さんの大切な品物が発見されなければ、全部弁償しなければならない。ともかく、警察に届け出に出かけていったわけである。帰ってきて「君の言う通り警察に行くようになってしまったが、そんなにわかるのなら、自転車がどこにあるか一つ見てみろ」と言うので、「盗まれた自転車はこの方角で道路の上に放り出されている。警察に届けたのだから、必ずその署から連絡があるでしょう」と判断した。すると翌日になって自転車も品物も、そっくり無事に戻ったが、判断通り路上に放り出されてあって、盗むつもりでなく、いたずらして乗り回して放り出したものと思われる。

雲色というのは、そうした形で出るし、警察は的確に出てくる。

また、こういう例もある。

終戦直後のこと、私のところへ千葉のほうから古着屋さんが鑑定にみえたので、見ると警察の部位に、ニキビ状の腫物ができて、それが最近ツブレて治ってきたような形に見える。そこで「あなたは何か警察問題を起していますね」と言うと、「実はそのことで訪ねたのですが、私の家は古着屋で二階を付近の工場に通っている工員に貸していますが、その工員が工場の宿直室から蒲団を盗み出して、蒲団皮をはいで綿だけ売ったのです。もちろん、私はそんなことは全然知らないものですから、新聞紙に包んだものをどこかへ捨ててくれと頼まれ、なんの気もなく開いてみると、まだ新しい蒲団皮なので、もったいないことをするなと思って、家内に洗濯させて店で売ってしまいました。ところが、それから足がついて、その工員はあげられてしまい、警察では当然同じ家にいる私に故買《こばい》の嫌疑をかけてきました。私はどういうものか警察が苦手なので、現在それから一週間以上も家に帰らず逃げ回っている始末です」ということだった。

私は「それはもう心配はいりません、逃げ回らないで家に帰りなさい。もう問題は解決していて今ではなんでもありませんよ」と言ったので、古着屋さんは喜んで帰宅した。その後再訪された折に、全く先生の言われた通りでしたと言っていた。これはニキビ状のものが治りかけているところから見ての判断なのである。ただし、赤いものがポツンと出たらそのときは注意したほうがよい。

(日角、月角)

日角、月角は主骨の左右に位していて、男性の場合は本人の左面を日角といい、父親との関係を示す部位であり、右面を月角といって、母親との関係を示す部位である。女性の場合は、この左右が反対になる。

父親や母親の病気のときはこの個所を見るのだが、見方について大切な点がある。例えば「父親が具合が悪いから一つ見てほしい」というときは、日角の相を見て、血色がすばらしく良いというときは、むしろ危険なときで、そのような場合は父親が六十歳以上の年齢のときである。死ぬほどの危険なときは悪い血色で出るのだろうと思ったりすると、とんでもない間違った判断になってしまう。子供の場合で、両親が若かったというときや、三、四十歳台だったときはそこに悪い血色が出てくるのである。

私が人相見になったばかりのころ、日本橋の矢ノ倉に頼まれて見に行ったときのことだが、そこの主人は人間が少し足りなくて社会に通用しない人だが、美人好みで、さんざん探したあげくにすばらしい美人を女房に迎えた。私はその美人のお嫁さんの人相を見たわけだが、日角にほんのちょっとした横傷がある。そこで「あなたのお父さんという人は事故でなくなりましたね」と判断すると、全くその通りだという。尋ねてみると、その父親はある日、車力で鉄材を引いて踏切りを通過する際、電車に衝突されて死んだということであった。

横傷のある人の父親は事故死であり、縦傷のあるときは自殺である。

また日角、月角にホクロのある人は、両親が早死にしていることを示している。

人により、この部位がダンゴを切ってつけたように盛り上がっているのがあるが、これは非常に親から大切にされて育った子供であるから、「あなたは子供のときに大変幸せでしたね」と言ったら的中する。したがって、明治生れでも大学教育を受けている人などには、こういった人相の人が多い。明治の末期ごろではほとんどの人は小学校や昔の高等小学校二年ぐらいまでで、中学や大学教育を受ける人は非常に少なかったものである。

この部位の蒙色も両親の死を示すわけだが、やはりすでに述べたように一度に明るい色になったときは危険である。ところが両親が死んだあとで、この部位の血色が出た場合は、自分の兄や姉の状態を見る。つまり自分の家を親代りに担当する人の相を見るわけである。

（主骨）

主骨は天庭、司空の左右、上墓の直下に位して、勤め人ならば社長、店員なら主人、社長や店主なら諸事業上の相談を受ける目上のことを示す部位である。

この部位に傷やホクロのある人は、勤め運が全く悪い相を示している。勤め先が倒産したために、職業が何度も変るという人もある。

また現在勤めている会社をやめて新しい会社に変ろうと思っている人で、変ることの良否を見に来る場合があるが、左の主骨を現在勤めている会社、右の主骨はこれから勤めようとする会社の良否を見るから、左右を対照して全く同じような状態だったら、変えても変りばえはしないということになる。

右のほうがはるかに良いし、肉付きも良好だったら、変えることによって良好な状態が出てくる。その反対だったら変ったために、大変苦労するという判断になってくる。

（交友―文書）

この部位は、例えば友人から手紙が来るかこないか、などというのを見る。

ホクロや傷があると、友人との交際上の問題が起ってくる。また横傷はいつでも相手方から起される問題を示すし、縦傷は自分から事を起す相である。

ホクロといっても含痣《がんし》苞《ほう》という特殊なのがあって、ホクロを真ん中にして膿が周囲を取り巻いているのがあり、こういうのは、悪い友人との交際を示しているから、いつでも警察沙汰になったり、親に心配をさせるようなことを起すものと見ている。

辺地から交友に向って気色のあるときは、田舎から来る便りであり、海外から交友に向って気色のあるときは、外国からの便りである。

私がある人を見たら、海外から交友に向って気色が出ていたので、「あなたは海外に知人がありますか」と聞いたらだれもいないと言う。だが「外国から手紙か何か来るような相をしている」と言うと

「そんなことはないでしょう」と言って帰られた。しかし、その次に見えられたとき「実は帰ってから気がついたのですが、三カ月ほど前に丸善を通じて外国へ本の注文を出していたので、ひょっとしたら来ているかもしれないと思って丸善に行ってみました。そしたら昨日着きましたといって本を渡されました」ということであった。

姫路から東京の学校へ来ている学生さんが訪れて、「実は姫路の生家へ送金を頼んだのですが、いつごろ届くでしょうか」と言う。私は「何日に速達で送金が着く」と判断した。この学生さんは運命学が好きなので、同じ問題で五人の運命家に見てもらったが、全部答えが違う。その学生さんが結果を報告に来て、先生の判断が的中していましたと言う。速達というのは、五人のうちの二人しかなかったし、その日を正確に言ったのは他にだれも居ないで、みな送金は遅いと言ったそうである。私が速達で来ると言ったのは赤い気色を見て判断したわけである。

(辺地)

田舎という意味だが、用件によって出方が違ってくる。地方からの訪問者があるときに気色が出る。辺地からいずれの方向に気色が出ているかにより次のように判断する。

(1) アゴへ向ってきたときは、泊まる場所はホテルや旅館にとっておいて、そこの家に訪問してくることを示している。泊まり客ではない。

(2) 口の中や食祿《しょくろく》に入ってきた場合は、泊まり客である。

(3) 小鼻へ向っているときは、借金のことだとか、金銭問題のことで来ている。

(4) 鼻の中心部に向ってきたときは、何か相談事があって来ている。

(5) 側面を通って出た気色は、表面だたない内証のことで来ている。

(6) 顴骨《ほおぼね》へ向ってきたときは、表面だった用件で来ている。

気色とはどういうものかというと、ちょっと白っぽい色をしている。例えば、マッチの棒で皮膚の上を引くと、瞬間的だが白っぽく残る。細いのは糸のように細く、太いのはマッチの先の太さぐらいの状態で出てくる。
判断するときは、同じ小鼻に入ってくる気色でも、顴骨を通った気色ならば、家中の人が知っている問題で来ているし、脇を通ったのは当人だけの腹で来ているというように、いろいろ現れ方の違いがあるわけである。

(海外)

ある人が外国へ用件があって行くのだが、うまくゆくだろうか、というので、人相を見ると、海外から福堂まで良い気色が出ていて、肉が盛り上がっている。「これは大変大きな取引きですね」と言うと、その通りだと言う。「これは向うへ行って大成功しますよ」と言ったのだが、その後の報告では非常にタイミングがよくて良かったとのことだった。

終戦直後にこういうのがあった。見ると、海外に血色が明瞭に出ている。「現在日本では海外渡航は許さないはずだが、あなたは海外へ行きますね」と言ったら、「そういうのが出ていますかね」と驚いて言う。実はある島が海鳥のために肥料の島になっているところがあり、そこへGHQから調査を依頼されて近々派遣されることになっていたのである。私は「しかし、向うの調査の結果は面白くないですよ」と言ったが、果たして大したことはなかった。

このように人相学は常識以上のことが出てくるわけで、戦後だれも海外へ出さないという状況のときでも、海外渡航の相が出ていれば、これはおかしい、自分の見方が間違っているのではないだろうか、というような考えは持たないことである。出ているものは率直に判断したほうがよい。

なお、海外から気色が出て鼻や口に入ったりする線があれば、海外から人が訪ねてくるというように見るわけである。

(郊外)

この部位は都会に対する郊外の意である。

私が義母に死なれたときに、二、三日経ってから、人相のある先輩のところを訪ねたが、そのとき「実はおふくろに死なれてね」と言ったら、ひょいと私の顔を見て、「君のうちの墓地は郊外にあるんだね」と言った。実際に墓地は平井から離れたところにある。これは上墓から郊外に気色を引いているのを見て判断したわけである。郊外という部位は判断上は余り使い道のあるところではなくて、例えば逃走人の問題は食祿に出ているときが多いが、郊外に気色が出ていたら、遠方でなくて郊外に居るのだというように見る。

(奸門)

奸門は郊外の下、妻妾宮《さいしょうきゅう》の上部に位していて、色情問題に関連のある部位である。

配偶者の問題はこの部位に画相で出てきたりする。情事問題では赤点《せきてん》や赤疱《せきほう》が出るが、必ず三角関係である。

平常、異性問題を示す力は目尻の下のところで、林文嶺はこれを親愛宮と名づけたが、尾下とも称されている。この部位に赤点、赤疱、気色、画相で示される。

大体、妻妾宮は妻君のことを示すから、ここに黒いシミが出ていれば、妻君が長患《わずら》いをしている相であるし、蒙色が出れば、妻君が最近になって病気をしていることを示すわけである。また、この部位にホクロがあるのは、妻縁の変ることを示すから、その数が三つあれば三回も縁が変ると見たりする。

一体この人には妻君があるかどうかを見分けるのにどこを見て判断したらよいか。

それには妻妾宮を見て、そこの色が落ち着いているときは配偶者があるとする。しかし、もしも非常に良い色が出ていたり、うわずいたような色が出ているならば、現在独身で、配偶者は居ない。また、ここが張りすぎていれば晩婚であり、落ちくぼんでいれば再婚である。そして、女性は経済観念が薄いと見ている。

あるとき、友人の家に招待されて二、三人集まり、ご馳走になったが、この友人の妻妾宮を見ると、桃色の良い気色が出ている。そこで「あなたは今縁談があるね」と言ったら「ある」と言う。「この縁は決まるから近いうちにまた招《よ》ばれることになるだろう」と言って帰ったが、やがて再び招待される結果になった。

(仙舎)

中国の人相の本を見ると、この部位は、鼻の腹に当っていて、精舎という相書と、仙舎と書いてある相書とがある。中国にインドから仏教思想が渡来し、それが盛んになった時代には、精舎とあり、道教の盛んな時代には仙舎と書いてある。今までの人相書には、落とし物や紛失物が出るか否かの判断をするところだとされているが、それならば仙舎、精舎というのは一体どういう意味であるかを調べてみた。ところが、これはお寺のことで、お寺と関係のある部位であることがわかった。そこで私は菩提寺として判断してみたが、的中するのに驚いた。

終戦後、まだ寺院が復興していなかったころ、この部位の血色の悪い人に「あなたの祖先をまつってあるお寺は、戦災で焼けましたね」と判断すると、全部的中した。お寺が復興してくると血色も良くなった。易における卦名の意義と同様に、部位名そのものに重要な意味を持つ場合が非常に多いものである。この色が悪いと、物を落とすから注意しろという判断をしたりする。

(臥蚕《がさん》、涙堂《るいどう》)

臥蚕は目の下の骨のない部分で、ちょうど蚕《かいこ》が臥《ふ》せっている状態なので、そう名づけられた。涙堂は臥蚕の下にあり、両方をあわせて男女宮と称《よ》んでいる。これは子供縁を示している。

この部位にホクロやシミがあると、子供縁の薄い相と見ている。だから女性で、目の周囲が真っ黒で、目の落ちくぼんだ人は、下の病があって子供を生まない。妊娠すると、この部位はみずみずしくなり、ふくらんできて、ちょうど睫《まつげ》毛の生え際が一本一本はっきりわかるようになる。男性でも妻君が妊娠すると臥蚕がふくらんでくる。臥蚕から人中へ気色を引いているときも、妻君が妊娠しているときである。

(権威)

権威は顴骨《ほおぼね》を指していう。水野南北はここを世間と称し、世間から信任されているか、指弾にあっているか、評判が良いかどうかを見るところとされている。政治面でいえば、衆議員や都議に立候補するといった場合に、最も大切な場所だとされていて、この部位の血色の良否によって当落が決定される。顴骨《ほおぼね》、命宮、準頭《せっとう》が見どころで、その次が人中である。

顴骨に赤点のあるときは、他人との争いごとが現在起っている相である。普通は、ニキビ状に出るが、それがカサブタになったときには、もうその事件は終了したものと見る。それに対して、蒙色、暗色が出たときは、俗に世間塞《ふさ》がるの相と称して、世間の信用がなく、後ろ指を指され、とかく困難の多い状態に追い込まれる。蒙色でも次第に晴れるような状態だったら、これから運勢が好転するときと見るが、沈滞した色だったら、もちろん、商売も不順のときである。

本によると、顴骨にホクロがあると、高いところから落ちるなどといわれているが、これは間違いで、私はこれは懸壁《けんぺき》にホクロがあったときの判断ならば妥当だと考える。

顴骨は本来権威を示すのだから、その人がどういう方向へ進むかはある程度わかる。例えば、正面に発達している人ならば、政治などの表だった方面に勢力を持つようになるし、横に発達しているのは、社会の影武者的な存在になる人である。女性でこの部位の張っている人は、旦那が尻に敷かれるし、結婚生活がうまくゆかないのが多い。

（法令）

法令というのは、鼻翼のところから口唇の両側に刻まれるシワで、鼻をもって君公《くんこう》とし、それから奴《ど》僕《ぼく》すなわち召使いに発する命令で、国家から発するものは国民に対する法令である。政治が円満に行なわれるような方法をはかるのである。これをとって法令と称した。

普通は職業の状態がどうかということを調べるのに必要な部位である。若い人たちで明瞭に出ていないのは、まだ進むべき職業が決定していないことを示しているので、将来どのような方向に伸びていくかが、はっきりつかめていない。年配者で不明瞭なのは、職業が不安定な状態にあることを示すものである。もし、若い人ではっきりした法令を持っている人なら、幼少のころから苦労している人である。女性では決して豊かな家庭に生れていない。さんざん苦労していて、例えば、母親に早く死なれて家政の中心になって働いた人であったり、他家に子守りに行くとかいう人が多い。

法令が途中から別に一本出たり、二股に分れている人は、他の職業に変るものと見る。

　法令の線の中にホクロのある人は、親の死に目に会えない人で、左にあれば父親、右にあれば母親の死に目に会えないとされているが、これは案外に多いし、不思議に的中する。

　私が法令に横傷がある人を見て、「あなたは今、洋服を着ているが、左脚のちょうど関節の辺りに大きなケガをしていませんか」と言ったら、その通りだと言う。一週間前にオートバイで衝突してケガをしたのだが、ズバリ当ってびっくりしていた。法令は小人形法《こにんぎょうほう》からすると脚に当る個所なので、ホクロがあれば脚の病気と見る。

　今まで、私はよく「的中」という言葉を遣った。観相家が相手の人相を見て的中するということは重要なことである。的中することのみがその目的のすべてではもちろんない。災いを未然に防ぎ、開運向上させる指導が終局の目的なのだが、私の経験や先人の経験でも、最初の人を見てピタリと当れば、あとは何十人見ても疲労を感じない。しかし、最初当らないと、そのあともどうもうまくない。大勢の中には、当っていても外れたという人もあるから、決して自信を失ってはいけない。

　こういう話がある。私が初代玄竜子先生から聞かされたのだが、先生が八丁堀に住まわれて深川の不動様の縁日によく街頭宣伝のために行かれた。大勢の人を集めて一流の弁舌で人相の話や効用をしゃべったあとで、一つ実験をして私の話を裏書きしようと、その中に印《しるし》半天を着た木場の番頭風の男をつかまえて言った。

「あなたは現在半天を着て労働者風をしているけれども、実際は五十人も百人も使用人を使ってレッキとした商売をしている問屋のご主人でしょう」と言うと、「違う」と言う。そんなはずはないと思って聞いてみるが、どうしても違うと言う。そこで、「あなたの奥さんは今妊娠中だ、良い赤ちゃんが生れますよ」と言ったら、「そんなはずはない。私の女房は一緒になってもう十何年になるが、いまだに一人の子供もなく、ガッカリしているのだ。妊娠だなんてそんなバカな話はないじゃないか」と、一つ一つ否定されてしまう。

玄竜子はガッカリして、天眼鏡を懐中に入れ、今日はおしまいだと言って、そのまま自宅へ引揚げてしまった。すると翌日になって渋いつむぎの羽織と着物を着た、どう見ても大問屋の主人といったタイプの人が来たので、ひょいと顔を見ると昨日不動尊で見た印半天の男なのである。その男は丁寧なあいさつをしておみやげを差し出し、次のような話をした。

「昨日は大変失礼しました。心にもなく的中した判断を的中しなかったように言いましたが、誠に申し訳ありませんでした。実は私は木場で四、五十人程の使用人を使って材木問題を営んでいるこういう者です」と言って名刺を出した。

「しかし、子供のことについては合点がゆかず、あれから家へ帰って夕食のとき女房に、不動尊の縁日で先生に見てもらったらこんなことを言われたと笑いながら話しましたところ、その話は本当ですかと言うので、本当だと言うと、女房は赤い顔をして、この間からみるものをみないし、どうも変だというのです。それで今日医師に診察してもらったら間違いなく妊娠二ヵ月だとのこと。私もびっくりするやらうれしいやらでしたが、女房から昨日の先生のところへおわびに行かなければ悪いと注意され、全くその通りだと思って今日伺ったわけです」と言うのである。

そのときぐらいうれしかったことはないし、全くいい気分だったと玄竜子先生から二、三度聞かされたものであった。その男はその後すっかり先生のファンになって非常に力になり、木場付近にたくさんのお得意さんができたそうである。

私も以前にこういうことがあったが、ある日、舞鶴から社長、専務、常務の三人連れが見えた。まず社長を見て、「あなたは悪いことをしている。近いうちに後ろへ手が回る」と判断したら、血相を変えて怒ってしまった。「そんなデタラメを言うなら帰る」と言って畳をけって帰ってしまった。

ところが幾日か経って専務と常務がやって来たのでイキナリ、「社長に逮捕状が出たね」と言ったら、「そうなんです」と言う。私は「社長は逃げ回っているがつかまってはいない。大阪辺りへ逃げたという話を聞いていませんか」と言うと、「そうです」と言うので、「これはすぐつかまる。あなたが東京の事務所へ帰ると電話がかかってきて、今日つかまりましたという知らせがある。だからすぐ帰りなさい」と言ったが、果たして判断通りになった。

私はこういういやな判断が出たので、話をしてよいかどうか考えたが、たとえ机をけ飛ばされても、結果は自分にとって有利となるものである。

(盗賊)

奴僕宮の脇で懸壁の隣よりも実際は少し下方にある。これは盗賊に会う以前から、画相や気色で現れる。

ある人を見たら、この部位にマッチ棒ぐらいの赤黒いいやな色が出ているので、「あなたは泥棒にやられるから注意したほうがいいよ」と言うと、実は先日やられたばかりだと言う。それなのにまだはっきり出ているのは不思議なので、「またやられるよ」と言っておいた。

ところが、その帰り道に国電へ乗ったら満員で混雑し、カバンをしっかり持ってるのにどうも手ごたえが変である。とたんに私の判断を思い出してぐっと引っ張ったら、カバンの底を切られていて中身が全部落ちてしまっていたが、満員の中だからどうすることもできない。とうとう終点まで乗って拾い集めたら、幸い品物もお金も全部あったという。しかし、気付かなければそっくりやられるところだったわけである。こういう気色も二日ぐらい経つと消滅してしまうものである。

私のお弟子さんがある会社へ盗難事件の鑑定を頼まれて行き、犯人はだれか、他人か内部の者であるかということだったので、「社員の写真を見せてください」と言って社長の顔に出ている画相と写真を見比べた。「ああ、この人が犯人です」と言って一枚の写真を示したが、社長はどうしても本当にしない。「これは私の会社では模範社員だからこの男に限って悪事を働くとは考えられない。だからもう一度よく見てほしい」と言う。ところが、もう一度見るともう画相も違ってしまう。自分の心が乱れると判断が狂ってしまうから、決して見直したらダメ。結局は、最初の男がやはり犯人だということがわかった。

血色でも玄竜子先生は「これは赤色だなと目にみえて心に素直に受け取れたら、すぐ判断することである」と言っているが、これは違うかなと思ったら判断してはいけない。この心組みは観相を学ぶ上に非常に重大な事柄であると思う。

(地閣)

この部位は俗にアゴと称ばれるところで、ふっくらとした血色の良いのが望ましい。住居のことを示すところと見る。

この部位が黒ずんでいるときは、家庭の不幸を示すものだが、川べりや海岸に住んでいる者や、水をたくさん使用する酒造業者などは、むしろ当然の現象とみられている。やはり、それは湿地に住んでいるという見方もあるわけである。

赤い色が出ているときは、住所に移動のある相だから、現在住んでいる場所を離れて他へ移ろうという希望のある相である。移動することが良いか悪いか、果たして移動できるかどうかという問題を見るときは、必ず遷移宮の部分と対照して考える必要がある。遷移の血色が良ければ移動することが実現できることを示している。ところが、曇っていたりすると移動するつもりはあるが、取りやめになるようなかたちになる。だから気学によって方位を見て、人相によって希望の通達が予見できれば非常によいと思う。

旅行のときでも遷移の血色が良好なら心配ないが、蒙色が出ていたら旅行計画が中止になったりする。

私は以前に満州国大使館へ出入りして大使の人相判断の役割を持っていたが、そのころ、人相判断に関心を持つ謝介石氏に会って、なぜあなたはこのようなことに関心を持つに至ったかを尋ねてみた。すると謝介石氏は「私が満州国に居るときは、王室専門の占い師というのがいて、皇帝や高官のために判断してくれたが、あるとき、私が故郷の台湾の新竹州へ錦を飾って帰る用意をしていると、人相見が来て、あなたは帰るつもりでも実現しないから準備をしてもムダだと言う。

ところが、その日の夜中になって、急に宮中から非常のお召しがあり、取るものも取りあえず参上すると、辺境に事件が発生し、その知らせが今入った。だから高官達は新京を離れないで第二報を待てというお言葉である。そして人相見の予言通り私は帰郷の機会を失ってしまった」という。そんなことから関心を持つようになったそうだが、その後、人相見に、君は一体どこでそんな判断をしたのかと尋ねたら、遷移宮に蒙色が出ていたからと説明したそうである。

地閣に横の気色や縦に気色の出ていることもあるが、横に気色が出ていたら間借りしていても必ず二階住まいである。縦の気色が出ていたら階下に住んでいると見る。

普通の人で別に川辺や湿地に住んでいるわけでもないのに地閣が黒いときは、大抵立ち退きを命ぜられてどこかへ引っ越さなくてはならないのだが、引っ越し費用が調達できず、住居のことで非常に悩んでいる相である。

血色が赤くもなくどこも悪くなく良好なときは、家庭は円満であると見てよい。

（比隣）

海角の下が地庫という部位だが、比隣は地庫の隣であって、近所隣のことを示す相と見たらよい。隣家と仲が良いか悪いかなどを見る。この部位については、私がまだ若いころ次のようなことがあった。あるとき、浅草の観音様にお詣りした帰りにテンプラ屋に立寄った際、そこの家の妻君の人相を見てあげたが、「あなたはいつも引っ越しをすると隣の家と仲が悪い。現在でもそういう状態が出ているが、それは単に仲が悪いというだけでは済まない。隣からのもらい火で一週間以内に焼けるかもしれないから、至急に火災保険を増額しておく必要がある」と判断した。

私はみやげにもらった折り詰めをブラ下げて家に帰ったが、それから四、五日たった朝、新聞を見ると浅草の火災が報じられていた。よく見ると、そのテンプラ屋も焼けている。火元はその隣の家であった。相法の妙ここに極まるといった気持ちで、私はその新聞記事を何度も読み返した。これは比隣にホクロがあり、その周りが赤くなっているのだが、それが火災を示す相で、隣家からもらい火をする相なのである。

（秘密）

鰓骨《えらぼね》の個所の部位である。人間の顔には毛細血管の出るのが三つあるが、鼻、顴骨、鰓骨の部分であって他には現れない。

鰓骨に出るときは、例えば他に情人を持つとか、家族に言えないような秘密を持っていることがある。白気があるときは、秘密があってどこかへ隠れようとしている。赤色がこの部位にあれば、秘密にしていたことが、暴露することを示している。

（命門）

命門は中国の古代医学から出た名称で、心臓の刺激点になっているらしい。

この部位に鉛筆の芯の削り粉を薄く塗ったような色が出ているときは、近日中にマラリアのような熱病にかかる傾向を示している。明潤な色のときは、非常に身体も健康な状態におかれているときである。赤色が出ていたら、心臓病と見る。ホクロのあるのは、持病のある相である。

（荘田）

鰓骨の下方で奴僕の隣である。荘田の意は、古代中国には荘田制度といって大家族主義時代にあった制度だが、血縁の者が困窮すると本家にころがり込んできがちで、そうなれば、めんどうをみないわけにはいかないし、たくさんの家族を抱え込んで大変迷惑するし、納税も思うようにならない。そこで政府は、扶養家族の人員に応じて荘田を定め、その収穫に対しては免税するようにしたのを、荘田制といっている。

普通、人相の本を見ると作柄を見るところだとされているが、私はそうは見ない。

この部位が発達しているのは、その家が裕福であることを示し、同時に食客の多い相と見ている。ホクロがあるのは、食客のために災いを被ったり、他人のために食い潰されると見る。

（祖宅）

海角の隣の部位が、祖宅で実家、生家のことを示す。エクボが生ずる人は、実家が衰微したり、ついには没落してしまう。良色で盛り上がっているの

伊藤博文

は、生家が隆盛である。

（屋外）

この部位は食禄の外側に位置している。屋外つまり家の外で起る出来事を表示するもので、ハルビン駅頭で不慮の死を遂げた伊藤博文は、ここに雀卵斑のようなホクロがあった。この部位のホクロは屋外で死ぬ相である。畳の上では死ねない。したがって、交通事故で死ぬ人は、ホクロや傷があると見る。赤点や蒙色が出た場合も屋外での事故に注意しなければならない。

（食禄）

これは法令の内側、人中の両側で、詳しくは食倉、禄倉と称している。

肉付きの良い人は、生涯生活に困窮せず、豊かな生活をする人であるといわれている。貧弱で縦ジワのあるときは、生活に困ることもあるし、子供縁も薄いと見る。

肉付きが薄すぎる人は、晩年殊に四十歳以後の運勢が落ちてくると見る。蒙色が出て黒ずんだ色のときは、至って生活が困窮しているときの相である。ポーッと赤い色のあるときは、口出しも手出しもしないが、自分の気持ちの上で何かやってみようと計画を持っている象だが、未経験の仕事だから、果たしてやっていけるかどうか自信が持てない。

ホクロのあるとき、本当ならめんどうをみなくてもよい人なのに、めんどうをみるようなかたちになる。例えば、妻君の親を引き取ってめんどうをみるということもあるし、また、居候の絶え間がないということにもなる。

ただし、食禄の肉が厚ければ、めんどうをみても余るだけの収入があるし、薄ければ、自分の家がそのために困るという状態が出てくる。

男で食禄にヒゲの生えない人は、足ることを知らない相である。つまり、これで一応良いということがないから、最初五百万円貯めると、次に一千万円貯める。また次に……といったように欲望が発展していく相である。

食祿の気が落ちていたら、病人は長くないし危ないと見る。しっかりした気色ならば、ちょっとぐらいでは死なない。

食祿の縦ジワや鼻の縦ジワは、養子にかかる相である。

人中の縦ジワは、子供に死なれている。

以上で重要部位の詳説を終るが、部位には種々関連性があるので、一つの部位の良否だけでは判断が下せない場合もあるから、他の部位と対照して結論を下すということは、観相学上最も大切な事柄である。

小人形相法

その一

大樹小人形法ともいい、山口千枝が考え出した人相の見方である。鼻を幹とし、眉毛を枝葉、命宮は新芽の吹くところ、法令は根、人中は牛蒡《ごぼう》根とし、中心にある太い根と見る。

眉毛は枝葉だから親族と見る、親族を俗に御連枝様と称すが、それが繁栄するのは眉毛の良い相で、悪い相だと一向に栄えない。

法令は寿帯と称する。根に該当するから、しっかりしていれば寿命が永いと見る。まして牛蒡根がしっかりしていれば風や嵐に遭ったくらいでは動じない。したがって、病気になっても、全快再起できるから長命の相といえる。

鼻を幹とするが、それがしっかりしていて立派な

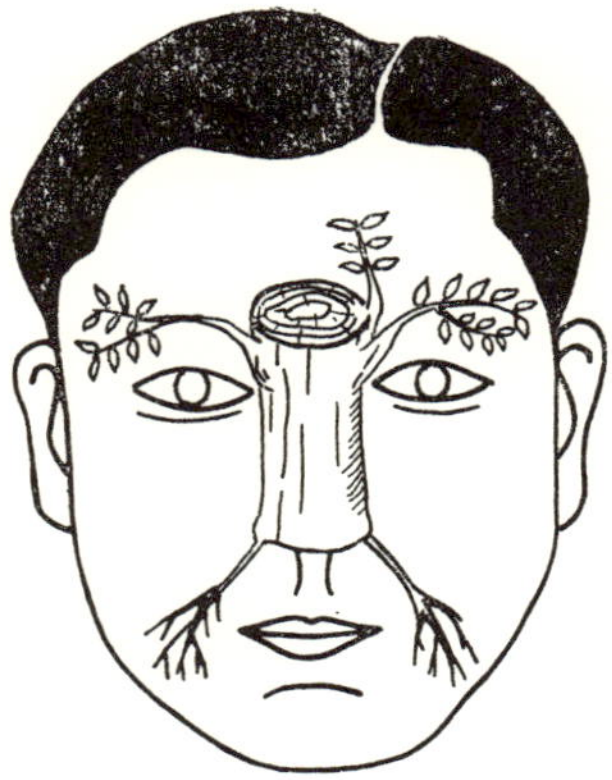

らば、大勢の人から認められるようになる。命宮の血色が良好ならば、新規に計画した仕事が図に当るわけである。

昔の人はこのように、いろいろなことを考えたわけである。『相法和訓』などには、人間の芽は新芽と同じだから、事をなそうという場合には、目の相に力があれば成功するし、その仕事をやり遂げることができる。鼻は花であるから、人間は鼻だけで成功する。鼻がいかに立派であっても耳の相が悪ければ、花が咲いても実のならない相である。耳は実であり、社会的に頭角を現し、実際の上でも成功するという見方をする。口は朽ちるというから、口が良くなければ、早く朽ちてしまうような状態が出てくる。したがって、目と鼻と口と耳は非常に重要だといっている。

五区分の相法

鼻から下が非常に豊かな人は、部下運に恵まれ、人の上位に立ってやってゆける。しかし、寂しく見える人は、目下の縁に薄いから、五人や十人使うことはできるが、何十人という人の上に立つことは難しい。

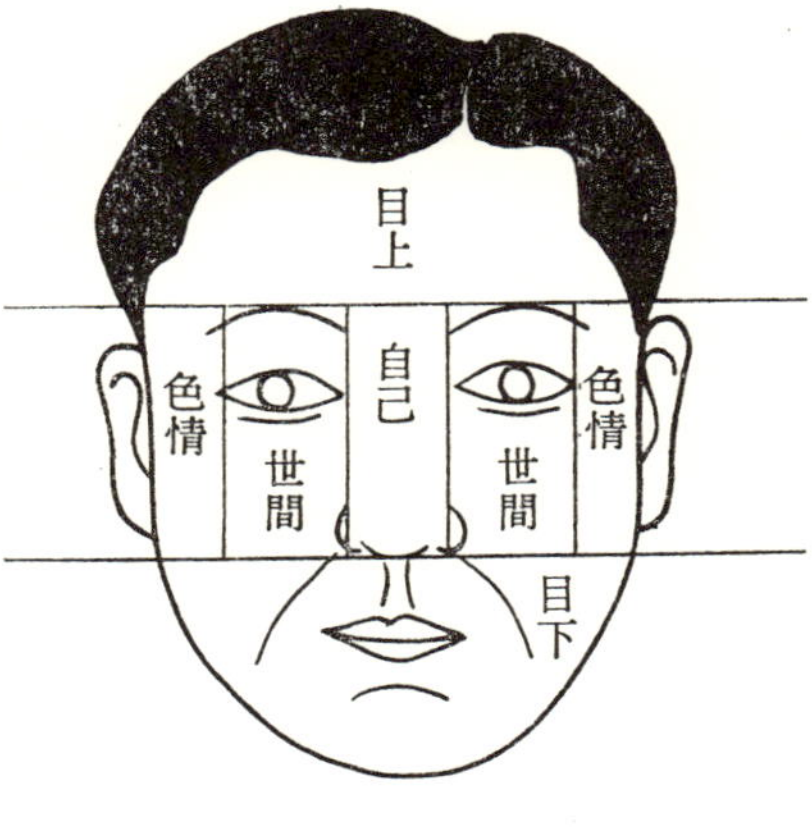

顴骨《ほおぼね》の辺りは世間の部位だから良い色をしていれば世間の評判も良好。蒙色が出ていれば、世間ふ

さがるの相で、世間の信用が失墜していることを示している。芸能人はこの個所は特に問題になるし、また客商売で女の子を雇い入れるときは、顴骨の色艶の良いのを入れないと失敗する。

色情の部位は、色情問題や家庭内の問題の不首尾を示すものである。

七名称の見方

君公は鼻の部分だが、それが立派であっても顴骨の将軍が張っていなければ、考えることは高尚で気位も高いが、社会的な勢力を持つことはできない。鼻が良く顴骨が張っていることは一つの条件である。

鼻（君公）が低いのは高尚な仕事はできないと見ているが、顴骨（将軍）が張っていれば、それだけの実践力は持っているから、仕事の上での成功はするだろうと見ている。しかし、鼻の相も悪く、顴骨の相も悪いときは、発達のできない相だと見ている。政治家でも鼻と顴骨が共に良いときは、大臣まで昇るし、商人なら大実業家になれる。

補佐官は鰓骨のところであるが、この部位に肉があって、鼻、顴骨の相が良ければ、必ず晩年まで困るようなことはない。

君公も将軍も良くて補佐官の内が薄かったり、ホクロやアザがあったり、血色の特に悪い人は、四十台位までは運気が盛んでも、五十、六十台になると、必ず失策があり、目下の助力もなく老年の運が悪いと見ている。

新将軍は耳の部位をいうが、これが良い相なら自分の後継者運に恵まれると見る。

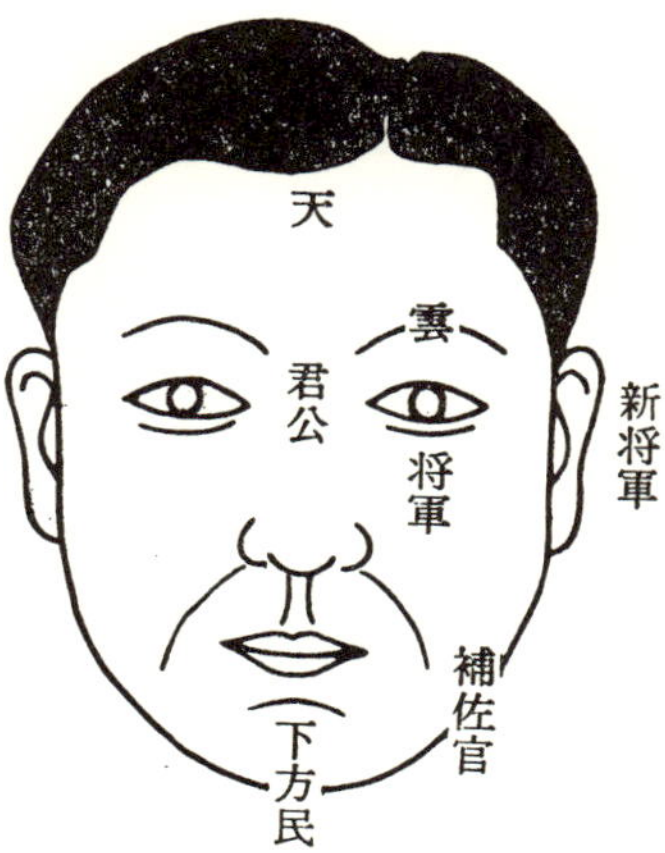

雲は眉毛を指すが、これが乱れたり、ヌラヌラと黒光りをするときは、非常に困難が来る相と見る。

その二

病占のときは、男女いずれの場合でも一応この見方を使う。

鼻の先は男の陰茎と見る。

目を乳房と見る。頰を尻と見ているから、胃が悪くてゲソッとやせると臀肉までも落ちてくるわけである。女性で目の周りにホクロのある人は乳房にもホクロがある。

この観法は、唐時代の一行禅師の秘伝としてあったものを、山口千枝が盛んに物の本に書くようになった。

ホクロが小人形法で見て、胸に当るようなところにあれば、胸か背中にもある。山根のホクロは胸にもあり、持病（心臓系統や胃腸、肺病）を持っている。少し左へ寄っていれば心臓が悪いし、赤疱があれば心臓が弱いと見る。右のほうへ寄っていれば消化器病、胃病と見たりする。

鼻の寿上辺りにあれば、腹か背中にあると見る。

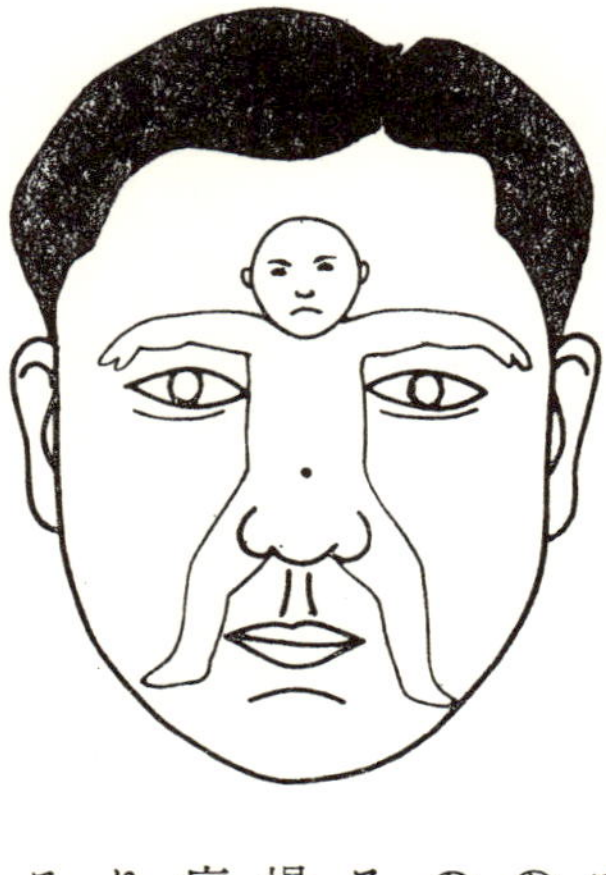

大体において鼻にあるのは色情難の一つと見る。女性の場合は夫が病気だったり早死にすると見る。

命宮にあれば頭に異常があったりするし、商売が何度も変ったりする場合がある。

鼻の先のホクロは女難の相であり、また高いところから落ちる相である。新婚夫婦で房事過度のときは赤点が出る。小鼻にホクロのある人は、競馬、競輪などの賭け事には弱い。

小鼻の左右の違いは流浪の相の一つであるし、男性は睾丸の大きさが違う。だがこれははなはだしい差のあるときに限る。一般的には右よりも左のほうが大きく下がっているのが普通である。

女性は人中を子宮とするから、子宮がはれていれば人中に赤疱が出る。女性の目の下、臥蚕、涙堂の部位も子宮と同じようなとり方をしている。

口は肛門と見るから痔の悪いときは、いやな色が出るし、手術すると下唇に切ったような筋が出る。

法令に力のないときは脚気を病んでいる。頬に赤黒いような色が出たときは淋病を患っているし、ひどくなると顔全体に出る。

逆人形法

法令の明瞭な人は手芸などに長じている。口の大きな人は考え方が大きくて、小さなことにクヨクヨしない。

鼻は胸と見たり腹と見たりするが、これがゆがんでいる人は背骨が曲がっているから病気がちと見る。

眉と眉との間の肉がゆるんでいる人や幅が広いというときは博愛主義者だから貞操観念の薄い人である。顴骨《ほおぼね》の赤い人はクサイと見る。花柳界などで女性を雇い入れるときは命宮の広い人がよい。お客の好ききらいをしないで陽気であり、物ごとにこだわらない。狭い人は、働き甲斐がないから、店にとっては赤字を抱えるようなことになる。

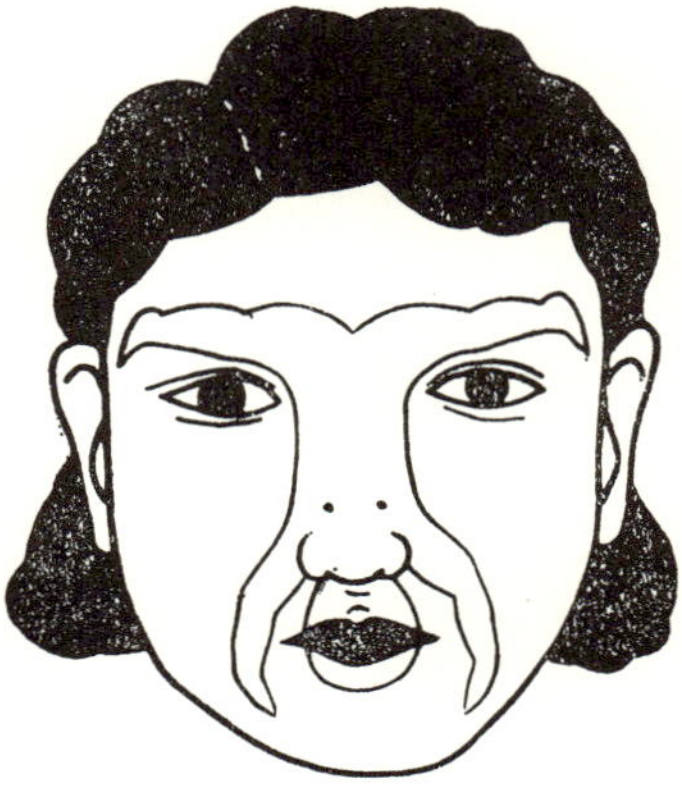

女性で耳が上なら上つき、下なら下つき、鳩胸出《でっ》臀《ちり》なら下つきというように見る。

鰓骨《えらぼね》が張っている人は性に対して積極的であるし、出ていない人は消極的であると見ている。

商人の妻君が背が低くて、丸顔ならば旦那は金持ちになる。使用人でも女性を雇う場合は背が低く肥えている女性のほうがよく、長く勤まるが、背の高いのは長く勤まらない。

いろいろの見方について

長男相と二男相

ありふれたことだが、これも一応見たり聞かれたりするが、次のような状態でつかめる。

長男相は毛髪は細く薄い。眉毛も薄いほうであるが、二男相は毛髪も眉毛も濃い。

対面したとき、長男は気の落ち着いた人だが、二男のほうはどこか激しい性情を持っているし、それが必ずどこかに現れてくる。

長男は田宅が広いが、二男以下は田宅が狭い。耳を見て長男は郭《かく》の出ているのが少ないし、二男以下は郭が表に出ている。

長男はどこか間の抜けた顔をしているが、二男以下は激しい点を持っている。長男はアゴに肉があるが、二男以下はアゴの肉が薄く、窄《すぼ》けている。

もちろん、こうした分類をしても、両者の混合型があるわけで、例えば、額のハゲ上がったのは基本的には二男相だが、長男にも見受けられる。この場合、二男でありながら、長男の位を持しているというのもあるわけである。

運勢が上り坂と下り坂の人

非常な大運が巡ってくるという人の相は、ひょいと見ると陽に焼けたような黒い色のように見えるが、しばらく見ているうちに、ちょうど旭が昇るような非常に勢いのある血色が出ている。これが商人の場合には、法令に良い色が出てくるが、これはチャンスをつかんで伸びる前兆である。勤め人の場合は、額の血色が全体に良好だとか天中、天庭、司空、中正あたりの血色が良いというのは大切な問題である。それは上役の引立てによって幸慶を得るのが勤め人であるからである。

計画を持っていながら、なかなか実行できない相は、眉間の色が交差している。

眉頭の血色が上へ昇ったところで結ばれているような場合は、計画があってもまだ準備が整わず、直ちに実行はできないが、将来できる可能性があるものと見る。

眉頭の気色が上に並行して昇ったり、開いているときは、すでに自分の考えていることを遂行するときで、必ずうまく事が運ぶ。

私が見た男性でこういう人がある。男性で一番目につくのは、色が白くて全面さくら色で、キレイなのだが、一つ欠点を持っている。こういう人は、気立ても良いし、考えも立派なのだが、どういうものか縁談が幾つあってもこわれてしまう。もう相当の年配で特別に注文をつけるわけではないのだが、どうもうまくない。あるとき、似たような状態の人がみえた。四十を越した年配だったが、私がいきなり、

「あなたは縁談のことで来たんですね」と言ったら、

「そうです。しかし、よく私が独り者だということがわかりますね」と言うわけである。

ところが、女性の場合だと妾面の一つだから、正妻になる徳を持っていないと見る。

お金がごっそり入るとか、ボーナスが入るときの見方は、鼻ではなくて福堂に良い色が出たときである。家を売ってごっそり金が入るときは、鼻に出るし、また額に出るのも多くまとまっているものである。

鼻の穴の周りに良い色が出ているときには、多額の金が入る。

法令に良い色が出ているのは、商売で金が入るものだが、一時的でなく毎日入ってくる金である。

食祿の全体に赤いキレイな色が出ている場合は、非常に懐具合の良いときである。

食祿、命宮はその人の心の喜びや愁《うれい》を示しているから、眉間に蒙色とか食祿に蒙色が現れている場合は、その人の気持ちの上に非常な悩みがあることを示していると見る。

海外から福堂にかけて非常に良い色が出ている場合は、外国貿易で大きな取引きがあり利を得る相と見る。

他家を相続する相

鼻に縦傷のある人、鼻が非常に短い人等は、他家他名を継ぐ相の一つである。したがって、養子を選ぶときは、鼻に肉のある人ならよいが、肉が薄くて骨が見えるような人を選ぶのは感心できない。その他には命宮の狭い人や頭の頂上が平坦な人も、他家相続の相である。目のくぼんでいる人や反対に田宅のはれぼったい人も養子に行っているが、結構、家を保っている。手の相から見ると、手が比較的小さい人や指が非常に細い人も他家相続のタイプに入ると見る。

結婚問題を見る法

家庭問題を主として考えた見方は、昔の相法によって見ても的中することが多い。というのは、家庭の機構のうちには現代でも昔と変らないものをたぶんに保有しているからである。ところが、恋愛問題や経済問題になると、明代の推移により大きく変化し、あらゆる機構が異なってきているから、的中しないところが出てくるわけである。

人相のうちでも結婚問題は非常に利用度が多いから受ける相談の数も多い。そういう場合にどういう点をねらってゆくかが実は大切な問題なのである。

縁談の主要な観点は、目の周囲から妻妾宮にかけての血色の良否であって、良好な血色だった場合は、現在縁談があるし、また、まとまるといった見方をする。色としては薄桃色の状態で出ているのが最も良く、次いで曇がなくて艶のある状態が出ているのが良い。

殊に額のうちでも天中から命宮にかけての血色が良いか、悪いかが問題である。男でも女でもそういうところを重点において、縁がまとまるかどうかを見るのである。ところが、結婚しても、すぐ後家になりやすい相を持っている女性がいる。男性のような音声をしているとか、男性のような骨格をしている女性は、夫が早く死ぬと見ている。

しかし、早く死ぬといっても果たして何歳位かということも考える必要がある。夫が三十台、四十台で死ぬ場合もあるし、そうでない場合もある。私のおばあさんは非常に男のような骨太の骨格をしていたが、おじいさんは六十二歳で死んでいる。大体六十歳前に死ななければ、夫に早死にされるといえそうもないが、なかなかむずかしい問題である。

しかし、考えてみると、男のような声と骨格をしている人の場合は早く死んでいる人が多いようである。だから音声だけは女性らしいとか、骨格だけは女性らしいという場合には、夫に早死にされるといっても、時間的な差異があるのではないか、ということが考えられるわけである。目尻に傷やホクロがあるのも早く配偶者に別れやすいと見ている。

下唇が上唇より出た、いわゆる受け口の女性も結婚運としては難点があるといわれるが、五十歳前後に、夫よりも自分のほうが早死にした女性を私は知っている。しかし、人柄は良く、それでいてしっかりしたところを持っている。

山根に傷やホクロがある人は、大体肉体的に弱くて病気がちだとか、また特にセックスの面では弱いから、それが原因で離婚というような悪い状態が出てくるわけである。それに対して、山根が張り切っているのは、この面でも充実しているといえる。山根が平坦で、それが無いような人は、自分自身を卑下し、蔑《さげす》んだような考え方を持っているし、運勢的にも伸展しない。したがって結婚生活にも影響するところがある。

男性で、ひょいと会ったときに、何か考え込んでいるような人がよくあるが、これは妻君を迎えてから運勢が悪くなる。

女性で顔全体は純情にできているが、特に鼻が小さいなと感じられる人は、結婚後に苦労が多く、幸せになれない。眉骨が特に高い女性で眉毛を細くそったりすると、そのアトが青々と見えるような人があるが、これも後家相といえる。

女性で目が非常にパッチリしていて多少出ているように見える人は、大体三十歳前後にご主人と別れているのが多い。

女性で顔が大きく、特に鼻が大きいと感じられるような人は、何度も縁が変っているのが多い。鼻は小さすぎても、大きすぎても良くない。バランスを得ることが望ましい。

顔全体に小ジワの多い女性は、一生涯不幸せなことが多い。男性の皮膚のように硬い人も、結婚後の運はよくない。

以上の点からみて、独身の男性は、縁の変りそうもない女性を選んだほうが良いし、見取る必要があるわけである。

夫婦の離別について

離婚の相で見やすく、また非常に例の多いのは、額が曇っていて地閣がボーッと赤くなっている女性である。ところが、男性の場合、こういう相は離別とは見ない。これは商売替えとか異なった土地で商売をやるというときである。大体においてこういった相は、離婚後に現れるのである。離婚する以前に出る場合は、顴骨《ほおぼね》の辺りが青ざめて艶が全くないときである。

男性の妻妾宮が黒ずんでいていくらか白気が混じっているときは、妻の病死を示している。

食禄が曇り地閣が赤くはれているのも離婚の相だが、注意を要するのは、日角、月角に艶がなくてしなびたように見える場合である。なかには日角だけにポツンと赤点が出ている場合がある。女性の鼻に赤点が出ているのも離婚相の一つであるから、散財の場合とは限らない。

両方の顴骨が普通のときより激しい赤色が出るときもそのように見る。

要するに注意して見るのは、男性ならば妻妾宮、女性ならば鼻である。あとは、地閣、食禄、日角、月角といったところ、それから涙堂である。

これらを人相学的に分析してみると、
涙堂ならば、子供のことで夫婦間に意見の相違をきたし、離婚問題にまで発展すると見る。女性の鼻に出たときは夫の浮気が原因。日角、月角の場合は、姑との問題が原因である。

食禄が悪いときは、夫に働きがないという生活問題が原因であると見る。

例えば食禄が曇り、地閣がはれているときには、

「あなたは家庭内が面白くない。というのも、ご主人は極めて働きの薄い人で、いわゆる怠け者だからです。あなたは離婚を決意しているようだが、手切金はもらえないから、一銭も持たずに飛出す覚悟でないと、この離婚は成立しない」というような具体的な判断になってくる。

鼻に赤点があって、これは離婚相だなと思ったら、「あなたのご主人はなかなかの道楽者で、方々に女の人をつくって、あなたは散々苦労されましたね」というように判断していくわけだが、そういうのに限って女のほうで離婚しようと言い出しても、男のほうは離婚しようと言わない、というのが多いものである。

したがって、判断するときに、必ず何かしらの原因をつかみ出してみるのは、ツボに当る最初の試みなのである。そうでないと、判断しているうちに他の話になってしまって、肝心の指導がまともでなくなってしまうのである。例えば主人が怠け者で一文なしの状態なので、女のほうがあきれ返って別れようというときに、「手切金をもらって別れなさい」などと言っても、手切金をもらえるまで待っていたら一生涯つき添っていなくてはならず、結局別れられないことになる。だから、一つ一つ適切な判断をしないと、とても適切な指導はできない。

血色を易学的に見る法

血色を易卦に分けて見る方法なのだが、覚えておくと非常に便利である。しかし、この場合に易の素養を持っていることは、もちろん必要である。

離《り》―赤点赤色、坎《かん》―ホクロ、黒い色、乾《けん》―白色、白潤色、兌《だ》―桃色、桜色、震《しん》―青色、青筋、艮《ごん》―蒙色、坤《こん》―暗蒙色（蒙色より黒味が強い）、巽《そん》―緑色と見るが、実際は震と同じ。

それではこれらをどのように応用して判断したらよいであろうか。例を挙げてみると、

顴骨に赤点が出ているときに、震の部位ならば火《か》雷噬嗑《らいぜいごう》だから、争いの象。反対側の部位ならば、火《か》沢睽《たくけい》だから争いの象で二女同居して相背《そむ》く、すなわち家庭内で嫁と姑の意見の対立相違からトラブルが

起る。あるいは、姉妹たちがゴタゴタして自分が板ばさみになり苦労する——などと見る。ところが、火雷噬嗑《からいぜいごう》のときは、仲介に妨害者があり、意思の疎通を欠いている。すなわちケシカケている者がいるわけである。そういう人を排除して二人相対して話し合えば円満解決をみるといったような判断もできるわけである。

額に蒙色—暗色ならば 坎—が 下がって いる ときは、水火既済となるから、今までのことが一段落遂げて新しいことが始まるの意。会社を首になるとか、住居を移転するのも同じ意。

巽《そん》に赤い色が出ているときは、火《か》風鼎《ふうてい》となり、鼎は三者鼎立の三つの関係を示している。それが奸門の辺りに出ていれば、明らかに三角関係の相だから、妻君以外に好きな女性があるためにごたついていると見る。

鼻に赤点があれば、火山旅となる。他へ住居を変えて商売をしたいが、どうかという相談があった。私は、せっかく計画してもできないと判断したところ、果たしてその通りになった。

火水未済という場合に、食祿にかかって出る場合は、口出しも手出しもしないけれども、自分の気持ちのうちに何かやってみようという腹づもりがあると見る。それをやって良いか悪いかは他の命宮の血色を見比べて判断する。地閣が赤くなるのも未済だが、住所の移動と見る。しかし、これだけに絞って判断するのはうまくないわけである。というのは、この卦は内卦が坎で、外卦が離である。

今までの苦しい状態をなんとか打開してよい状態をつくり上げるために引っ越しをしよう、今までの場所ではうまくないという考え方なのである。それにはいろいろな状態があるので、例えば、今入っている家が大きすぎるから、それを売ってこぢんまりとした家を買って余分な金を作ってゆっくり生活しようとか、また借金があればそれを返して自分の家を確保しようとか、今の場所がうまくないから、もっと良い場所へ移って一つ打開を図ろうとか、そういった状態を示している。

ただここでちょっと難しい点がある。それは部位を外卦にとるが、血色がもしも皮膚の中にひそんでいるような場合には、血色を内卦にとる。表面に浮かんでいるときは外卦にとるといったようなとり方をするので若干異なることがあるわけである。

例えば、山根に蒙色が出れば水山蹇《すいざんけん》で、これは自分の身体自体が痛んでいることを示しているから、病気をしている相。だがその反対に、蒙色が内部にひそんでいるときは山水蒙で家族に病人が居る――艮《ごん》の家の中に坎《かん》の病人が居る象だから、その人自身が病人ではないのだと判断する。そういうのをはっきり区別して判断するには熟練がいる。

気血色についての術語

気血色について一般的な観相上の術語を知ることが必要なので、それらについて記そう。

(常色)

普通のあたりまえの色であり、その人個人個人により異なるわけであり、総体的に黒い人もあり、白い人もあり、その人によって個人差というものがあるわけである。だが、年中見ているのと同じような色合いや気血色の落ち着きを示していた場合は常色というのである。この場合はいわゆる吉凶というものはない。無事安泰を示していると考えたらよい。

常色について南北相法に「人間というのは春には春のような血色が出るし、夏には夏のような血色が出るから、そういうのを四季の常色という」と説いている。これは意味としては別に吉凶はないということなのである。

(潤色)

潤というのは、ちょうど、木の葉が春になると非常に艶々した意気の良い相を示すし、その反対の言葉としては枯れるということがあるわけである。潤色はいかなる色であっても一応良好と見る。この場合、黒い色でも潤いがあったら良いとされる。潤というものはまた、ある程度艶を伴っているものである。艶と同じに考えてはいけない。どんな一般的に悪い色でも潤いがあった場合には、必ず近いうちに開運する相だと見ている。良い色艶があれば、すでにもう良好と見る。

(艶)

実際には良い艶と悪い艶とがある。たとえば、油ぎってテラテラしているような艶は感心しないと見ている。そういうときには悪い前兆である。そういう相が出たときには、すぐにも悪い状態が出てくる。ところが余りテラテラ光っていない艶というのは、良好である。いわゆる潤いを含んでいる艶が最も良いと見ている。一般的には艶があるから良いというのは、油ぎった状態ではなくて、しっとりと落ち着いた艶のあるのが良い。

(散色)

皮膚が油ぎってギラギラぬらぬらしたように見える。それが散色の特徴であるが、これは非常に悪い色と見ている。最近は事業倒産が多いが、そういう人の相を見ると必ず散色が出ている。だが、ひょっと見るとテラテラして良さそうに見えるが、よく見ると、油ぎった散色であって感心しない。そういうときには倒産の場合等が必ず出る。本当の人相がよくわからないと、油ぎって活動的に思えて良さそうに見えるから、人相学はアテにならないなどと思いがちである。

人間が病気になり胃痙攣《けいれん》などを患うと額が油ぎってテラテラ光るものである。決して良い状態ではない。良いときばかり艶が出てくるのではなくて、悪いときもそういうことがある。「色あって気なし」というのが人相の本に出ているが、黄色いキレイな色をしていて、一見するとちょっと良さそうに見えるが、ちょっと油ぎっているのが気に入らない。また何か気の抜けたような状態がしてくるのだが、こういうのは感じ取るのだから、実際には難しいわけである。

(守色)

これは大変良い色である。顔を見ると、大体いかにもすすけたような色で感心しない。だがよく見ているとすすけたような色の中に、幾らか黄色味を帯びた新しい気が盛り上がっているようなのがある。現在は最低の線を行っているが、これから開運の端緒について漸次発展するだろうというのを守色といっている。曇っていた天気が、これから晴れてくる、といったような感じの血色を守色というのだが、守色は非常に見にくいし、ちょっと見ると悪いように見えるものである。

（壅滞色）

大変困難な場合に出るのだが、大体、見どころは、地角、耳、鼻等から血色を発している。ちょうど、色としては黒い煙のような感じの色が前記の個所から満面に広がってきている状態をいう。だが、そうでなくて赤い色のときもある。顔面が真っ赤なのもこのうちに入る。赤色はちょっと見ると、良い血色のように見えたりするが、血色自体に赤いけれども力がないという色で出ている。これは非常に困難なときにぶつかった場合に出る色と見ている。

鼻から発すれば金の問題、アゴなら家庭、耳ならば健康の問題といったように考えられるわけである。

死相について

死ぬときの相の見方については難しい。これは年配の人の場合と若い人のときでは状態が違う。年寄りが死ぬときに最も見よいのは鼻である。左を下にして寝かせると鼻が左のほうに垂れ下がってくるし、右の方へ寝かせると右に向くといったように、鼻に力がなくなる。こういうときには寿命も長いことはない。

若い人のときには、どの方向に寝かせても、そういうことはないが、小鼻に何か特殊な状態が出てくるというのは、呼吸が困難になってくるからであって、こういう場合は危険なときである。

もし見舞いに行ったときに病人が非常に喜ぶのも危ないし、泣いて喜ぶようなのも悪い。また自分の手を見始めたら長いことはない。耳朶《じだ》が黒くなるのは循環器系統が悪いと見る。

私はかつて、当時元気で働いていた労働者を見たことがあるが、顴骨のところに親指で押したような赤黒い血色が出ているので、一週間以内に心臓マヒで死ぬと判断したが、全くその通りであった。これは中国の医書である素問霊枢の望診にある。

呼吸器疾患の人は顴骨のところが赤い。それが治った人はそこが黒く残っている。

なお、この他病気に関することだと、淋病はドス赤黒い色が顔全体に出るが、治れば消失する。横根は、鼻の色がちょうどビンの中にタバコの煙を吹き込んだような状態でモヤモヤした色が出る。梅毒は、鼻の穴の周りが赤くただれている。目の周りがただれるのは婦人病といったように見る。

（暗色、滞色、蒙色）

暗色というのは黒みが強く、滞色、蒙色も大体みな同じように見ている。ちょうど、鉛筆の芯を紙になすりつけたような色だから、ちょっと見るのには難しい。それも幅広く出ているのはよくわかるが、ポツンと出ている場合が見にくい。大体原則としては三尺以上離れていて充分に見えるようなものであって、顔に近づいて見なければわからないというものではない。

これらはなんの部位に出ても、物事が渋滞がち、病気、災い、悲しみを示す。部位によって判断は異なるが、福堂、鼻のときは、懐の寂しいとき、眉毛の場合は、やろうと思うことがなんにもうまくゆかない。額全体に出たときは、大いに運気が滞っている相。天中は、勤め人は馘首《かくしゅ》される。食祿は、その日の生活にも困っている。顴骨《ほおぼね》は、世間の信用を失った相。

（白色）

白く枯れたような色はよくない。白潤色といって、潤いのある白い色というのは決して悪い色ではない。それを間違えないように見るのが上手な観相家といえるわけである。白色はかなりはっきりと出るので、そんなに見にくいことはない。大体において一間ぐらい離れてはっきり見える場合が多い。死ぬ前には白く枯れたように出る。上墓の辺りや眉毛ならば、親族縁者など肉親のうちに死ぬ人が出る。女性の鼻の先に出たときは妊娠の相であり、牛乳色の艶あるときは男子をはらんでいる相。目の周りに、白疱といってゴマやケシ粒の脂肪のかたまりのようなポツンと白いものが出るときがあるが、これも身内や極く親しい友達の死に会う相である。

（黒色）

黒色も暗色に似たようなもので、滞りや病気のときであり、もちろん悪いと見る。

（褐色）

これはちょうど紙を火鉢の上で焦がしたときの色

で、火災にあって間もない人には必ず額部にこの色が出ている。焼けたが今後どういう方針をたてたらよいかというような相談をする人に圧倒的に多い。今までのところでは、火災前に見たというのはない。またマラリアとか腸チフスの場合には命門にこの色が出るということがある。

（青色）

この色は割合に少ないが、驚き、怒り、心の煩悶《はんもん》などがあるときに出る。青味に若干黒味が混じっている場合は病気を示す。

（赤色）

いわゆる赤い色のことだが、朱色に少し赤を混ぜた色である。火難、闘争、他人と離別、剣難等を示すわけである。顔全体の場合もあるし、部分的のときもある。大体において、赤色の共通点は鼻ばかりでなく、いかなる部位に出ても一応散財を示すが、問題や条件が異なるだけである。例えば、株式投資、家の建築、友人にたかられる、遊興など、それぞれの場合があるわけである。

松平定信の『花月草紙』には次のようなことが書いてある。会津地方に上手なある観相家があり、家臣の一人が見てもらった。その男は非常に人相もよく整ってはいるが、顔面が非常に赤い色をしていた。すると観相家は「あなたは今が芯止まりというときで、これ以上出世することはない。そればかりでなく、近い将来に悪いことが起るから用心せよ」と言った。ところが、その男は今までどこの観相家に見てもらっても悪く言われたことがない。だから本人にしてみると自信をもって訪れたわけである。それなのに悪い判断をされて失望して帰宅したのだが、それから間もなく観相家の判断通り死亡したのである。これを聞いて松平公は観相家に使いの者をやって尋ねると、「あの男は顔が整いすぎている。これはそれ以上発達しない相である。また、顔色が華やかすぎるということは近いうちに災いのある相である」といった等と本に書かれている。

（紅色）

ここでいう紅色は真っ赤な色ではなくて、桜色、桃色をさしている。その人自体に人気のあること、色情問題が出ているとき、喜びごとのあるときなどの場合に出る。もちろん、艶や潤いのある場合に限るので、それがないのはかえって悪いと見る。

(黄色)

黄色で大豆粒大ぐらいにポツンと出るのは非常に良好で、しかも、それが潤いのある黄金色をしていることが条件である。どこに出ても大きな金が入り込んでくることを示している。殊に鼻にあった場合は、相当大きい財産が入ってくる相である。ところが艶がなかったらその反対で、大きな財産がころり込んでくるはずなのにもたもたして、なかなか手に入らないということになる。

(雲色)

色が出たなと思って見ているうちに消えてしまう。また消えたと思うと出てくるのだが、そういうときには三時間以内に示された部位の意味が出てくる。

(紫色)

人相の書には紫色というのが説いてあるし、非常に良いとされているが、私の経験では何十年間にさっぱり見たことがない。したがって、あまり重きをおく必要はないと思う。血色を見るのに昔の人はどうやって見たのかというと、北窓が最もよく、それも高窓で、障子紙を通したくらいの光線が最適であるとされている。あまり明るいところは反射してなかなか見にくい。

手相の占い方

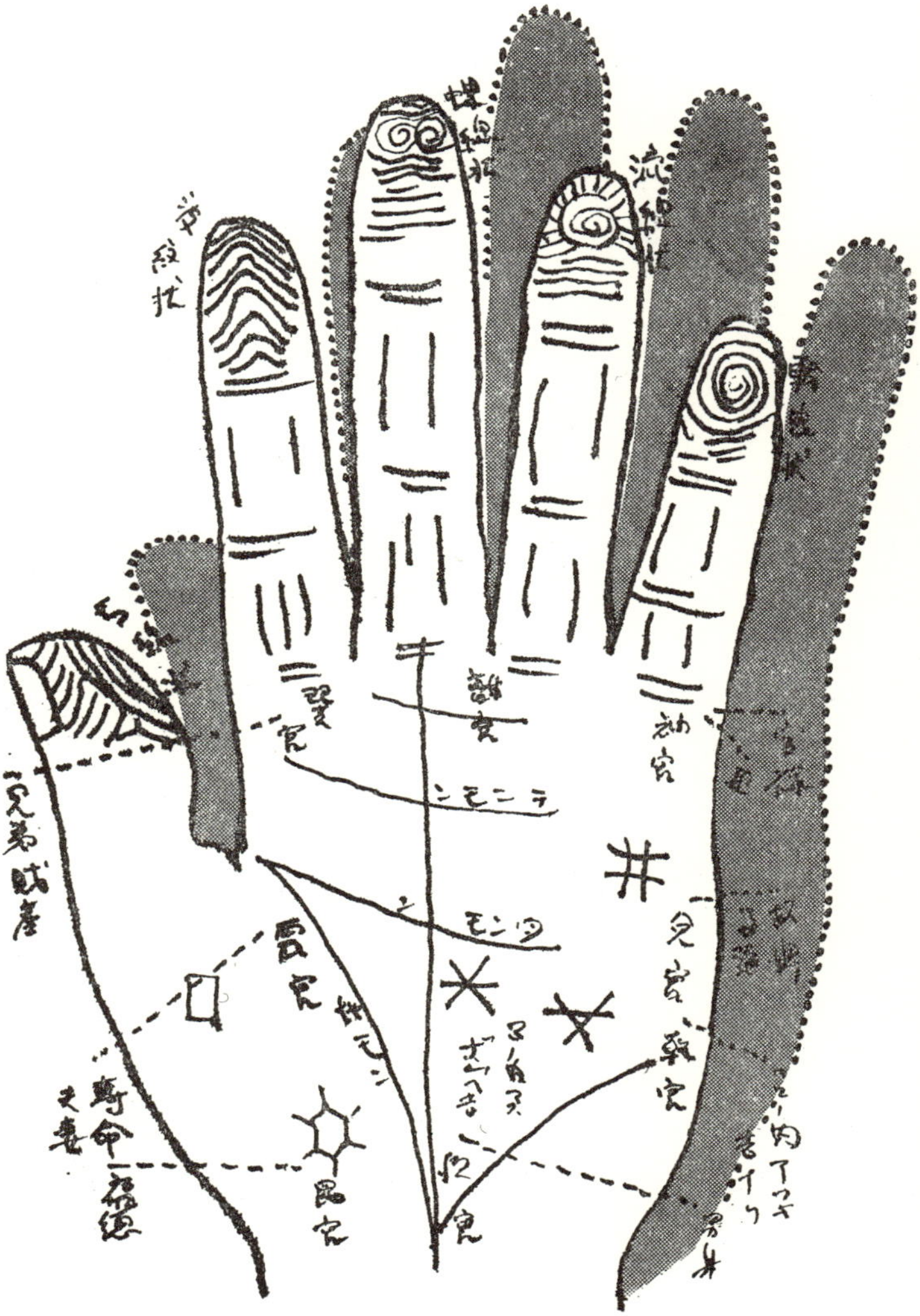

手相と社会的背景

運命学と称《よ》ばれる学問のすべては、社会を背景として常に新鮮な思索の中に躍動する学問である。それだけにクラシックな手相学の理論が、今日の世界にも正しいとは考えられない。世界の事情や国家の思想的背景は、日本について考えても、第二次世界大戦を契機として百八十度の転換をしている。

かつて勝利を唱えた指導的人達も、現在は必ずしも社会の覇者ではない。そうだとしたら、手相学も当然新しい理念と結びついて進まなければならないといえよう。私がここに書こうとしている手相学は、その意味で、全く戦後白紙の気持ちから取り組んだ新しい手相学の理論であり、実験を基盤とした真理なのである。したがって、今まで記された手相の説明と異なる点が多いと思うが、私は強い信念をもって、信用するに足る真実の説として読者に提示したいと思う。

手形と性格

人相における形質のように、手相にも手の形質が重要な問題となる。ドイツでは、この形質を感覚的な手と能動的な手と二つの基本形質に分類している。中国では、五行思想を基として五形質に分類しているが、なんといってもフランスのダルバンチニー氏の七つの形による分類法が、現在世界の手相学を支配する通念となっているので、私もそれに従って説明してゆくことにした。また、この手形の研究は、手のひらの線の判断に差異を与える重要なものであるだけに、充分に熟知研究する必要がある。

七つの手形とは

一　原始的な手
二　実際的な手
三　芸術的な手
四　活動的な手
五　哲学的な手

六　空想的な手
七　混合的な手
以上の手をいうのである。
次に各々の手形の形態と特質について述べることにしよう。

原始的な手

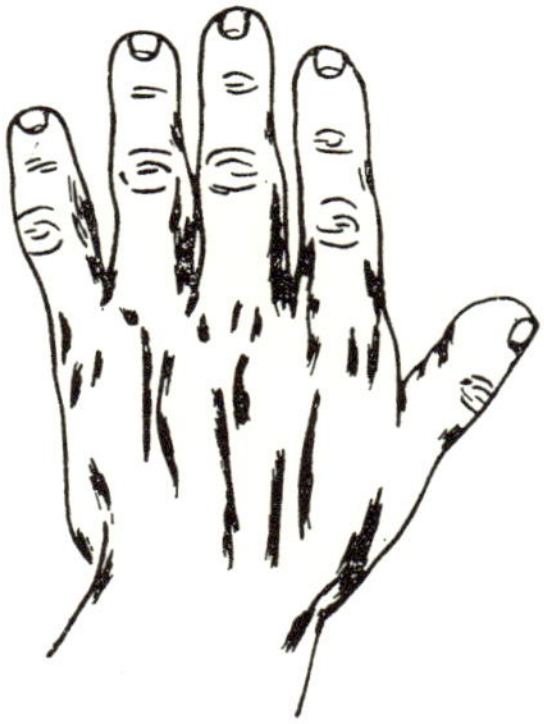

原始的な手とは、初期の人類の手を思わせるような、厚くて粗雑で不格好な手をいい、爪は厚く短く、皮膚も厚くて鈍重な感じを与える手である。このような手の人は、知的な要素も少なく、理性だとか、高尚な趣味などは持ち合わせていない。しかし、肉体的な仕事には体力もあり、持久力もある人である。食欲、性欲、睡眠、労働、それがこの手の人の人生のすべてであり、動物的な生涯を送るものである。

実際的な手

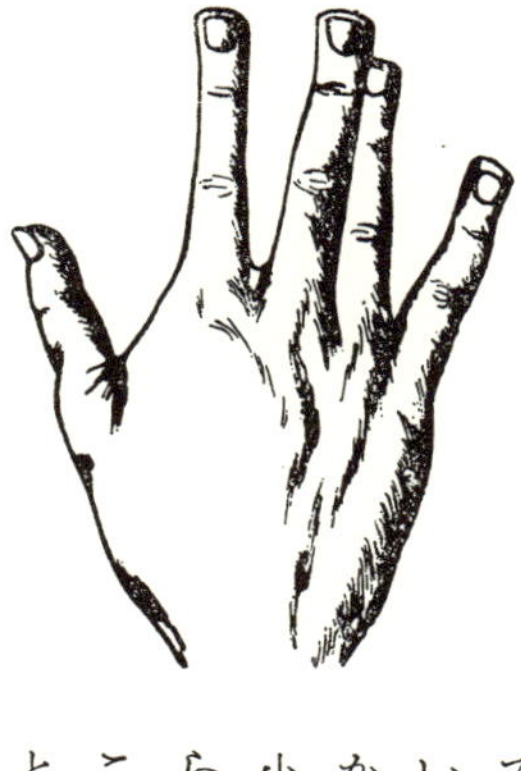

実際的な手を、一名方形の手と称《よ》んでいるが、その言葉が示すように、テノヒラも、一本一本の指も、どこか角張った方形の感じを与える手である。この手の持主は、有用な実務家で、定められた時間から時間までをまじめに几帳面《きちょうめん》に勤める人である。また規律や法律に対してはどこまでも忠実で、それを破ることを好まない。だから会社や官庁勤めには最適で、間違いのない人である。しかし、少々気の小さな人だから、思い切ったこと、大きなことには不向きである。

芸術的な手

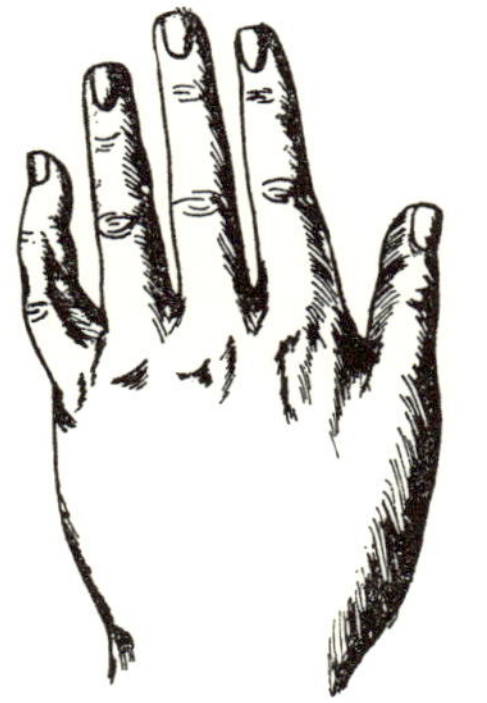

芸術的な手を、一名円錐形の手とも称んでいる。それは手形全体も、指も、円錐形の感じを与えるからである。指先は指の根元に比べてやや細く、爪も長い場合が多いようである。これを芸術的な手と称ぶのは、芸術に対して興味と関心を持つからであって、芸術的に成功するという決定的条件を意味したものではない。大体この手形の人は多趣味、多芸であるが、何一つ専門的な貫徹した技能を持ち合わせていないことが常である。その主な原因は、ものに飽きやすいという点である。だから、このような手形の人は、だれでも話が合うが、職業にしろ趣味にしろ、変りやすい性格を持つという推定が可能である。

活動的な手

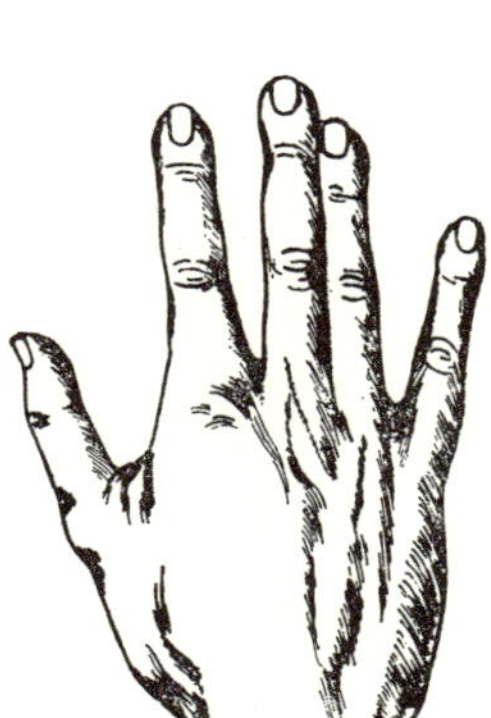

活動的な手を、一名箆《へら》形の手とも称んでいる。箆形の手の所以《ゆえん》は、この手の形が、化学者が乳鉢に用いる乳棒に似ているところからつけられた名称である。ちょうど河鹿《かじか》の指先のように指の先が太くて円味を持っている。この手の人は、活動的、精力的で人の二倍も三倍も働くところから、活動的な手の名前があるわけである。しかし、この手の人は気分的には多少のムラがあり、精神的にときどきスランプになるときがある。そのようなときは何もしたくなくて二日でも三日でも無為の日を過ごすが、また新しい構想が生れると昼夜となく働き続け、飽きることのないのが特徴である。

俗にこの手は、殖民地の開拓型だと称ばれている。それは環境と人に慣れやすいタイプだからである。大胆で環境になじみやすいということは、たしかに人生を渡るのに大きな利点である。しかし、この手の人には、自由で奔放な血が流れているので、規則や法律に縛られることを極端にきらう。だから勤め人向きではなく、独立して事を成すのに適している。

哲学的な手

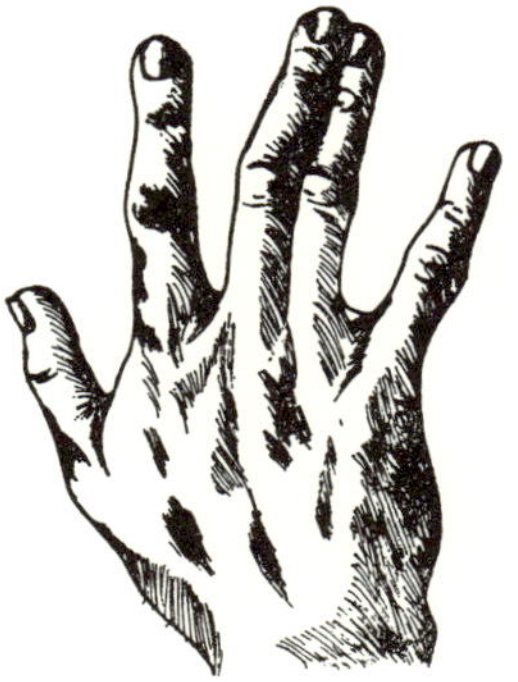

哲学的な手を、一名節形の手と称んでいる。各指の関節が節立っており、手の甲には血管が隆起しているのが特徴である。この節形の手には二つの型がある。一つは長い指を持った節形の場合と、比較的短い指を持った節形の場合である。長い指を持った節形の手は、学者肌の人に多く、真理の探究に熱心であり、物質的欲望に対しては軽蔑的である。

それに対して、短い指の節形の手は、現実的な面に対しても一応興味を持つ傾向がある。だから金儲けなども決して下手なほうではない。しかし、物質的欲望にとらわれることがなく、その点きわめてあっさりしている。

大体この節形の人は、指の長い、短いにかかわらず、逆説的な思想を持つもので、議論好きな点は共通している。

空想的な手

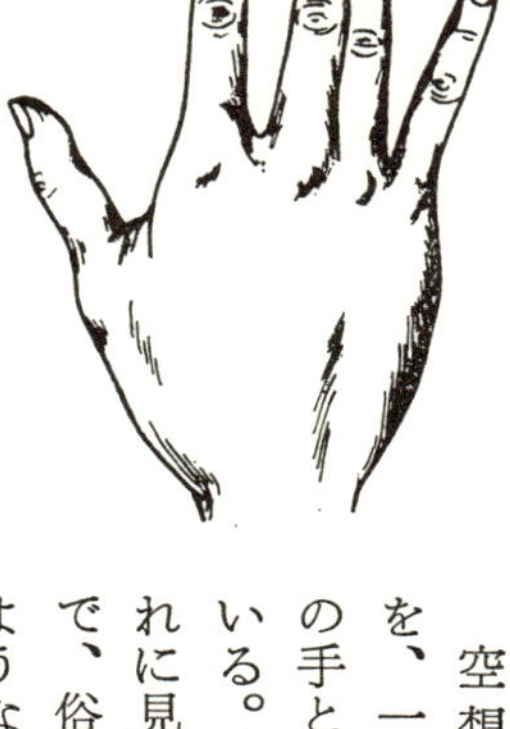

空想的な手を、一名尖頭形の手とも称んでいる。これはまれに見受ける手で、俗に白魚のような手という

のがこれに当る。指先が細く、見るからに貴婦人的なきれいな手である。しかし、この美しい手は、ある意味で悲劇の手ともなりやすい傾向を示す。というのは、このような手の人は働くということに興味がなく、詩や物語に出てくるようなロマンチックな夢ばかり追っているからである。

このような人は、裕福な家庭環境にあるときは幸福だが、なんらかの事情で落ち目になってくると、極端に不幸な世界に追いこまれてしまう。いわば環境がこの手の人を幸福にしたり不幸にしたりするわけであるから、そこにこの人の悲劇的な要素が含まれることになるのである。また、この手の形の人はわがままで、他人を自分の趣味に合わせようとする傾向がある。だから、顔立ちもこのような顔立ちが良いとか、洋服の柄などにまで口出しをする。

混合的な手

混合的な手は、一名雑種の手とも称ばれ、二種以上の手形が混ぜ合わさった形をしている。だから厳密な意味でいうと、混合的な手の基本的な形ではない。この手の人は非常に多角的な性格で、大工のマネ事もすれば、経師屋《きょうじ》のマネ事もするといったきわめて器用な性格である。しかし、器用ということは、貧乏ということの代名詞ともなりやすいので、その点を考慮しなければならない。

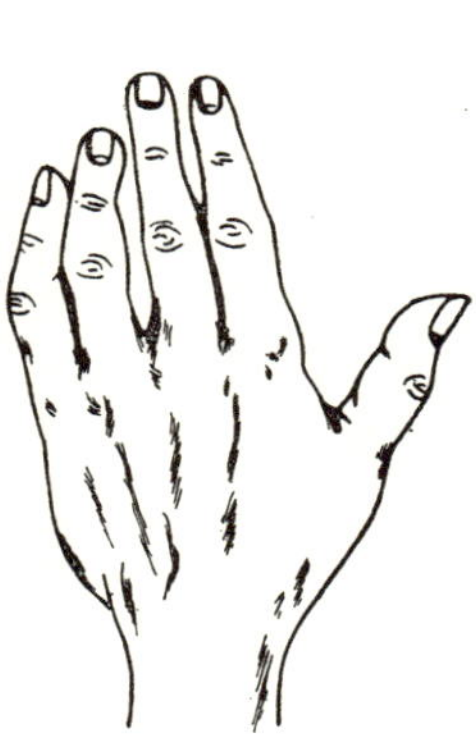

自分に与えられた一つの仕事にどこまでも熱情を持ち続けてゆくことができないのは、ある意味で不幸な原因となりやすいことを考慮しなければならない。しかし、このような手形の人でも、一つの仕事を貫く熱情を持てば、決して世の落後者となることはない。

大きな手と小さな手

次に大きな手と小さな手について述べることにしよう。大きな手は、その人に代々流れる血が労働的な家系であることを語るものであるし、小さな手は、その反対に、その人に代々流れる血が支配的な家系であることを語るものである。だから大きな手（注——体格その他から比較して大きな手の意味）の人は、働くことに対してはなんとも思わない人が多く、女性の場合も謙譲で働き手であるといえる。しかし経理的な面は至ってルーズで、浪費的なところを持っている。

それに対して、小さな手の人は、頭で生活していくタイプを示し、自分一人でコツコツとやる仕事には適さない。大なり小なり人を働かせて、一つの組織の中で自分が優位につこうとする人である。だからといって、働かない人ではない。どこまでも労働的な仕事でなく、頭を働かせる分野においては人一倍努力するところがあるし、いわゆる事業家的な肌合いを持った人だということができる。

指の根元の見方

次に、指の根元がすく人と、指の根元がピッタリと密着している人の場合について述べよう。

指の根元がすく人は、周囲の事情を考え過ぎる人である。自分がこうしたら、だれかが困るのではないか、とか、自分がこれをやったらだれかが迷惑をするのではないか、とか、いろいろと考え過ぎるため、自分に与えられたせっかくの機会を逃しがちである。しかし、人生のうちで機会というものは常にあるものではない。機会を逃して悔いを千載に残すということは、運命に乗ずる道ではない。ただ、こうしたチャンスに会ったときには、一応自分だけの立場を考えて積極的に乗り出してみることである。それがこのような人を幸福に導くことになる。そのために迷惑や不利を受け、気の毒な人が生れたら、その人のために有利な道を考え、助力してやることである。そうしないと、一生涯物質的には不幸な生活に甘んじなければならないであろう。

その反対に指の根元が密着している人は、多少利己的な性格である。物を考えるにも、まず第一番に自分の立場を中心として考える。そのため、他の人のことを時には無視し、自分が利益だと思うことは躊躇《ちゅうちょ》することなく推し進めて行く。それだけに成功する可能性も強いが、時にはやり過ぎて失敗することもある。一面からいえば、成功するときには大成功をおさめるが、失敗するときもトコトンまで失敗する人だということができる。

爪と性質

爪の形には、長い爪もあり、短い爪もあり、また、その中間をいく普通形の爪もある。その長さによって性格の差異があるだろうと考えることは容易なことである。

長い爪の人は、短い爪の人より諦めのよい性質を持っており、温順なところがあるのが常である。口先ではどんな強いことを言っても、イザとなると腰

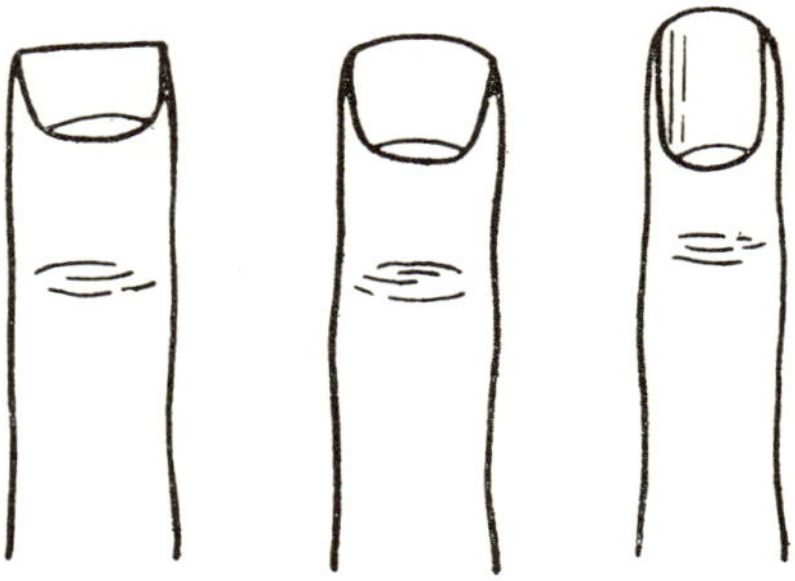

の砕ける人で、周囲の状態に支配されてしまう。言い替えれば、トラブルに対して弱いということである。
長い爪の人が真に願うことは、平和な社会環境の中で、自分を伸ばしてゆこうとすることであり、動乱期における社会的背景は決して良好な運命を作るものではない。長い爪の人は、このような動乱期になると常に職業を変え、居所を転じなければならないのが常である。
それに引き替え、短い爪の人は、ネバリ強い性格で、どんな不利な環境に置かれても、それを打開して、よりよい人生を築こうと努力する。そのため、すべてにおいて機敏であり、人の弱点を見抜くことにたけている。人の弱点を見抜くことが上手である

ということはたしかに一つの長所ではあるが、あまり人の弱点を口にし、批判めいた行動をとると、皮肉屋との非難を受けることがあるので注意しなければならない。

普通形の爪は、前記の二つの形と異なり、たぶんに常識的で、一番無難な相とされている。しかし、それだけ個性的な特徴に欠けており、何かつかみどころのない性格といえる。

一番大事な三つの線

手相を見て正確な判断を行なう場合、手の形と、テノヒラに刻まれた、だれにも見受ける三つの線は一番大事な役割をしている。だから、この点に主力を置いて研究することが、手相学上達の早道であるといえよう。

だれにもある三つの線とは、1図に見るような小指の下部から食指の下部に横断する愛情線、親指球を半円形に取り巻く生命線、生命線と愛情線の間を横に流れる頭脳線の三つで、これを俗に三大線とも称んでいる。生命線はその人の健康状態を知るのに必要な線であり、頭脳線は才能の傾向を読むことができる。そして、愛情線は、感情または愛情の世界をのぞくことのできる線としている。

1図

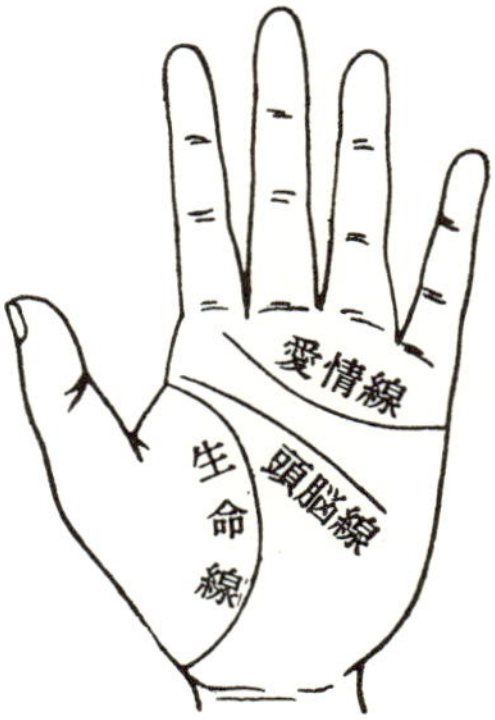

右手と左手の線とテノヒラの丘

それでは、線の見方を述べる前に、左手と右手の問題について考えてみよう。

昔の手相書には女は右手を主として見、男は左手を主として見るというようなことが記されている。しかし、西洋の手相書は、男女にかかわらず左手は過去を示し、右手は将来を示すと規定している。それは、一番使用する右手は、それだけ変化を持って

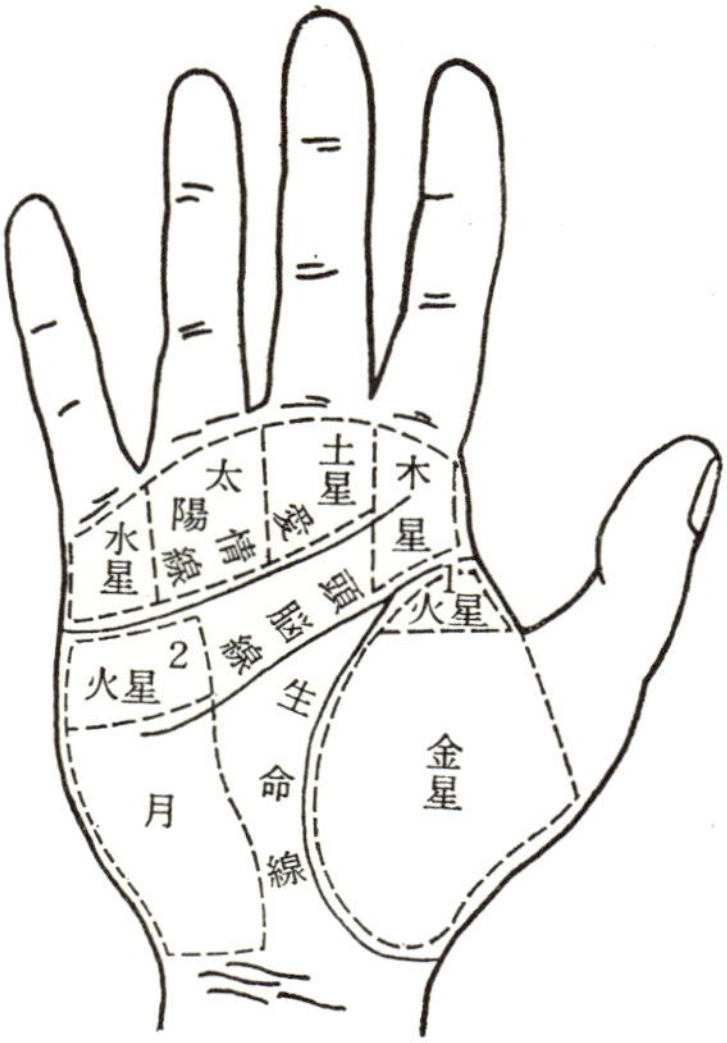

第2図

おり、後天的使命を持っているという理由によるものである。しかし、永い間、手の線を見て暮らしている私に言わせれば、この理論はロジックに合っていない。なぜなら主要な線は生れたときから死に至るまで変化することはなく、変化するのは細かい部分の線だけだからである。したがって、私の持論は、手の線を見るときには、左右両方の手の線により総合的な判断を下すことであり、主要な線は、先天的な素質として考えることとし、後から出た細かい線は、後天的な努力や失敗から生じたものとして推理を下すことである。それを、西洋流に考えると、正確な判断は決して下すことができない。

なお、手の線を読む予備知識として、手の丘の名称を熟知しておく必要がある。なぜかというと、手相というのが本来、占星学的意味から出発したものであり、判断の基礎となるものは、丘に付せられた星のロマンスを根拠としているからである。星のロマンスといっても知らない人があると思うので、次に簡単に述べることにしよう（2図参照）。

太陽　これはあらゆる熱、光、知、意思の源泉であり、学術、名誉をつかさどる。

月　優美なる態度、流暢《りゅうちょう》なる言語、柔和、妥協性、変化しやすい心性、ロマンチックな感情、冒険性、航海を好む等のことをつかさどる。

火星　火星は火の神、軍の神である。戦争、革命を象徴する。自由無碍《むげ》の感覚、異常なる功名心、実行の才能、率直、誠実、勇往邁進《まいしん》、好戦的な心性、新事業、新企画を好むこと等をつかさどる。

水星　水星は神の使者である。知識、科学、雄弁、発明等を象徴する。活動性、変動性、士魂商才、熱心、用意、敏捷《びんしょう》等をつかさどる。

木星　大度《だいど》、歓喜、楽観、潔白、正直、名誉、信用の星とされている。

金星　最も美しい愛の星、美、温和、魅力、快活、誘惑、文芸、音楽、舞踊等を示す星とされている。

土星　沈着、憂鬱、耐久、運命の星とされている。

生命線

多数の人の手の線を見て、それが弱々しかったり、強く明瞭であった場合、生命線の持つ特徴で、特別の精神、あるいは健康等を推論できるということに対して、今ではだれも懐疑を持たないほど、常識化している。なぜならば、すべての人の身体には前もって危険に瀕《ひん》する萌芽なり傾向なりが埋伏《まいふく》することは認められることであるし、その萌芽が現れて神経液に影響し、転じて神経を障害し、ついに手相に及ぶことを、だれがナンセンスだと排除することができよう。殊に生命線は心臓から直流する大弓アーチと称《よ》ばれる太い血管を内蔵する親指球を取り巻く線であるだけに、他の線より特に健康生命に関係があるということができる。

生命線の見方はそれではいかに判断するかについて逐次筆を進めてみよう。

良好な生命線

生命線は木星丘の下から起り、適度に発達した親指球を取り巻き、切れ目や乱れがなく、美しい深くて狭い線で示されているのが良い相である（1図参照）。これは健康的に優れた活力に富んだ相といえる。殊にテノヒラの色が淡紅色であることも条件としては重要なものである。ただこの場合、健康で長生きするという判断だけでは充分とはいえない。健康であるということは、その性格も明朗で、無理のない純真な気持ちの人であり、少なくとも自分の健康に不安を感じないですむところから、仕事に対しても決断力と実行力を持つ人であるという推理も可能である。家庭生活に対しても他に特別な悪い影響がない限り良好であり、自分から家

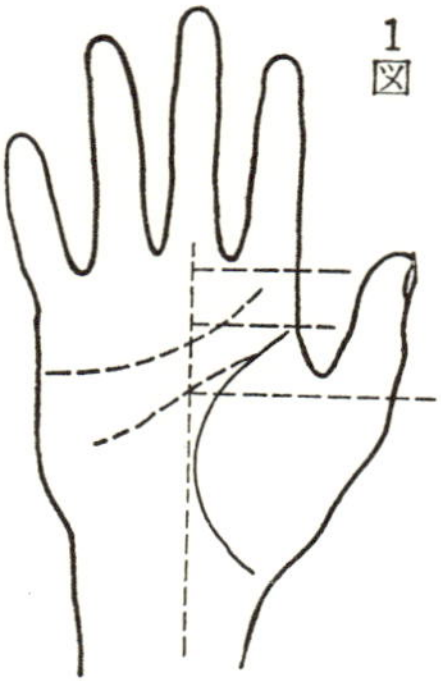

1図

庭を破壊するということは考えられない。

また同じような形態を示す線でも、荒いテノヒラに線の幅が広く硬く示されているような人は、繊細な感情に欠け、その多くは肉体労働に携わり、一つの仕事に対してある程度のまじめさと持続性とを示すものである。しかし、自制力の有無は、前者は後者より自制力に強くて健康的で、生命も永いという結論になる。

次に考察することは、生命線の出発点であり、普通の場合、食指の付け根と親指の付け根の中間から出発しているのが定則なのであるが、これが食指の付け根によった上部から出発している場合がある。この場合、第一火星丘の範囲が広げられ、その人の精力のはけ口は過激なスポーツとか闘争的な方面に向けられていくのが常である。なぜかというと、この場合、木星丘の範囲が広げられる状態となるからである。

鎖状形の生命線

鎖状形、あるいは細かい小片でできている生命線は、繊細な弱々しい感じの手に、多く見受けられる（2図）。また、こうした線は親指球を狭く取り巻いているのが常則である。これは健康が悪い証拠とされている。そこで依頼心が強くなったり、前途に対する不安、持続性のないこと、消極的であること等が、健康的条件から生れてくる。そのため、恋愛や結婚に対する躊躇や精神的なものに対する理想や空想等が強くなる傾向を示す。

その上、親指球が貧弱な場合は、性生活における嫌悪感情を示し、女子の場合は、子供を生む能力の不足等を示すものである。夫婦生活は、性生活が愛情的に満たされるか、どうかが重大な問題であり、このような人が家庭生活の面で幸福を求める場合、他の面で大きな努力を傾けない限り、その生涯は決して幸福なものとはなり得ない。

2図

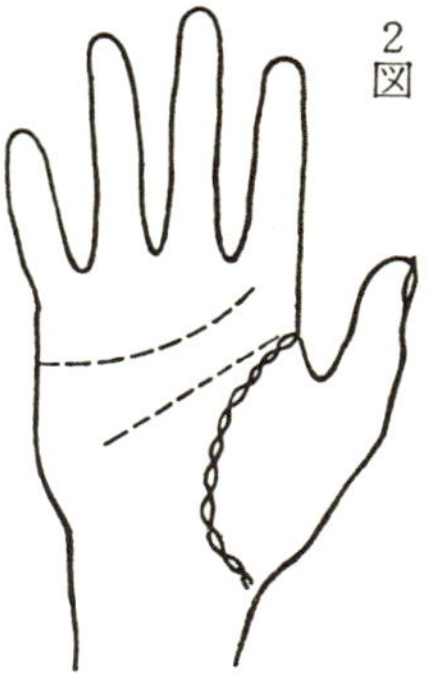

早く地位につく相

生命線が木星丘の中央から出発して手の側方から発していない人は、生れたときの環境が非常に良くて、父親の地位、あるいは本人の能力により、早い時期に予想以上の社会的地位につくことができる相である（3図）。また、その人自身もたぶんの野心を持っている相である。このような人は、環境から生れる社交的な性格とか、他を支配する力量とかいうものを持っていることを示すものである。また、こうした人の恋愛はたぶんに支配的で、独占的な傾向を示すものである。

3図

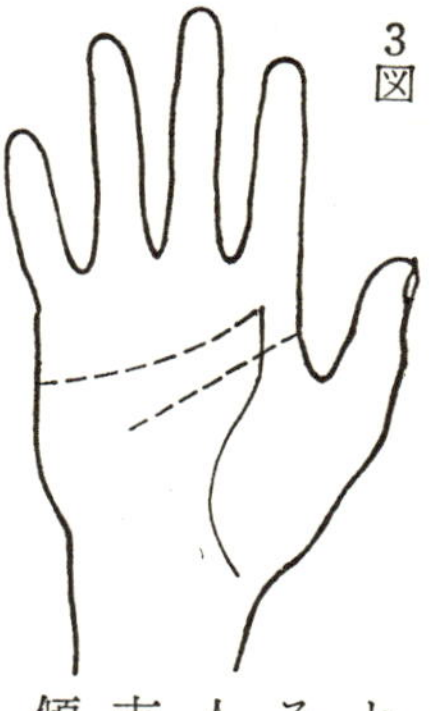

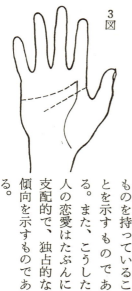

幼児の不健康

生命線が木星丘下の初めの状態において、4図のように鎖状形だと、幼年時代の不健康を示す相だとされているが、実験の結果、完全な的中性を持っていないことが確認された。これは多くの手相家がすでに認めている問題だと思うが、それではなぜ甲の人には幼時の不健康を指摘したのが的中し、乙の人には的中しないかというと、私の研究では次のようになる。すなわち、単にこの相だけでは健康線が全然見られないか、あっても生命線に触れていないときは、幼年時代に不健康であったと判断しても的中しない。しかし、健康線が4図のように生命線に触れていた場合は、幼年時代から不健康だという判断が正しいことになる。

4図

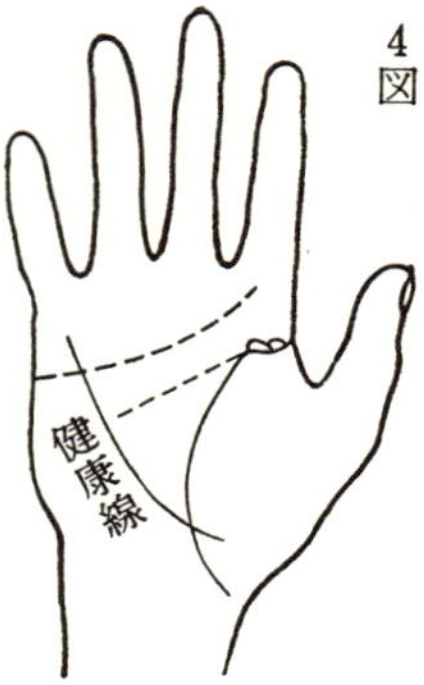

それでは前者ではどんな判断ができるかというと、幼年時代の家庭環境に不満足であったことを示すものだといえるのである。例えば、自分の希望や理想が、いろいろ支障があって、いれられなかったことを示すのである。また病弱だとか不満足等は、その鎖状形が正常な線になる流年のころから健康と希望を得ることになる。また性格的にも明るくなってくる。

変化の多い相

生命線が親指球を完全に取り巻かないで、5図のように月丘に流れているのは、常に変化を求める落ち着きのない相を示すもので、職業の上でも家庭の上でも、変化を求めてやまないものである。商売にしろ勤めにしろ、長い間一つの仕事、一つの勤めに満足しないで、すぐ他の方面に移りた

5図

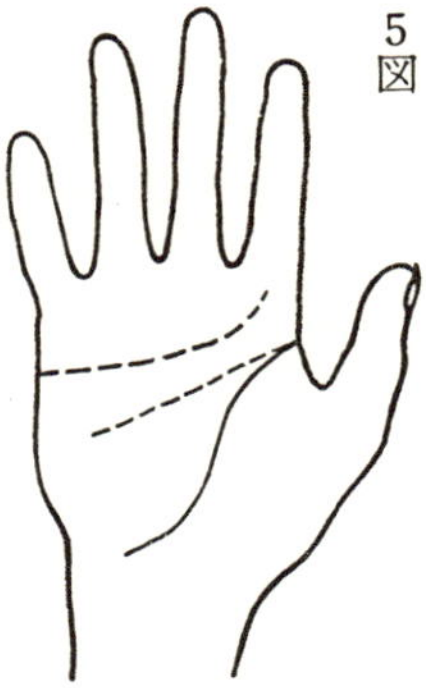

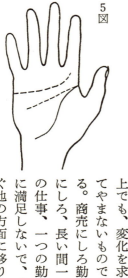

がる傾向を示す。殊に円錐形の手や雑種の手にこの線があるときには、その判断は一層確定的となる。また住居などもときどき変えたくなるし、住居を変えられない環境にある人は、造作を変えたり、家具調度を変えることを好む傾向を示す。この相が女の手に見受けられるときには、子供に恵まれない相といわれ、不眠症の傾向を示す。

生命線上の島

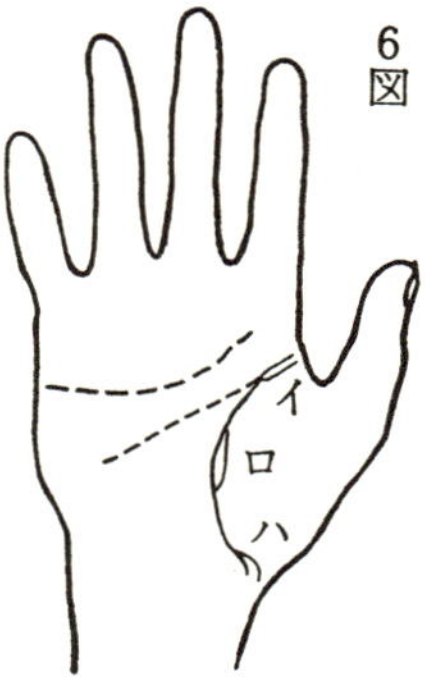

6図

生命線上にある島は、島の位置によって判断を異にします。6図イのように生命線の起点にある島は、誕生に関する秘密のある相だといわれ、例えば、私生児として生れ、生れると同時に異なった母籍に入れられたとか、もらい子として育てられたとか、そういうことが多いものである。それらの事情を知らないときは幸福であるが、その事情を知った日から非常に不幸になることがある。

したがって、このような生命線の人で、運命線上に不幸を示すものがあったとき、その人はその運命線の流年に示す年齢に、そのような精神的衝動を受けることを指摘できるのである。しかし、このような判断は、相手を不幸に導く結果を招きやすいので、充分に注意して判断しなければならない。

6図ロのように生命線の中間にある島は、慢性的な疾患を示すもので、その位置は中間のいかなる部分にあってもそうである。これについて、ある手相家は、その島の示す流年で発病の年齢を見ているが、それは間違いで、島のある人は、慢性的な疾患がかなり早期から出ることを示し、その慢性疾患の種類は健康線の項を参照することにより指摘できる。また6図ハのように生命線の終りが島で止まっているのは、ヒステリーや病弱の傾向を示す。島の流年の用い方はどういうようにするかというと、家庭上の苦労や困難が起る年を推定し、この苦労や困難は島の長さの期間中続くものと見て差し支えない。

短命の相

7図のように生命線が短いのは、短命の表示とされている。もちろん、この場合、左右両方の手の生命線の短いときにいわれているのであるが、ここで特に注意を要することは、頭脳線の状態、感情線、運命線の状態の良否ということである。例えば、これらの線が良好だった場合、多少短命の度合は緩和され、少なくともその生命線の止まる流年に死亡するだろうとの判定は当てはまらない。

大体運命学上、寿命の判定はわからないというのが普通であり、的確な判定はいかなる角度からしても困難なことである。しかし、長寿者の手に特別短い生命線が発見できないという事実は、生命線の短いことが生命の短いことを暗示するのではないかという推定を可能にする。しかし、若くして去った人たちの中には、生命線の短い人たちばかりではなく、生命線の長い人も含まれていることも事実であることを知らなければならない。したがって、生命線上に現れるわずかな徴候でも、生命の危機を表徴するものとして見逃すことはできない。

7図

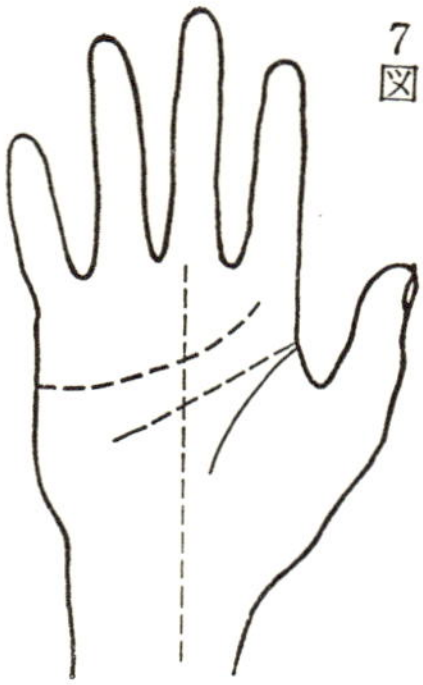

例えば、健康線が生命線を深く横切っているのは、生命の危機を示し、また生命線上に現れる星や十字は、ある種の災難がその人の生命を短縮させるであろうことを示すものである（8図）。その反対に、生命線自身

8図

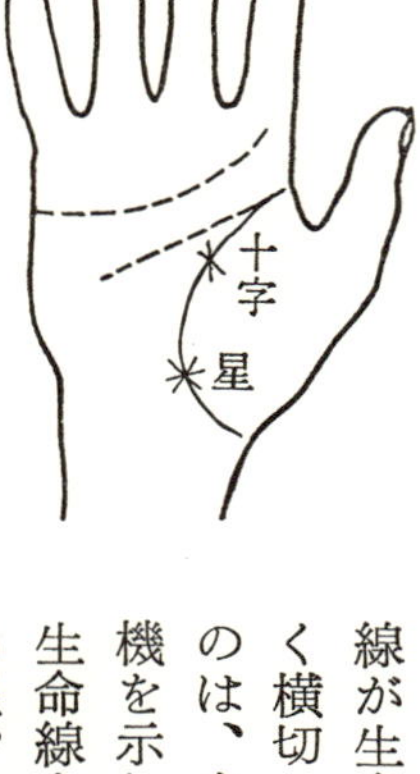

9図

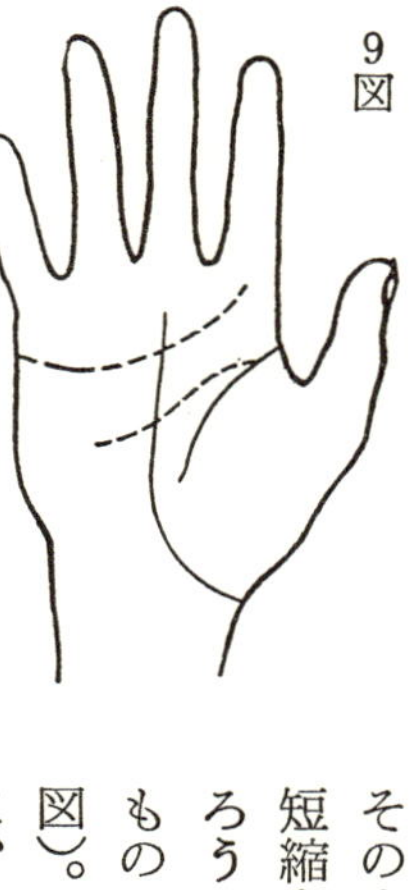

は短いが、親指球の底部から出ている運命線が、9図のように出ているのは、生命線の欠点を補ってあまりあるものであるが、性格的には頑固で短気な性情を持つものである。

生命線の切れ目

生命線の切れたものは、その示す流年に、生命上になんらかの危機の徴候を示すものであるが、これには種々な切れ方がある。

10図ロのように完全に切れているのは、生命上の危機が他のいかなる場合より大きいことを示すもので他にそれを補う相の有無が問題になるのである。

10図

10図イ・ニ等に示されるように、重なり合って切れているのは、健康上の一時的危険の相であり、一命を失うことはない。これは多く生命線の流年に表示される年齢に、問題の起る傾向がある。

しかし、この場合、イのような状態、すなわち、切れ目から下がる線が外側から出ている場合は、回復の状態が非常に良好であることを示しているし、ロの状態のように切れ目から下の線が内側から出ている場合は、回復の状態が順調を欠く場合が多いのである。

また、この切れ目が小さいときは、病状も比較的軽く、切れ目が大きいときは病状が重いことを示すものである。またハのように切れて金星丘へ曲がっているのは、いかなる切れ目の状態よりも悪く、たぶんに生命の危機が暗示されるものである。

生命線から下降する毛線

11図のように小さい毛線が生命線から下降しているのは、生活の破綻と活力の消散を示す相であり、失望の連続が生き抜く気力と努力の精神を失うことを示すものである。

11図

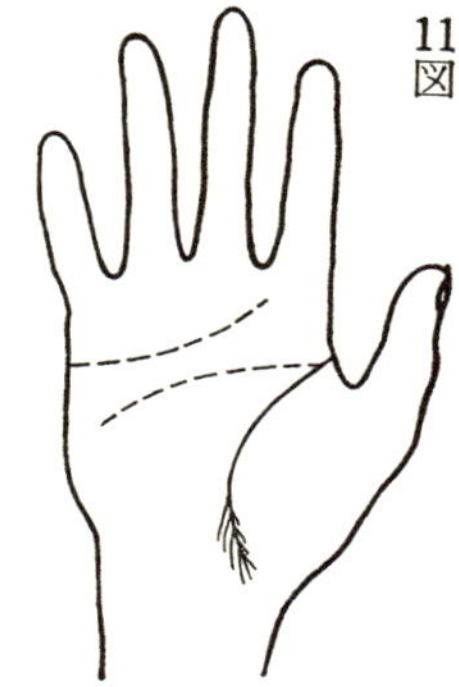

また、この相は青年期における不節制が晩年期に至って影響する傾向を示すもので、老年期における病弱と不幸の原因を作るものとされている。

生命線から分岐下降する線

生命線から分岐下降する線は、多くの場合、良い徴候を示すものではない。次に種々の状態について考察を進めてみよう。

12図

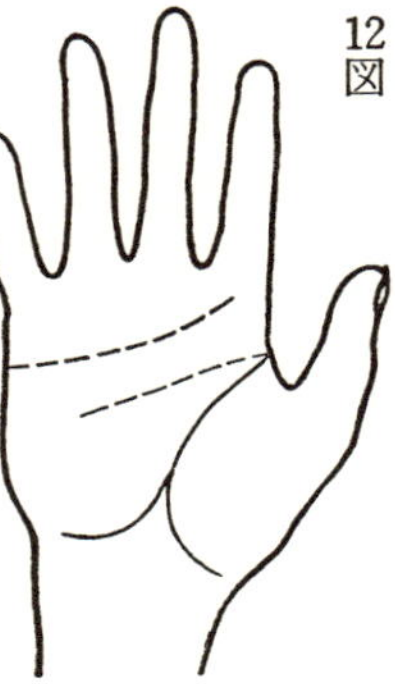

12図のように生命線がテノヒラの中央付近で分岐して月丘の麓《ふもと》まで横に走り出た相は、手によって二つの判断が可能である。一つは格好の良い手にあった場合で、これは落ち着きのない生活、旅行による欲望の達成を意味する相で、洋行の希望とか空想に対する異常な欲望を示すものである。そして、その欲望は、他の線が良かった場合、実現の可能性がある。

もう一つは締まりのない柔軟な手にあるときで、これは落ち着きのない性質と刺激を求める傾向とを示すものである。そして、それを満足させるため、ある不節制な行為に耽溺することを知ることができる。

13図

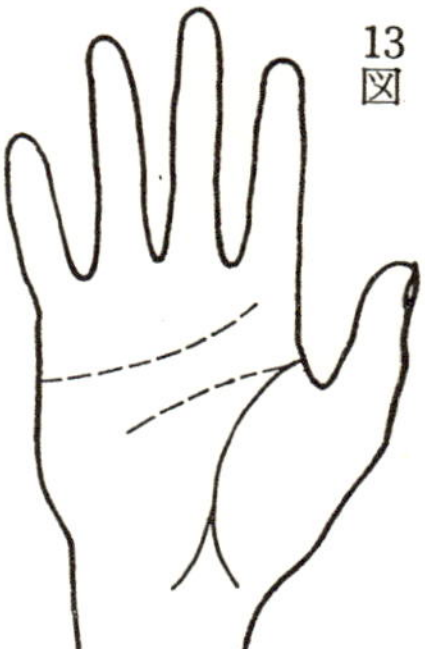

13図のように生命線が終りのほうで分れて広い空間が現れるときは、生れた場所と死ぬ場所との距離の大きな変化を示すものである。また、この相は警戒心の強いことを示すものである。

14図

しかし、この空間が

14図のように狭い場合は、全く異なった傾向を示すものであり、これは過労の状態と老後の恵まれない生活を暗示するものである。だがこの場合、注意すべきことは、子供運とか運命線、太陽線の状態がどうかということであり、これらが良好だったときは、過労だけを注意すべきである。

生命線から上昇する線

生命線から上昇するすべての線は、利得と成功を示す表示である。この線が15図イのように木星丘に昇るときは、自負心の強い性格と野心の実現とを示す成功者の手相である。しかし、これにはこの線自体の障害のないことが条件である。小さな障害があるときは成功が阻害されることを示すものでありまた十字で止まる場合も同様である。

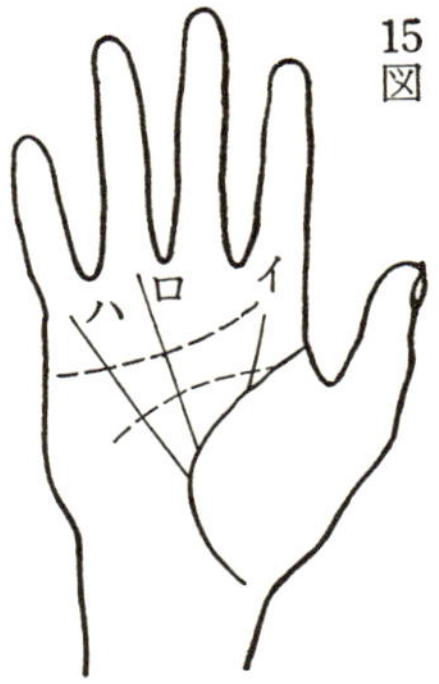

15図

15図ロのように生命線から太陽線に向って上昇する線は、物質的にすばらしい成功をする相であり、その成功は手の形の示す意味を通じてもたらされるものである。

次に、15図ハのように生命線から水星丘に上昇する線は、商売または科学的方面で大成功をする相であるが、手形の種類によっていろいろの変化がある。方形の手にあるこの線は、商売にも学問にも成功する相であり、勤勉で機知に富み、科学的に物事を処理する才能を持つ相である。また篦《へら》形ならば創造性才能と活動性とが新しい事物に対する発明や発見の点で成功する。円錐形ならば投機や思い付きの企業で成功するといった具合である。

また、これらの場合、注意すべきことは、この線の終り近くに障害を示す線なり、記号なりを持たないことを原則とする。もし障害の入っている場合はむしろ不成功の相と見なければならない。

これらの細かい線の詳細については、後述するとして、次に他の手相書に記されていない特殊の線の形について述べてみよう。16図イに示すように、こ

16図

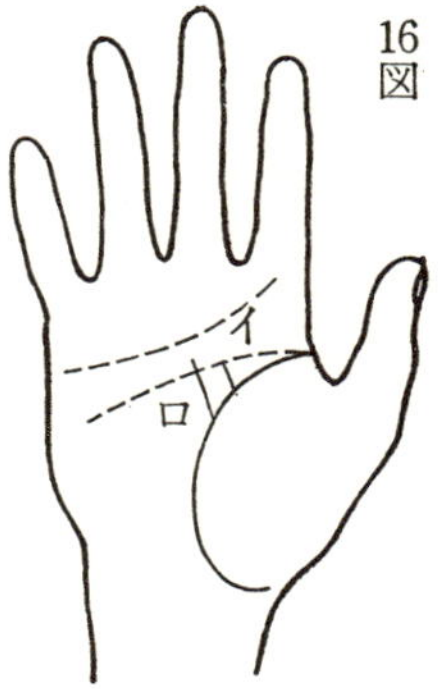

17図

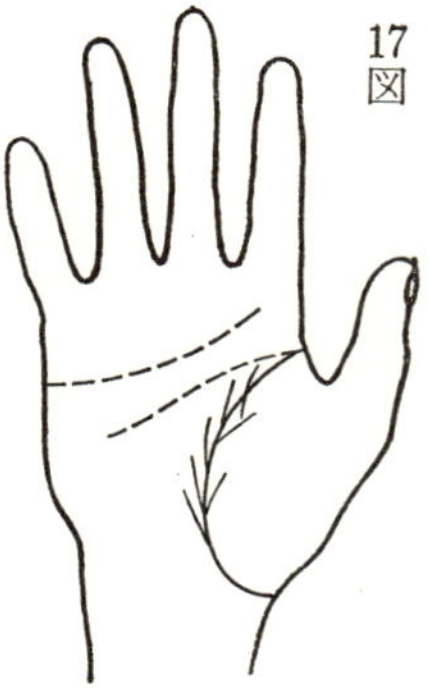

の線が頭脳線で止まっているのは名誉と富を得る相である。しかし、注意を要する点は、頭脳線がこの場合、良好な姿を持っていることが条件である。また、ロのようにこの線が頭脳線を切っているのは、富と名誉を得るチャンスを失う相である。

また17図のような上昇線は健康で精力的な肉体を持つ相で、野心にも富み、ある程度の成功を示している。

生命線を横切る線

生命線を横切る線は、ある特種な線を別として、良好な傾向を示すものではない。生命線を横切る小さな線はその示す流年に健康を害するとか、家庭的に不愉快な問題が起ることを示す相である。

18図

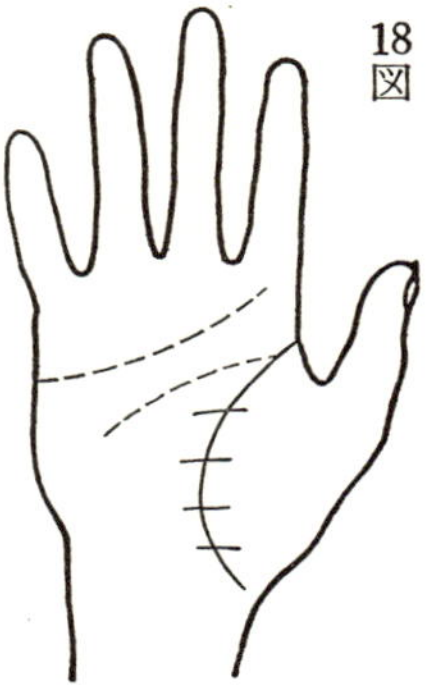

19図

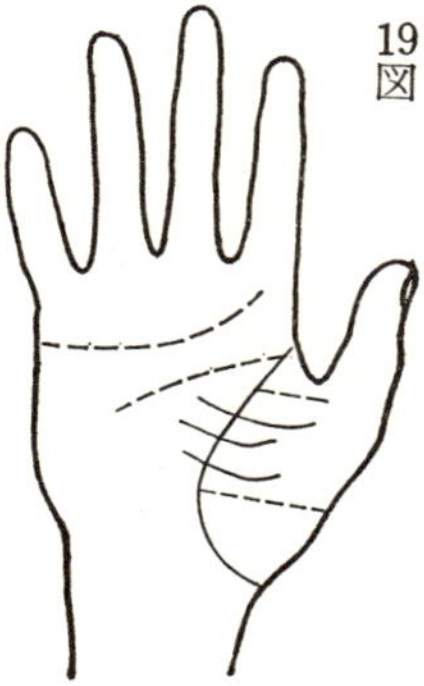

20図

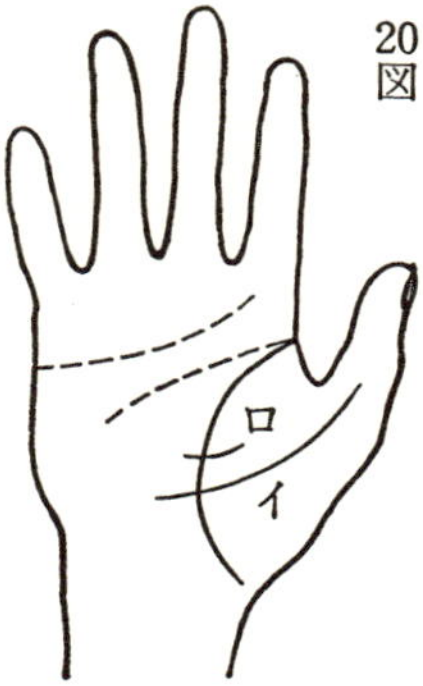

しかし、この小横断も上図ナのように生命線の切れ目に出ているときは、大病から回復する相であって良相となる。

しかし、この横断線も18図より長く、19図の示す点から出ているときは神経質な性格を示すものである。

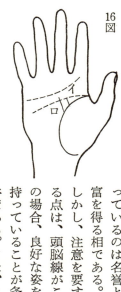

21図

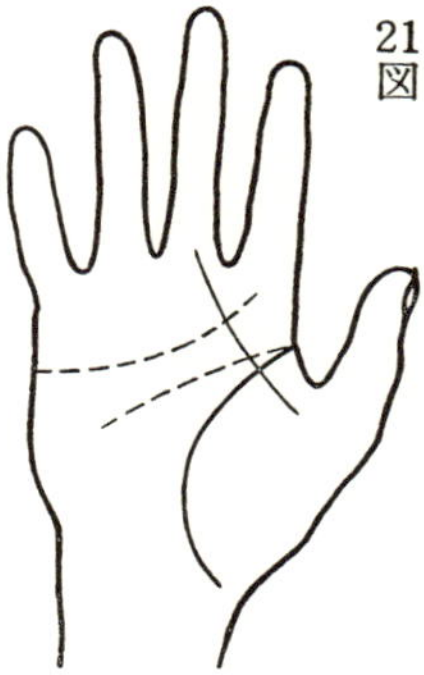

22図

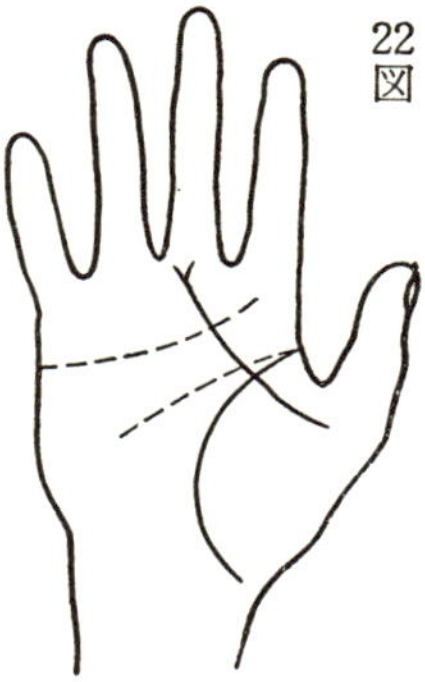

20図イは変化の相の一つで、殊に武器等による死を示す相であり、ロは急激な病気で死ぬか、突発的な出来事により死ぬことを示す。

21図のように生命線を横断する土星丘と火星丘を結ぶ線は、難産の相であり、他の生命線上の特徴と照合して致命的なものであるかどうか注意すべきである。

22図は動物、あるいは乗物で致命的な傷害を受ける相であり、線の終りが分れていないときは軽く、二股《ふたまた》に分れているときは重いことを表示するものである。

23図

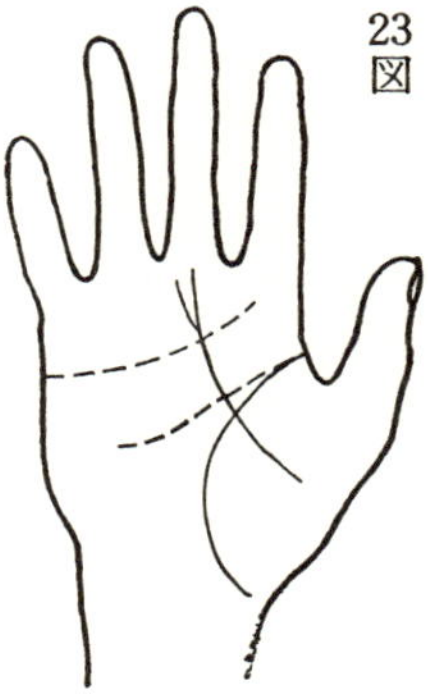

24図

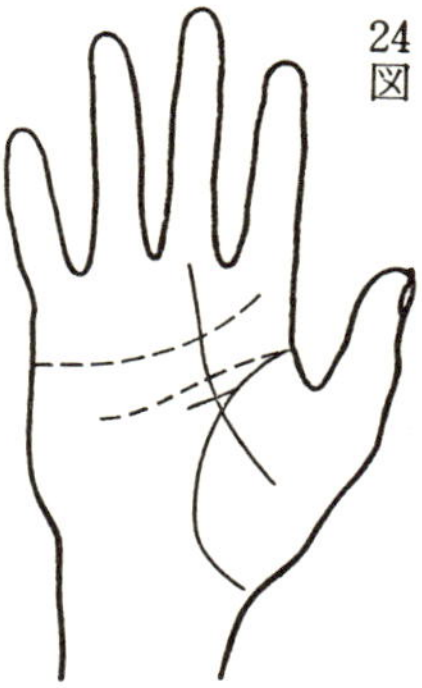

25図

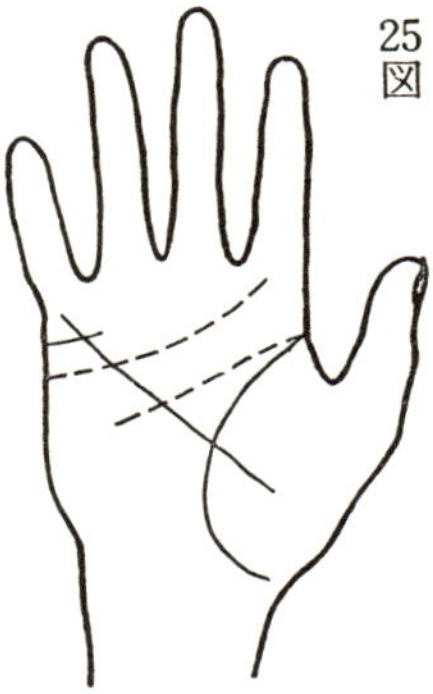

離婚の相

生命線に関連のある離婚の徴候は、23図のように金星丘から生命線を横断して土星丘に向い、しかも、その先端が大きく二股に分れている場合と、24図に見るような線で示される場合が一番多く見かける相で、その場合生命線のところで十字があるのが特徴である。

25図も離婚を示す相であって、配偶者に対する親類の反対

26図

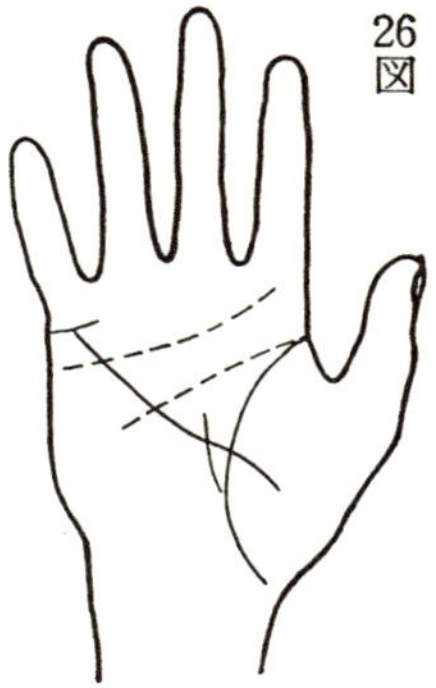

27図

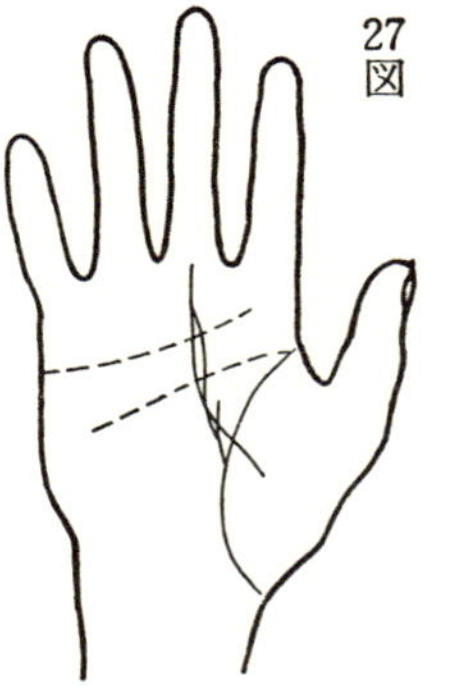

28図

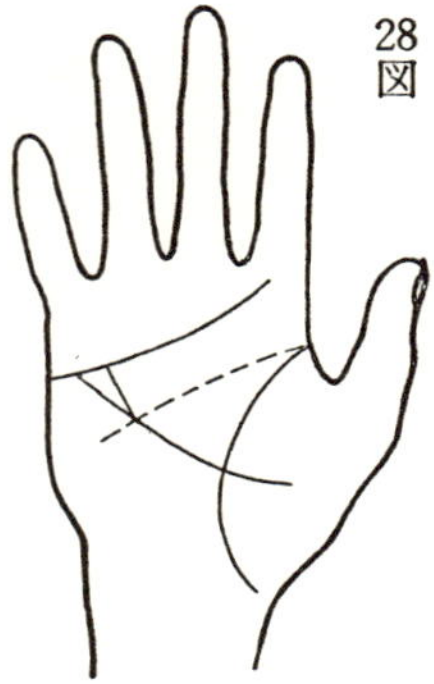

等が大きな障害となって離婚に発展する傾向がたぶんに出てくる相と見られる。

26図は自分の都合により離婚する相である。これは生命線から分岐上昇する小線によって干渉線が切られているのが特徴である。

27図は恋愛による結婚が自分の都合で離婚になることを示すもので、生命線から分岐上昇する線を持たないときは、単なる恋愛結婚を示す相である。

28図も離婚相の一つであって、他に愛人を得ることが、離婚の原因になることを示している。

生命線の濃淡

生命線の濃淡は、健康上の問題を示すもので、強く明瞭に出ている期間は、健康上のコンディションの良いことを示し、弱いところは、その期間中健康上の障害、気力の衰退等を示すものとみることができる。

親族関係を示す線

29図

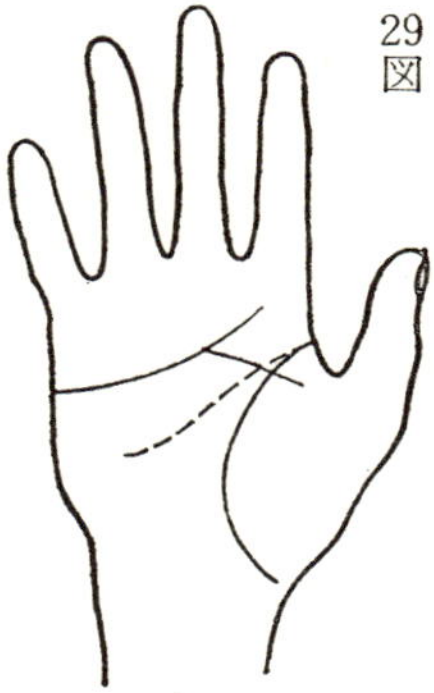

29図は親族との不和を示す相で、感情線が赤ければ現在悶着のある相であり、感情線が平常であれば、争いの後、交際の途絶していること

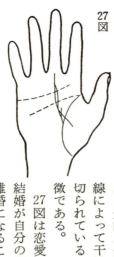

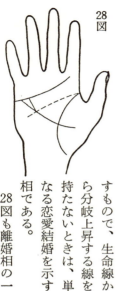

30図

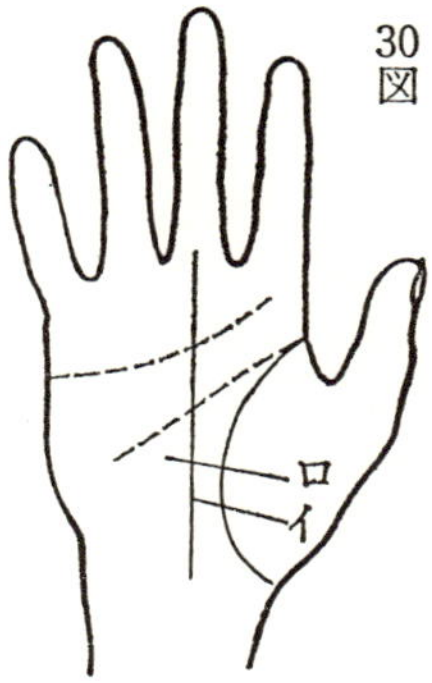

31図

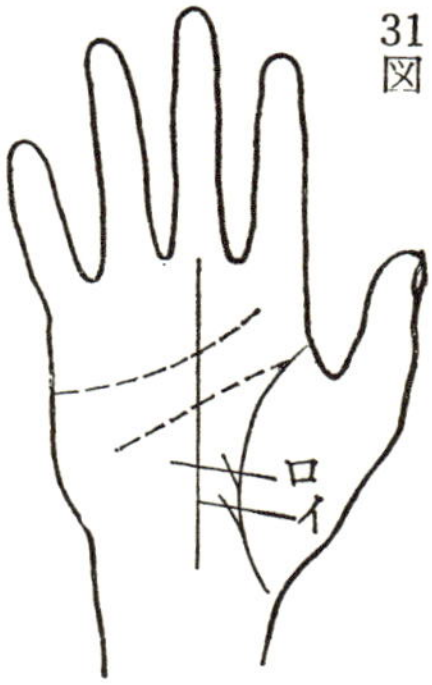

を示す相である。

またこの線が切れているときは、その後、交際が復活することを示すものである。金星丘から生命線を横切り運命線で止まる線は、親族の援助により成功する相である。30図のイのように運命線を切っているか、ロのように太陽線を切っているときは、肉親縁者等の障害による失敗を意味する相である。

31図イは肉親、縁者との訴訟で勝つ相であり、ロはこの訴訟で負けることを示す。

生命線と兄弟との問題

生命線に示される兄弟の問題は、生命線上部内側に生命線の枝線として小さな線が現れるもので判断する場合と、月丘上部の第二火星丘上に現れる線で判断する場合とがある。しかし、ここでは生命線内部に現れる線で、考察してみることにしよう。

32図

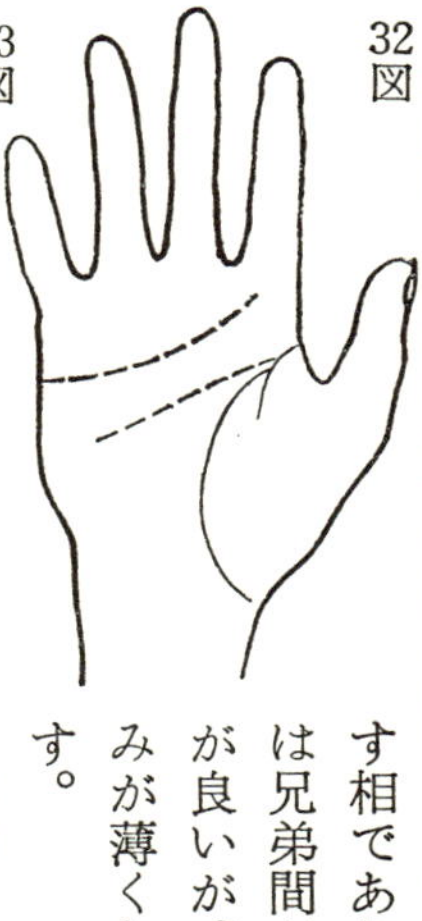

32図は兄弟間が非常に円滑にいっていることを示す相であり、33図ハは兄弟間が初めは仲が良いが、漸次親しみが薄くなる相を示す。

33図

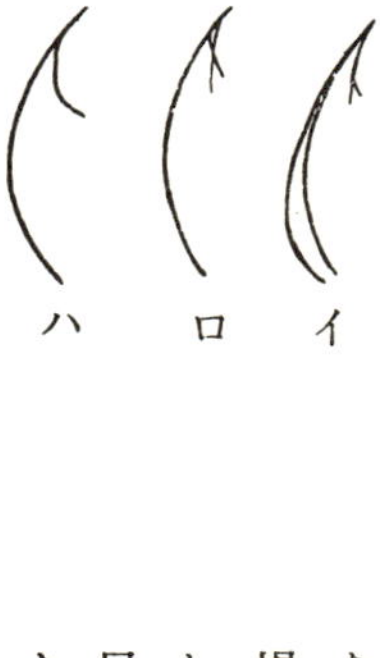

33図イは兄弟のうち早逝した者のある場合に現れているし、33図ロは異腹の兄弟のあることを示す相である。

生命線に現れる旅行の相

生命線に出る旅行の線は、生命線から下降する枝線の項でもふれたが、その他についても若干述べて参考にしよう。

34図

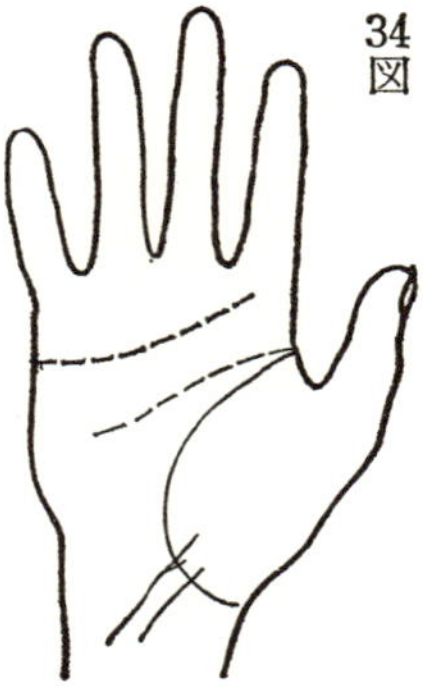

35図

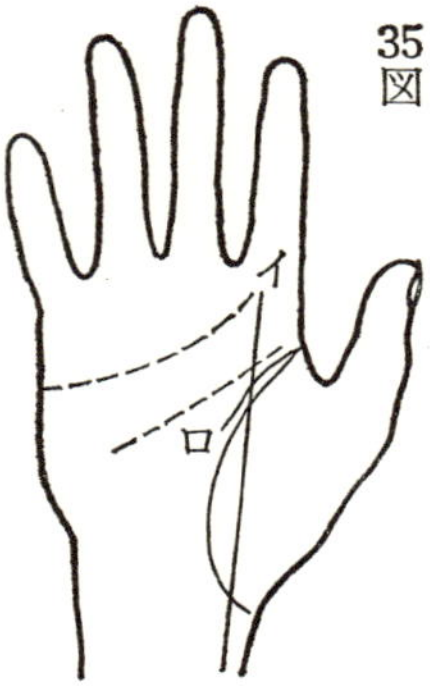

手首線から出た旅行線で、34図に示したように生命線の下部に入っているのは、旅行中に死亡する運命を示すもので、この場合、生命線を切っているのといないのがあるが、そのどちらもこの運命を示すものである。

また、この線が乱れているのは、目的のない旅行を示し、時に流浪の生涯を送るものである。35図イは旅行により富と地位を得る吉相であり、旅行線のうちでは最良の相と見られている。35図ロは海外住居線ともいわれる線で、長い間、外地で生活している人やかつて生活したことのある人の手に見受ける線で、障害の形がなければどちらも吉兆を示す。

頭脳線

頭脳線は知力、才能、気質、頭に関すること等を示す線であり、三大線のうちでも一番重要な役割を持つ線である。

この線は、精神と物質を分つ一線を画する意義を有し、線上を精神の境界とし、線から下を物質の境界とする。したがって、線が直接的に横切っているときは、精神的分野が狭められ物質的分野が広くなり、この線が傾斜すればするほど、精神的分野が狭められる結果となる（1図）。

1図

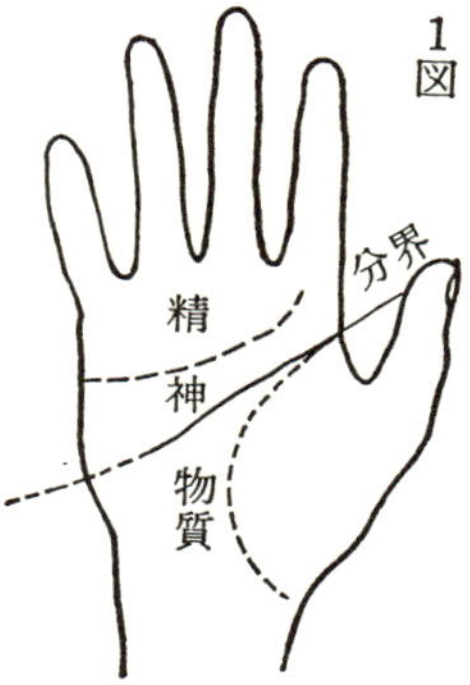

また、この線は手形と密接な関連性を持つもので、手形の特徴は頭脳線の特徴を規定するといっても過言ではない。そこで、この線の詳細を記述するに先立って、まずこの問題から取り上げてみることにしよう。

頭脳線と手形

原始的な手――この手形における頭脳線の特徴は、短く直線的で重苦しく、線は浅く幅広いのが常である。この場合、原始的な手の性格は、最も露骨に表現されるものである。物質的で野卑な目先の利益に左右されるその低級な性格は、文化を忘れた人々の手といえよう。しかし、これらの手形にも異なった頭脳線が見出されることが、まれにある。例えば頭脳線が月丘の方向に下降しているのもその異例の一つであるが、この場合、一応想像的性格は加味されてくるが、迷信的な傾向が出てくることになる。

実際的な手――この手形の頭脳線の正常な形は、直線的で長いものである。この手形の人が、もし傾斜した頭脳線を持っていたら、実際的基礎から始めて想像的仕事に向うものである。

活動的な手――発明や独立や活動や創始を示すこ

の手形の頭脳線の自然の位置は、長く明瞭でやや傾斜しているのが特徴である。もしもそれが直線的であるときは、不安で、短気で、すべてのことに不満を抱きがちな性格となる。

哲学的な手——知恵の追究に熱心なこの手の頭脳線は、月丘の下部に向って大傾斜しているのが常である。もしこの手に直線的な頭脳線があった場合は批判的、解剖的で、少し皮肉屋の傾向を持つ。

芸術的な手——芸術的衝動性を示すこの手の頭脳線の自然の位置は、普通月丘の中央に向うものである。もしこの手に直線的な頭脳線があった場合は、芸術的才能を実用化する相であり、芸術を職業として成功するであろう。

空想的な手——空想的で夢想的なこの手形の頭脳線の正常な位置は、非常に傾斜的である。しかし、全くまれに見ることではあるが、この線が直線的であったら、環境の圧迫がその人を実際的な仕事に就かせるが、それでも仕事に対して興味を持てないことを示す。

以上が頭脳線と手形との関係の一般であるが、この知識は、これから記そうとする頭脳線の諸相を読む上で重要な基礎となるから、よく覚えておく必要がある。

頭脳線の発源点

頭脳線の発源点に対する研究は、東大でも慶応大学でも、性格遺伝の研究調査と手の線は遺伝するかとの調査目的のもとに取り上げられ、教授や学生間に種々な実験と研究が行なわれたが、その結果、この研究が無意味でないことを表明していることは、手相学の真実を語る一つの証拠として興味あることである。

木星丘から発源する頭脳線

2図のように頭脳線が木星丘から発源して生命線に触れて長く伸びているのは、非常に優秀な相であり、頭も良く努力家である。自分の目指した目的に

2図

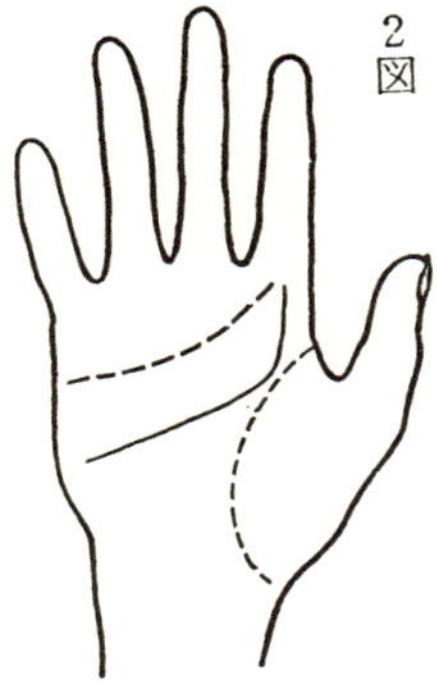

対してはあくまで実行する気迫を持った人である。しかし、この人は要心深くて規則に強く、権力の行使に方正であるが人を使用する場合、なかなかやかましい人で、義務を怠ったりした場合は、ビシビシそれを指摘するといった人である。また、この相の人は、政治家的手腕にも優れていて、行政家として発展する可能性がある。

また婦人などにこの相があると、男のような性格がたぶんに出てきて、女で代議士になろうと志したり、夫のことに口を入れたりする傾向が出てくる。

頭脳線と生命線の空間

頭脳線と生命線の空間は、非常に問題を持っている。この間隔は生命線と食指の底部の三分の一の点以上にある場合は、空間の広過ぎることを示し、それ以内の場合は、空間の適当な位置であることを示すものである(3図)。この空間が三分の一以上の広さを持っているときは、無鉄砲で自尊心が強く、注意力の散漫な性格を表示する。他の意見を入れないばかりでなく、自分の思ったことは、事の善悪にかかわらずやってのける性格を持つ。

3図

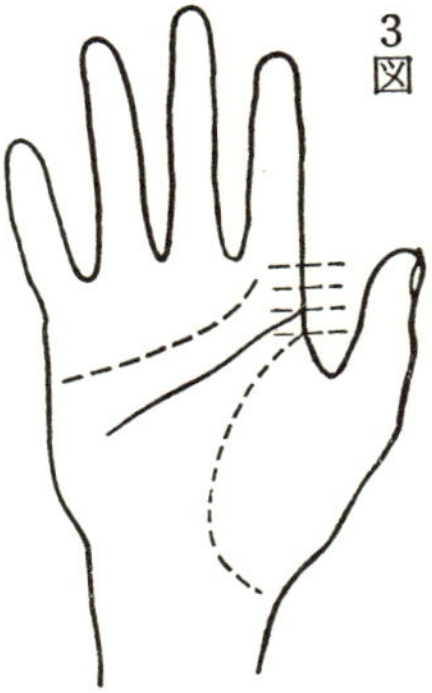

したがって、男にこの相があれば、家庭においては暴君的存在であり、社会においては断行軽直の人となる。この相が女子にあれば、夫に対して柔順な女性でなく、どこまでも自分の意思を強調し、対世間的には気の強い奥さんとの定評を得ることになろう。また、この相の持主は、恋愛にも結婚にも、自分の判断でその善悪を決定する傾向がある。

生命線と一緒に発源する場合

生命線と一緒に出ている頭脳線には、二つの型がある。それは頭脳線が生命線と分れる地点によって決定されるのである。4図と5図がそれである。

4図

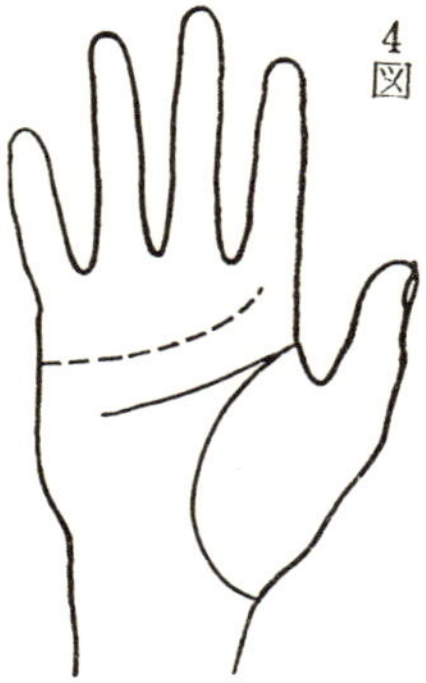

5図

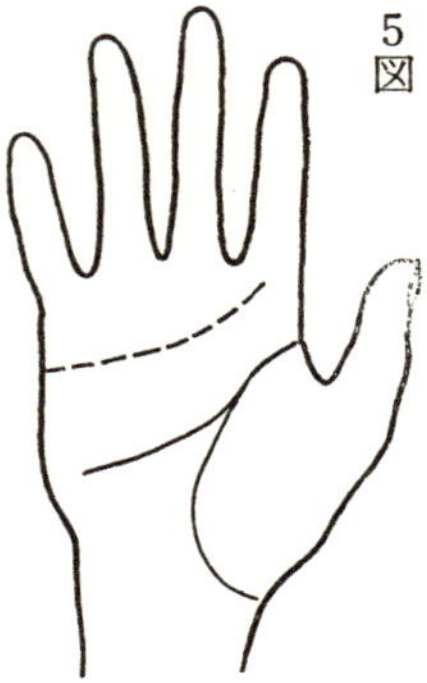

4図は過敏で神経質な性格を示すと共に、用心深い性格を示す。一つの仕事をするにも前途の見通しや同業者の現況等につき人一倍気にする性質である。それだけに一見優柔不断のように思われるが、その線の方向によって多少性格的な差異が生じてくる。

5図の頭脳線は、長期にわたる親がかりの生活を続ける相で、独立的な気迫が薄く、社会に出ても依頼心が強いため、よほど性格を改めないと大きな成功は望めない。

火星丘から発源する頭脳線

6図

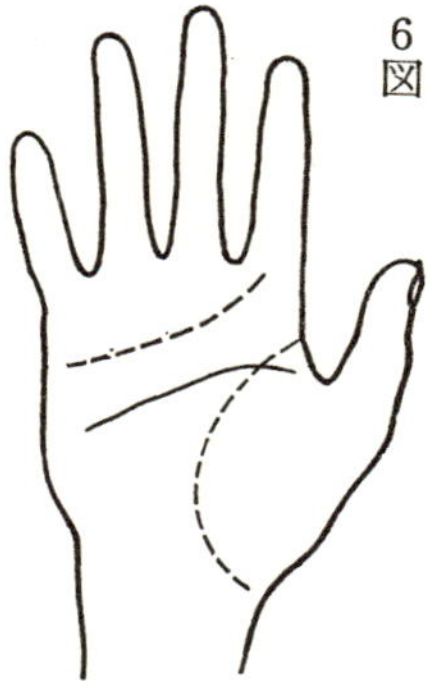

6図のように頭脳線が第一火星丘から出ているのは神経質で怒りやすい性格を示す。ジレやすく苦労性だから、部下やなにかが長く居ることがない。また家庭的にも種々な問題が起りやすい相とも見ることができる。

頭脳線の方向

頭脳線の方向は、その人の性格の傾向を示す重大な問題を提示するものである。多くの場合、この方向は第二火星丘、月丘の上部、中部、下部に向う場合が一番多く、まれには土星丘、太陽丘、水星丘の方向に向う場合もある。

第二火星丘に向うのは

7図のように頭脳線が直線的に手を横切り、火星丘の下部に向うのは、社会的な才能に優れていて強い実行力を持っている。また、この相の人は、物質的なことに興味が強く、精神的なことに興味を感じない。言い替えれば、極端な現実主義者である。金儲け商売に熱心な努力をすることは、この人の趣味であって、音楽も文学も金儲けの対象として以外は大きな興味を持たない。また、こういう人は、恋愛や結婚などもロマンチックなところがなく、どこまでも現実的である。

7図

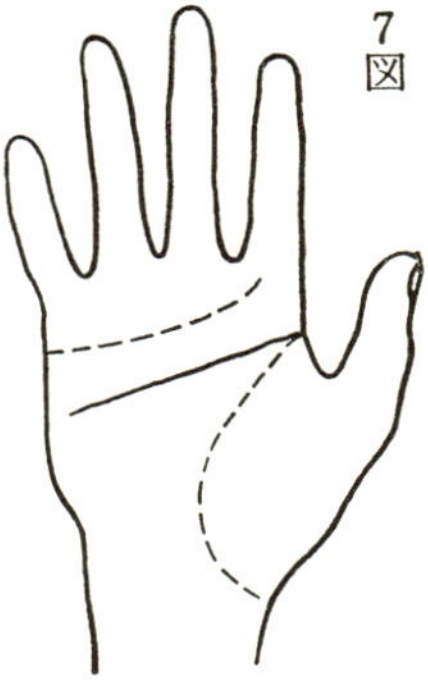

8図のように頭脳線が直線的に手を横切り、少し第二火星丘に上曲している人は、著者の実験によると、男子の場合、金融関係の仕事に携わっている人が多いようである。例えば、銀行とか証券会社とか質屋等がそれで、金銭的なことに関しては非常に鋭敏な知識を得る傾向がある。また、この相のある女の人はヘソクリを作る相で、大なり小なり自分自身の蓄財のあることを示す。

8図

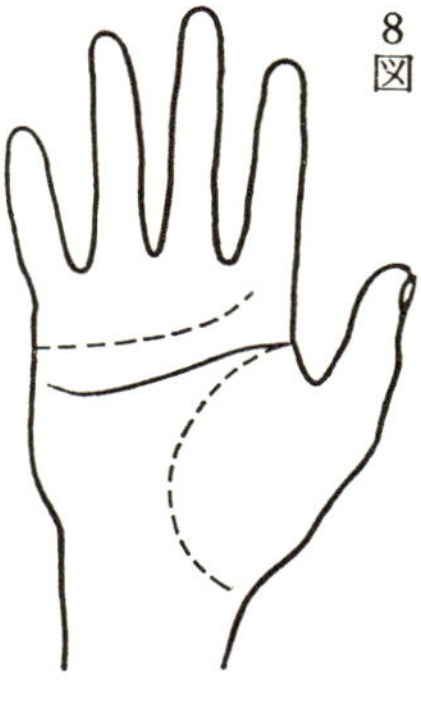

この相の人は、結婚などに対してもたぶんに打算的で、その対象も人間そのものよりも、それに付随する物質に置かれる場合が多いのが常である。頭脳線の末端が9図のように特殊な上曲を火星丘上に持っているのは、

9図

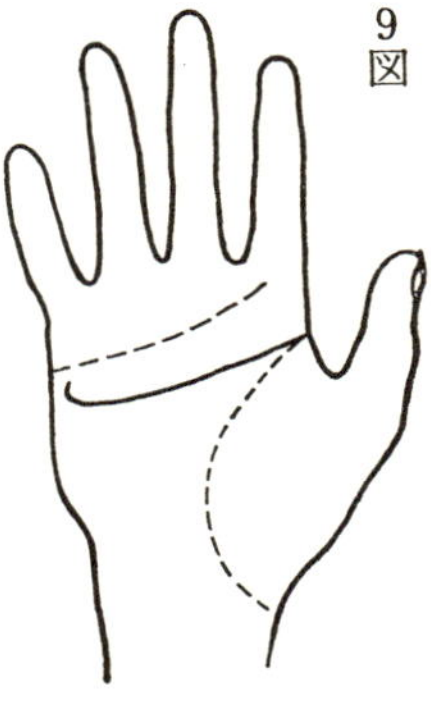

模擬性の発達した相で、しばしば有名な俳優の手に見受ける相である。しかし、注意を要することは、この上曲した線が、愛情線の中に入っているときは健康上の問題を示すことになる。これはメマイ等の発作を示すものとして注意を要する。

月丘に向う頭脳線

10図のように頭脳線が中ほどまで直線で、後少しが傾斜して月丘上部に向うのは、実際的才能と想像的才能の平均を示すものであって、冷静な頭脳と常識的な行動とは、社会の指導的地位を獲得する相ということができる。

10図

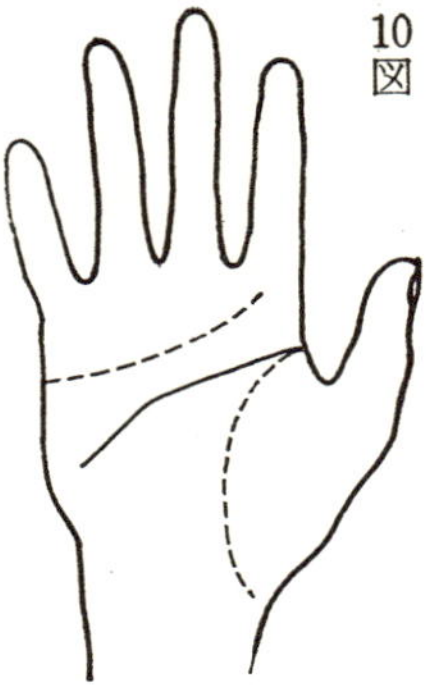

11図のように頭脳線が傾斜し月丘の中部の方向に向けられると、その性格はたぶんに想像的となり理想主義的となる傾向を示す。

11図

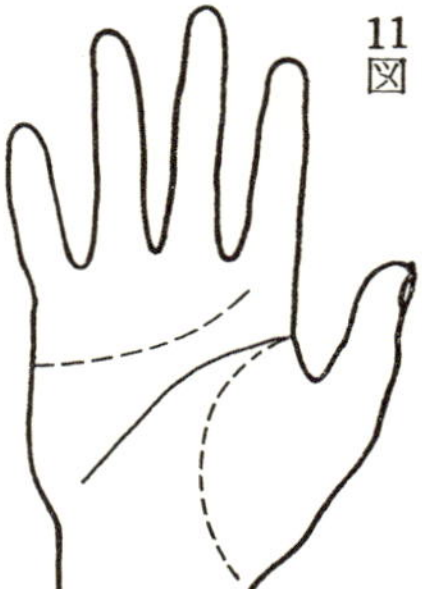

12図

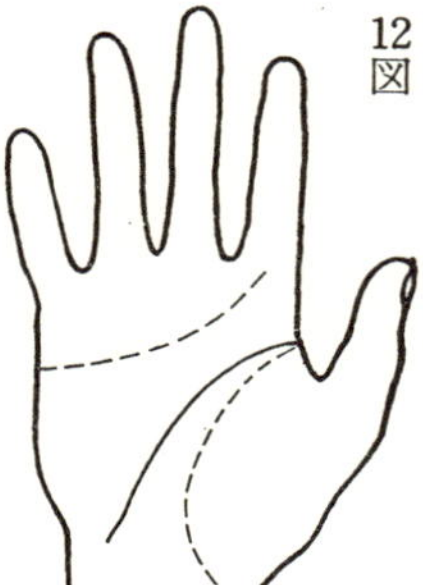

精神的方向に対する理解力は、この線が傾斜するほど大きく物事を単なる現実的な面だけで処理することができなくて必要以上に掘下げて考えるのが常である。したがって優柔不断となり、優秀な企画を持っても実行性を持たなかったりする。勤め人などにこの相の人が多いのも特徴である。独立的な仕事を持つ人や会社の社長等にこの相があった場合、多くは良い部下か配偶者の力にまつ点があると考えてよいであろう。

12図のように頭脳線が不自然なまでに月丘の下部に向っているのは、空想的、想像的方面には全く非凡な性格を持っている。この相の人たちは、交際するのにも、相手の服装や身だしなみを特に気にかける。そして粗野な人の言葉は一も二もなく信頼するが、自分に注意や意見がましいことをする人を好まない。また、この人が何か大きな心の衝撃を受けることがあると、その人の脳髄は平均を失って、発狂したり、自殺したりすることがある。

他の丘に向う頭脳線

土星丘に向うのは珍しい形ではあるが、全然ない相ではない。

13図

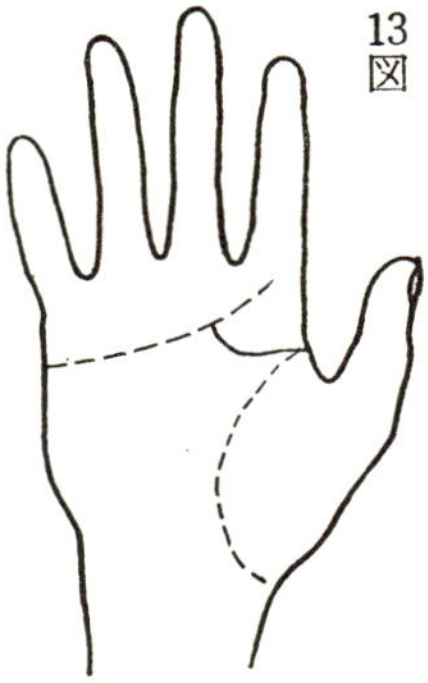

13図のように頭脳線が土星丘に向って上曲し、愛情線で止まるのは、頭脳的に障害を招く相であるが、致命的なものではない。また平常の性格は無口で物質的欲望の強い相である。

14図のように愛情線を貫ているのは、宗教的に狂信的な性格を示す相で、頭に致命的な傷を受けることも注意しなければならない。

14図

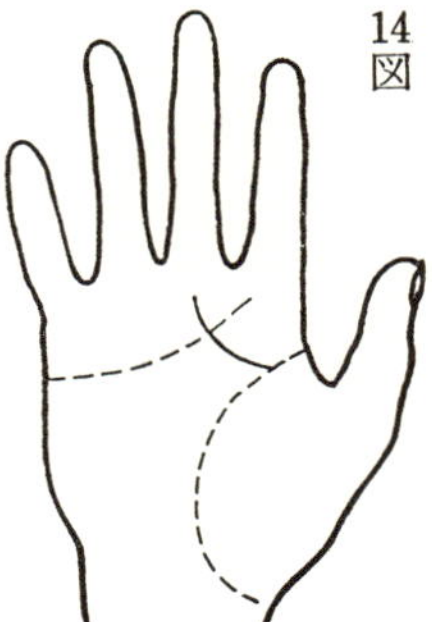

15図

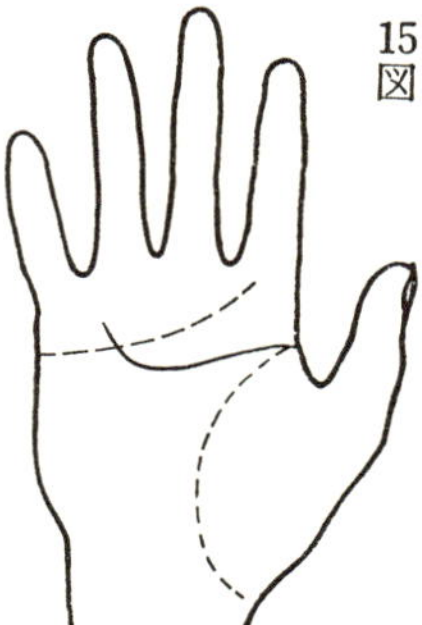

16図

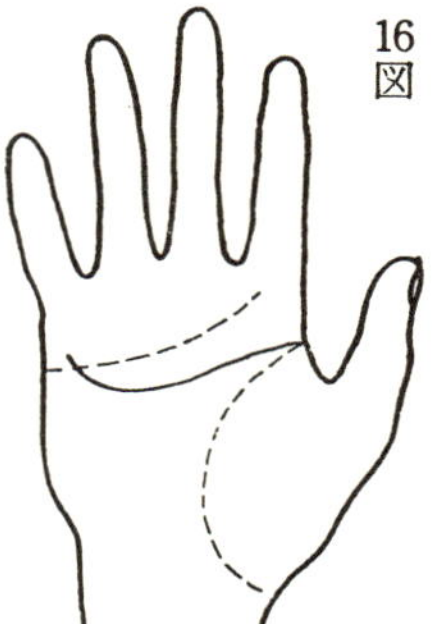

15図のように頭脳線が太陽丘に向って上曲しているのは、芸術的才能を金儲けの面で利用する性格を示すものである。

16図のように水星丘に向う頭脳線は、事件処理に対する特殊な才能と機敏な頭の働きを示す相で、弁護士や刑事等に向く相である。

頭脳線の長短

頭脳線の長短を決定する法則は、まず17図のように太陽丘の中央から垂直の仮想線を引いてその線のところで止まるのを平常の長さとする。短いのはそれ以内のところで止まるのを、長いのはその線外に伸びるのをいうのである。異状に長いのや異状に短いのは万全の相ではない。

頭脳線が直線的で手側から手側まで伸びている異状に長い頭脳線は、社会的な巧知を示すもので、金儲けの仕事に対してはすばらしい知恵の働く人であるが、人間的な温か味という点では若干欠けたところがある。

それに引き替え、頭脳線があるかないか疑われるほど貧弱な場合は、短命の表示として特に注意を要する。頭脳線が短いからといって知能が薄弱な相だと見る一部の手相家の説は、全く机上の推論であって、実際的手相家の言葉ではない。これらの線を有する人でも、特別に優れた才能はなくとも一般的知力を持つことは実験上明らかなことである。ただ考えられる特殊な点は、あるなんらかの心的障害を受けるとそれが死の原因となる可能性のあるということである。

17図

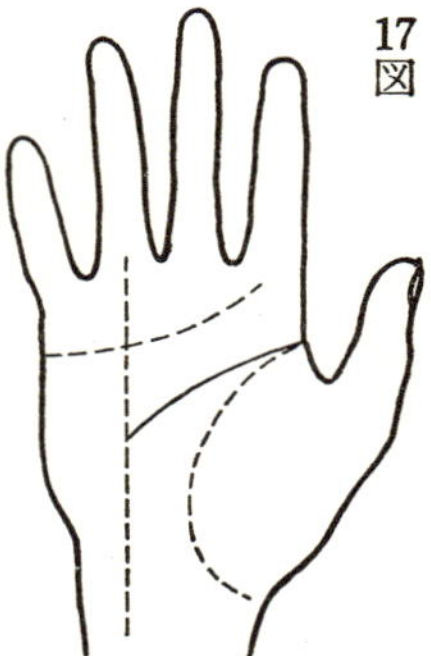

頭脳線の特殊な形態

頭脳線が形態によって特殊な才能を示すことは、かつて著者が日本大学の予科の生徒数百名を調査した際に感じたことである。その際、強く感じたことは、18図のように直線的な頭脳線の人は、数学方面の学科が得意の学生が多く、高等数学

18図

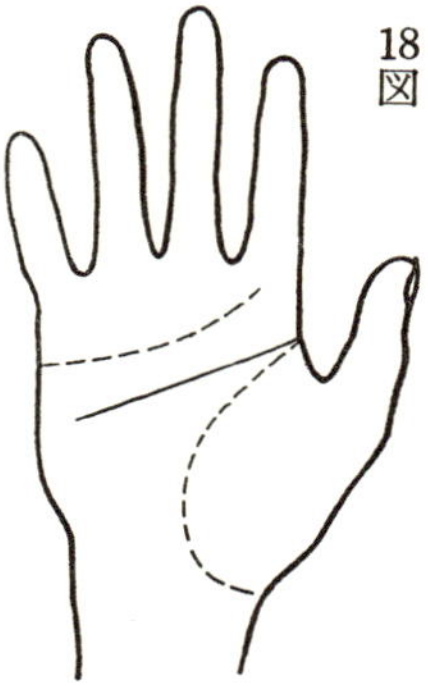

には特別の才能が見受けられたことである。
それに引き替え、19図のようななだらかな円味を持った頭脳線の人は、語学に秀でた学生が多かった。こうした研究は職業指導の面で役立つところが多いので一般の研究者もこれらの調査を根気よく進めることをお勧めする。またそうしたことが、新しい方面を切り開いていく一助となろう。

19図

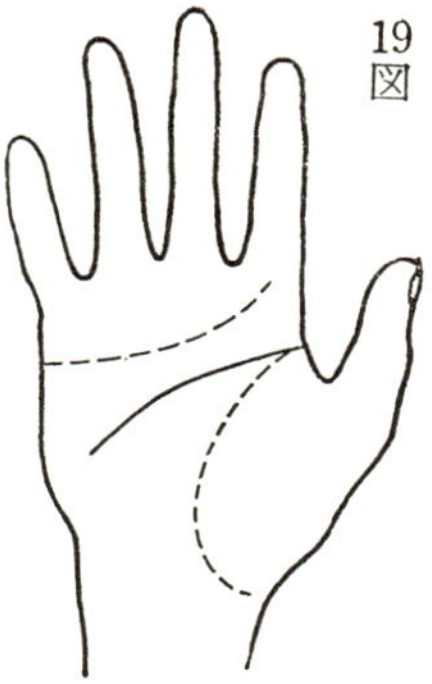

20図

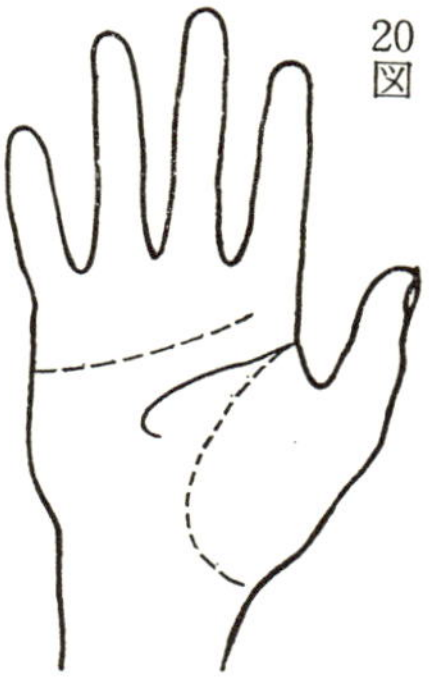

手の線の形態のうちには全く予期しないような変態的な相を持っていることがあるもので、20図などもその一例である。永い手相家生活のうちでも全くまれな線であったが、参考のため記すことにした。このような頭脳線は、見るからに元気のない人に見かける線であり、性格は依頼心が強く、何事にも自己の責任を取らないのが特徴で、卑怯な性格を示すものである。また頭脳線が生命線の側から発源していないで愛情線の下に同じように第二火星丘から発源し、生命線の近くで止まっているのがある。これは少年時代に激しい眼病をやったことのある相と見て差し支えない。

また21図のような頭脳線は、罪悪に対する非凡な才能を持った人の相とされ、幾多の実例があげられている。しかし、一般的性格としては、利己的人生観を持っていて、仕事に対しては常人のついて行けないところまで突き進んで行く傾向があり、資産や地位を作る可能性を持っている。その人生には浮沈が多く、仕事の面で敵を持つことの多いのが特徴である。

21図

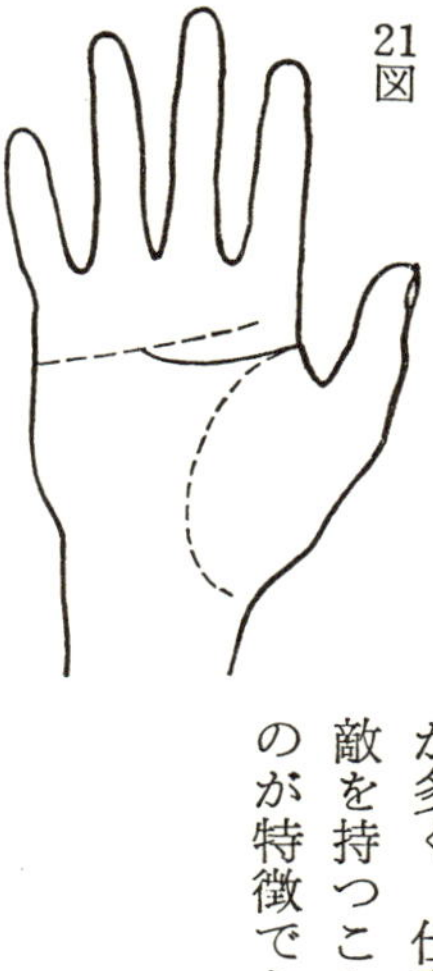

切れている頭脳線

頭脳線が切れているのは、なんらかの意味で頭脳線の示す意味を薄弱にしている。

22図に示すように頭脳線が切れ切れになっているのは、健康障害の一つであり、絶えず頭痛を訴える傾向があって一般的に頭痛持ちの相と見られているが、性格的特徴としては、判断力の欠除や優柔不断の傾向があげられる。

22図

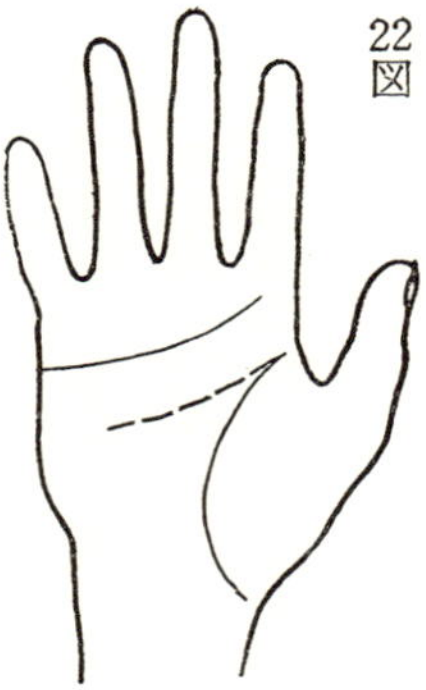

23図

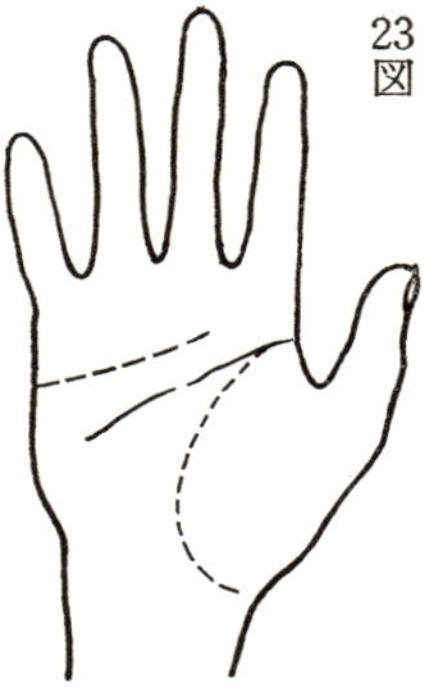

また一個所切れている場合、その切れている位置が非常に問題になるものであって、殊に土星丘の下で切れている頭脳線は、不吉な暗示を語るものと見られている。23図のように土星丘の下で切れている頭脳線は、頭の傷害で天寿を全うできず不慮の死を招く相とされている。しかし、この場合、生命線、運命線の状態をよく見きわめた上で判定しないと、完全な判断ができない。単なるこの線の切れ目だけの場合は、頭に傷害を受けるという判断しかできない。

また24図のような切れ目を示しているのは発狂の危険がある。

24図

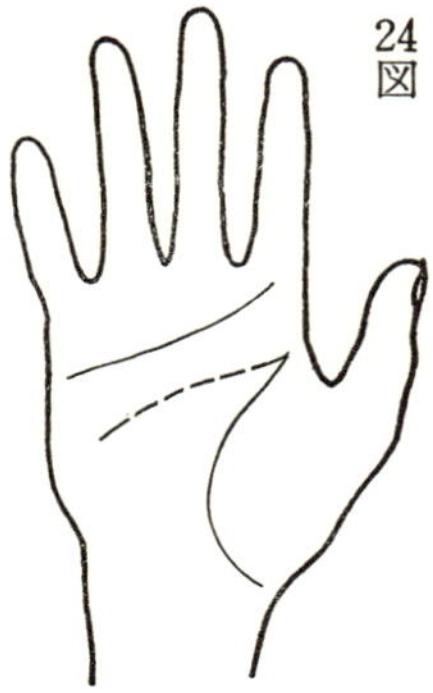

25図

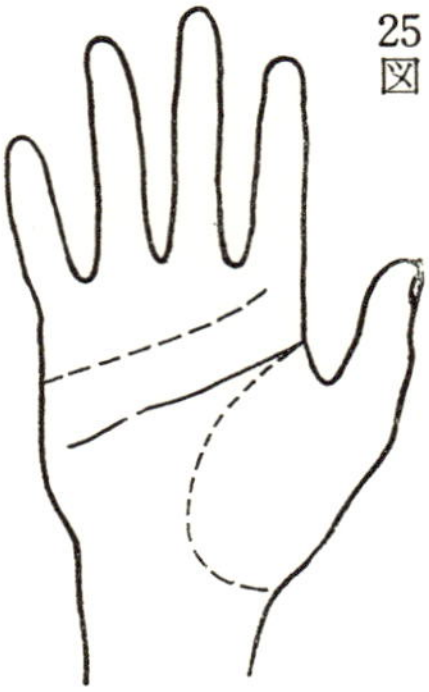

25図のように太陽丘下で切れているのは、日射病の危険を示しており、これが月丘に傾斜している場合は、恐水病の危険を示す。26図のよ

26図

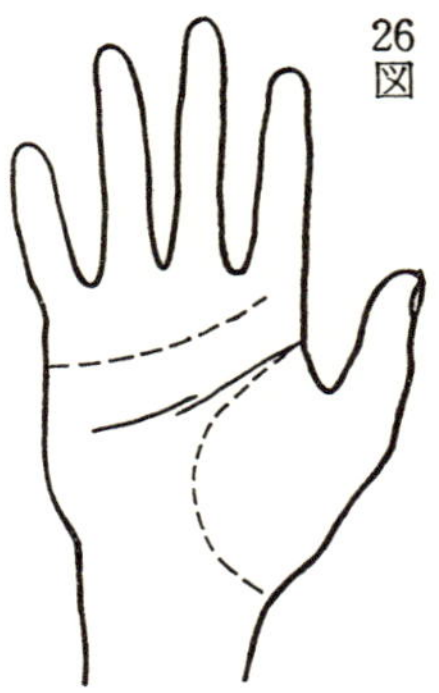

うに重なり合って切れているのは、どの場所で切れていても頭痛疾患にかかるが回復することを示している。ただし、発源点に接近していれば回復は早く、末端に近いところで切れているのは、遅くなって回復する相である。また鎖状形の頭脳線や波状形の頭脳線は、自己の希望目的の定まらないことや蒲柳の体質であることを示すものである。しかし、蒲柳の体質の場合は、健康線の特徴、爪等に注意を要する。

頭脳線から上昇する枝線

頭脳線から上昇する枝線が、27図イのように木星丘に上昇しているのは、自己の希望の通達を示すもので、良好な暗示をたぶんに含んでいる。

また27図ロのように食指と中指の中間に上昇する

27図

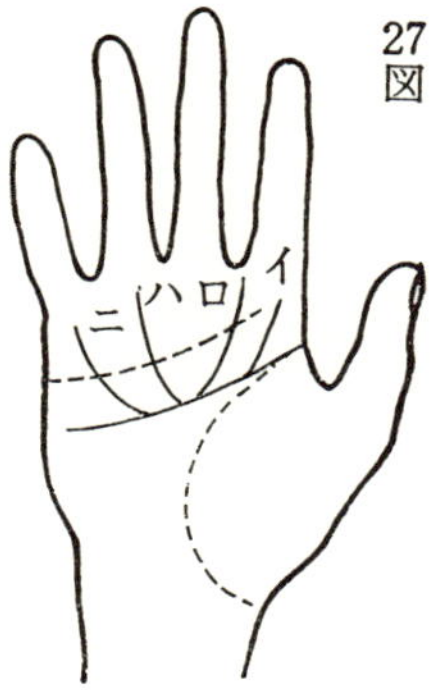

線は、特殊な野心を示すもので、その線に障害線が出ていないときは、その野心の達成を示している。また27図イのような線が一本でなく二本も三本も出ているのは、成功の度合の強いことを示し、物質的にも地位、名誉の上でも大きな成功が期待できる。

また27図ハのように、この線が太陽丘に上昇しているのは、手形の示す傾向によって大成功を示すものである。例えば、芸術的才能を示す手形の人に、この線があれば、芸術方面で大成功するといったようにである。

また27図ニのようにこの線が水星丘に上昇している場合は、発明・発見等によって大きな財産を得る相である。しかし、この線が二本出ているのは、商業方面で非常に成功する表示と見ることができる。

だが、これらの線に小さな横線や十字が出ていたら、それは希望や野心に対する障害を示すものである。

頭脳線下に出る斜線

28図

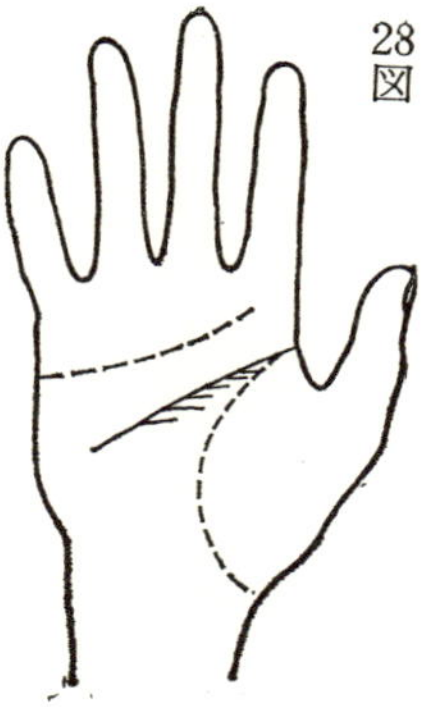

頭脳線から出る斜線には、28図のように親指球の方に向う小さな斜線と、その反対に向う小さな斜線がある。

29図

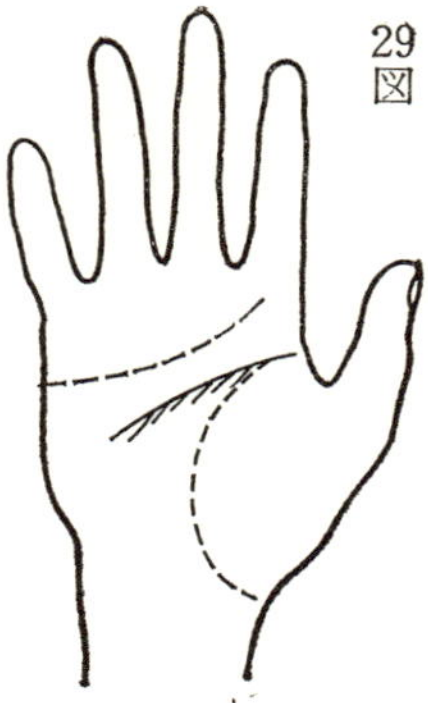

28図のような斜線は、社会や人生に対する懐疑的な思想を持った人に多く見かける相である。

それに対し、29図は比較的明朗闊達で愛されやすい性格を示すものである。

二重頭脳線

二重頭脳線はまれにある相であるが、もしこのような相があれば二重性格を示すものであり、一面は過敏で柔和であるが、他面は自信、冷静、残忍な性格を持つもので、多芸で言葉の言い回しの巧みさはその特徴である。

頭脳線の先端が分れている場合

30図のように頭脳線の先端が二股に分れているのは、その向う丘の性格が混合してくる傾向がある。

30図

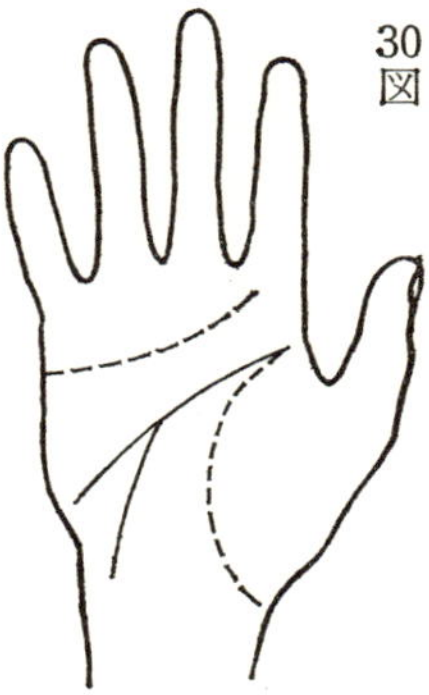

ただこの場合、月丘深く垂れ下がる頭脳線が月丘の下部で二分されているのは、空想癖、変態的な精神の錯乱症を示すものである。

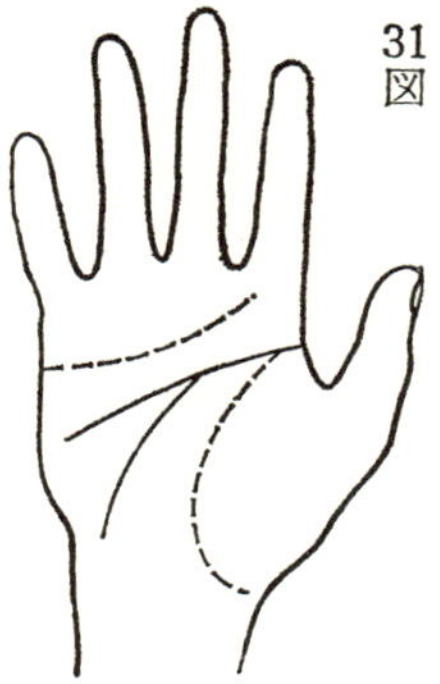

31図

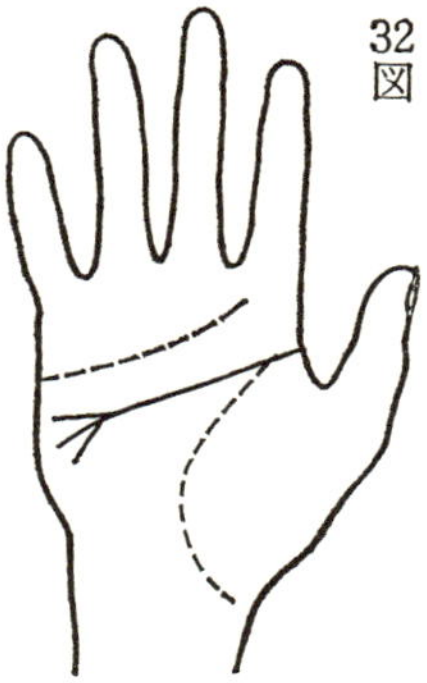

32図

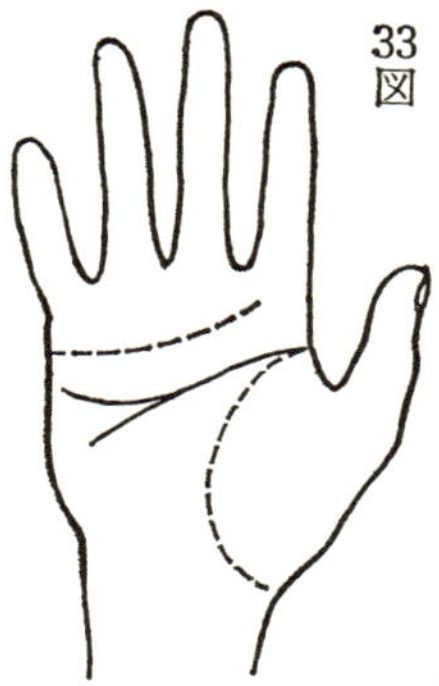

33図

31図のように頭脳線の一線が直線的に第二火星丘の下部に向い、一線は深く月丘の下部に向っているのは、空想的、想像的思想を現実化する力を表示した相であるが、物事に対して多少優柔不断の性格を持っている。また事業上の少しの失敗でも必要以上に神経質になる傾向を示すものである。

32図に示すような頭脳線は、文学や芸能方面で成功する才能を示すものであり芸術的な手や活動的な手の人は、この相があればその意味を強くする。

33図のような頭脳線は、自分の携わる仕事に異状な成功を招く相で、それには機を見るに敏速な性格が敬愛を招く原因を作ることになる。

愛情線

愛情線は一名感情線とも心情線とも称ばれ、恋愛や愛情の事項を示すものである。父母の大酒癖がこの線に関係を持つか否か——著者の研究によると愛情線自体には特別の変化は認められなかったが、1図のように愛情線の上部に横に走る雑線が出ているのがほとんどであった。たまたま愛情線上部の清浄な人は、その人が生れたころ、父が大酒を飲まなかったことをいっていることは、たぶんの興味を感じられたことである。また父が大酒家でないのにこの部分に雑線があるのは、祖父が大酒家であったという場合が大多数である。愛情線を記すに先立ち参考までに述べた次第である。

1図

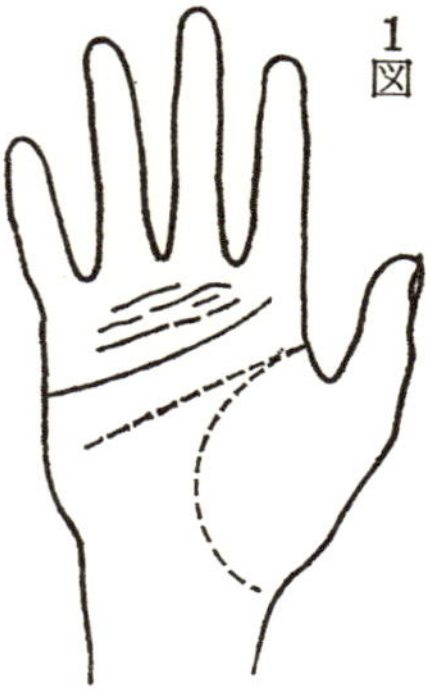

愛情線の発源点

愛情線の発源点は、生命線や頭脳線の例から推せば、水星丘下の側面から出発していることは、否定できない実際的推論である。しかし、発源点の正しい位置は、2図に示したように、小指の基底部から第一手首線までを四分して、上から四分の一の位置にあるのが正しい位置で、これより上から始まる場合は、水星丘の位置をせばめ、火星丘の範囲を強大ならしめるところから、その性格はたぶんに激情的となり、一般的なものとしては機知と敏速さに欠けることとなる。もちろん、正常の位置から発源するものは、愛情的に一応常識的で正しい愛情を示すものと見て差し支えない。

それに引き替えて愛情線の下について発源している場合は

2図

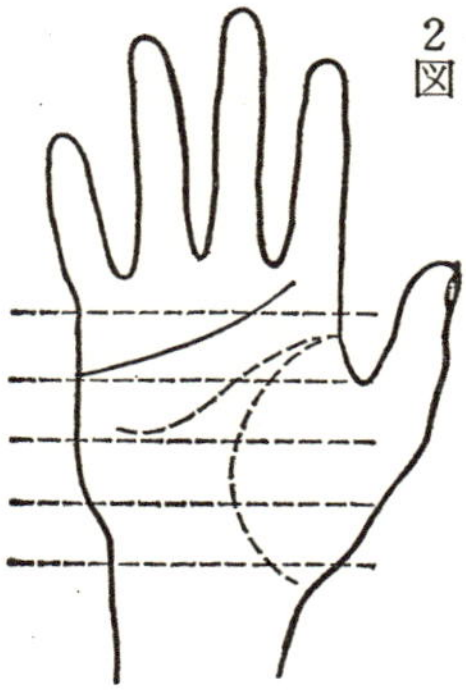

水星丘の範囲を増大せしめるところから、巧知を持って世渡りをする人で、企画性はあっても実行性の欠除した傾向を示すものである。

愛情線の終点について

愛情線の終点は多くの場合、木星丘と土星丘の中間、土星丘等で終っている場合が多いものであるが、その終り方も上昇して終る場合と下降して終る場合とがある。

愛情線の一番はなはだしい形としては、3図におけるように手側から手側に至る長い線の場合で、これは愛情の過剰を示すものであり、嫉妬心の人一倍強い相である。

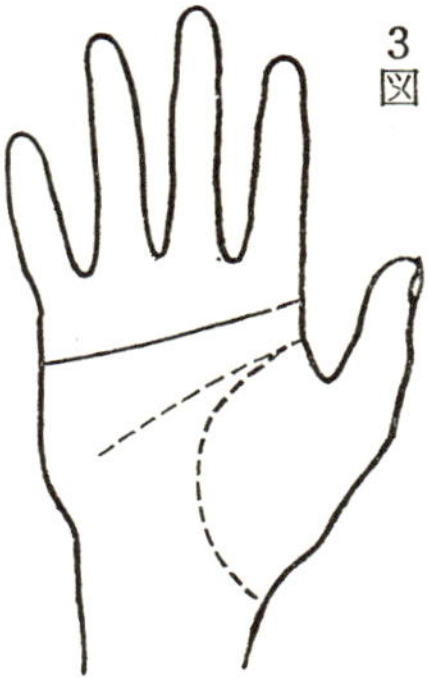

3図

また4図のように食指の基底部で終っている愛情線は、精神力が強く、すべての計画に熱心な傾向を示し、仕事の面では成功の可能性が多いことを示すものである。しかし、愛情的には異性を信じ過ぎ、相手の長所のみを見て欠点を見る目がなく、そのために相手が自分に対して裏切的な行為に出た場合、その精神的衝撃の大きいことを示すものである。

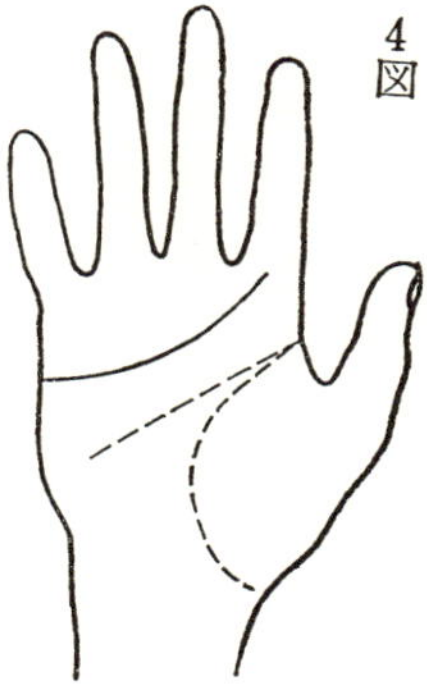

4図

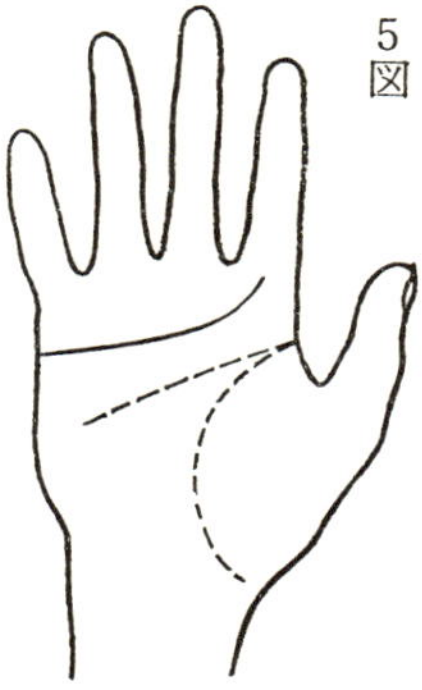

5図

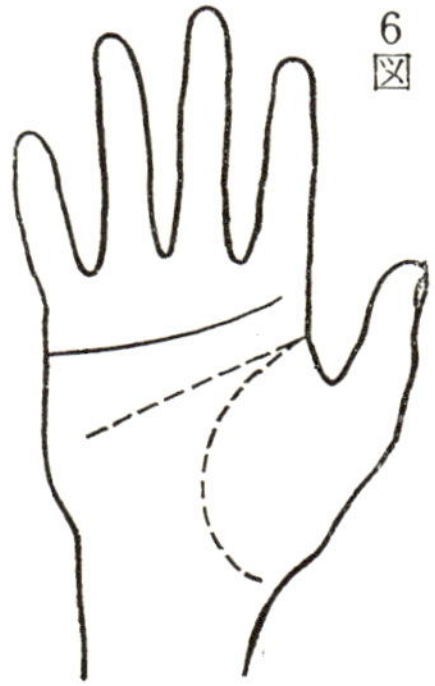

6図

次に木星丘の中央で止まる愛情線に二つの型がある。5図と6図に示すのがそれで、きわめて直線的である場合と、なだらかな弧線を描いているのがそれである。大体に木星丘の中央で終っている愛情線の特徴としては、恋愛に対しても結婚に対しても、非常にまじめで、軽薄な行為に出ることがない。また性格としては支配力が旺盛で、権力や地位を愛する念が強いのが常で、そのために結婚の対象も相手の社会的立場を考慮することが多いものである。しかし、同じ愛情線でも5図のようなのは愛情の技巧も円滑であるが、6図に示すような手相の人は、多少愛情の表現に欠け、男女の交際はもちろん、一般社交の面でも短刀直入的な行動に出るのが特徴である。

　愛情線が土星丘と木星丘の中間で止まっているのは、愛情を抑制する性格を示すもので、7図がそれを示している。この人たちは燃えるような情愛を内蔵しながら、それを露骨に顔や行動に現さない。したがって、恋愛も消極的であるが、愛情上の過失は普通の人より少なく古典日本婦人的愛情の持主だといえる。

7図

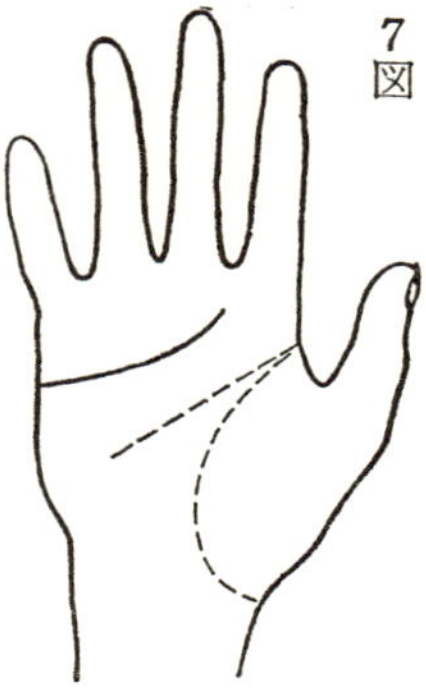

8図

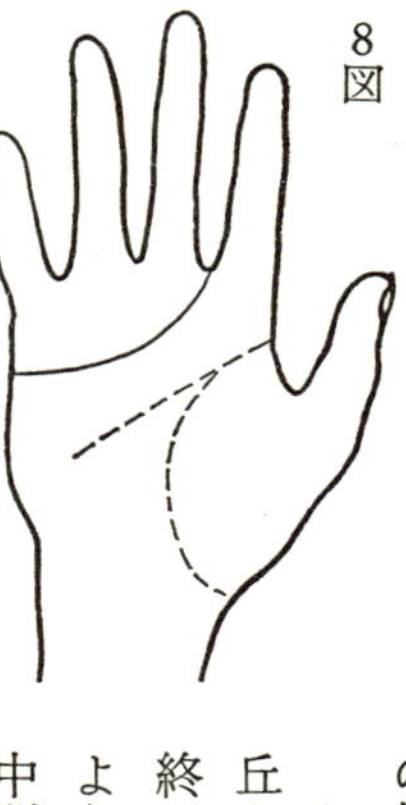

9図

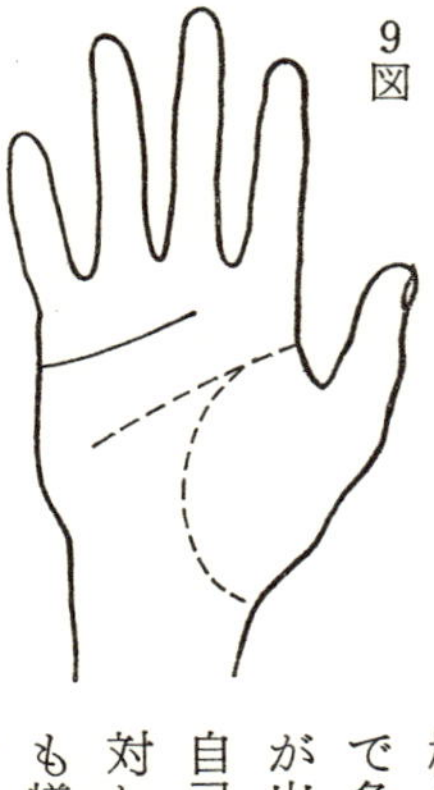

　しかし、同じ土星丘と木星丘の中間で終る線でも、8図のように食指と中指の中間に入っているのは、以上のような性格の外に交際上の面で多少変ったところが出てくる。例えば自己の信頼する人に対しては、どこまでも犠牲的、献身的な行動に出るが、自分のきらいな人との交際は好まない。しかし、この両者の相は、共に家庭の平和を強く愛する傾向を示し、大体に平穏な家庭生活を送るのが常である。

　東洋の古い手相学の信奉者が、8図のような線を弓箭筋《きゅうせんすじ》と称し、男は剣難、女は産難があるというのは、全く実際と異なることがわかるだろう。

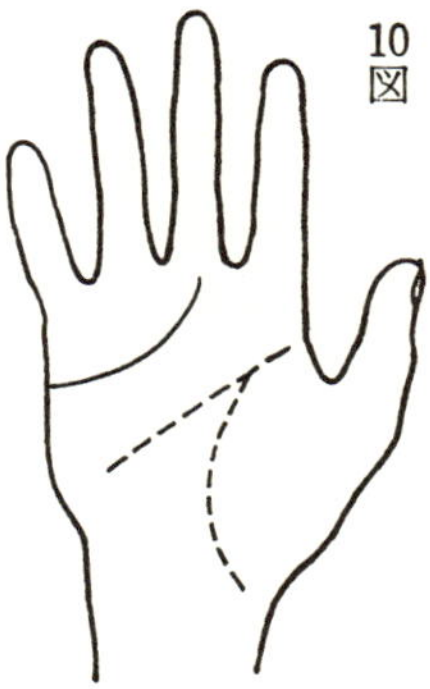

10図

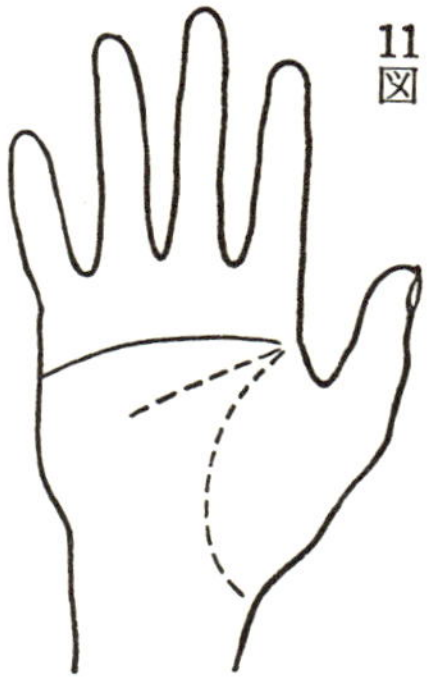

11図

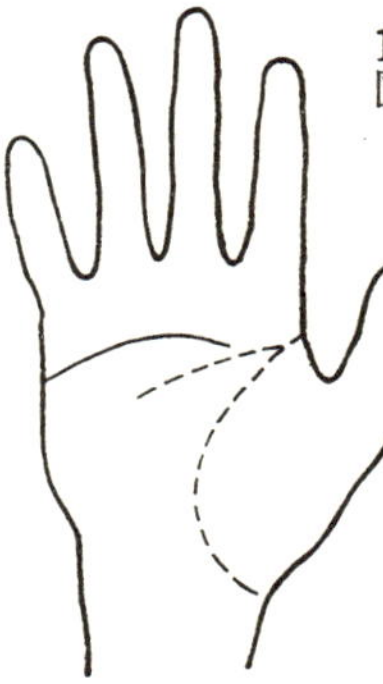

12図

愛情線が9図のように土星丘下で止まっているのは、愛情に対して激情的で、手が柔らかかった場合は、たぶんに好色的となり、手が堅かった場合は賭博好きな傾向を示すものである。愛情線が10図のように土星丘で止まっているのは、愛の事項に対しては激情的であるが宗教的な感情においては人一倍強くむしろ狂信的なところがある。

11図のように愛情線が下降し、頭脳線に触れているのは、異性に対して盲目的情熱を示す相であるが、その家庭生活は平穏だとはいえない。また、このような人は一般的には人が良く、だまされやすい傾向がある。

12図のような土星丘で下曲している愛情線は、愛情の点では無理を通したがる人であるが、幸福を得ることはできない。

愛情線の支線について

愛情線の支線は、その支線の方向により種々な問題を与える。13図のように愛情線が木星丘において小股で終っているのは、正直で正義感に富み、曲がった行ないはできない人であり、また愛情にかけても熱心で、まじめな考え方を持つ傾向がたぶんにあり、信頼できる人である。

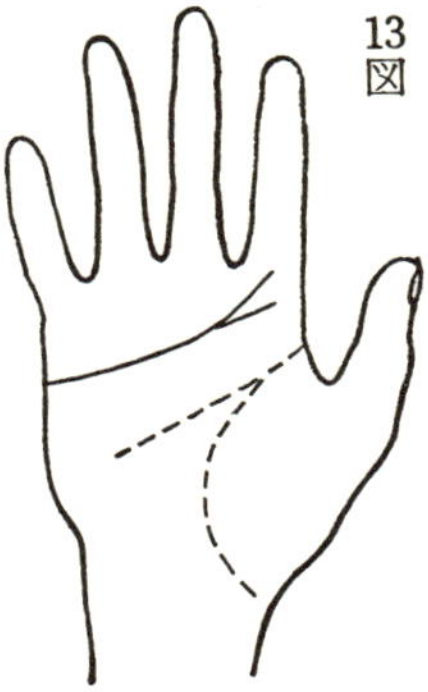

13図

また14図のように愛情線が一本は木星丘で止まり、一本が

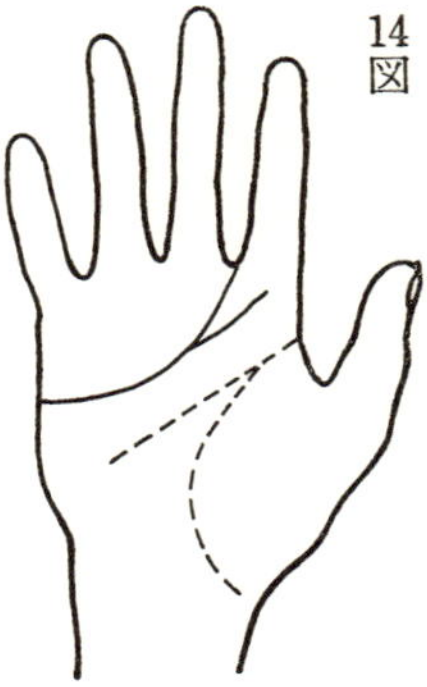
14図

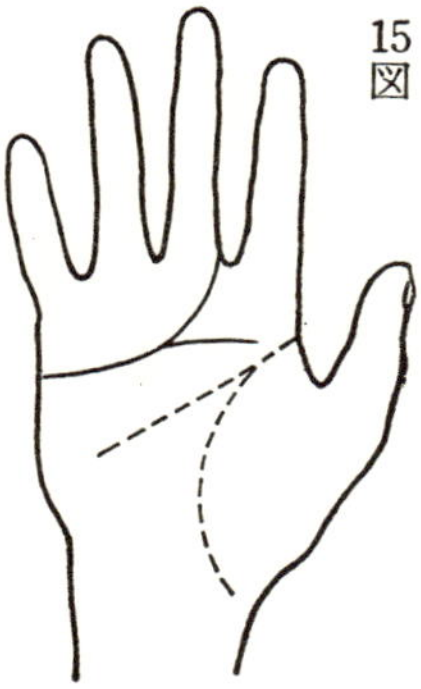
15図

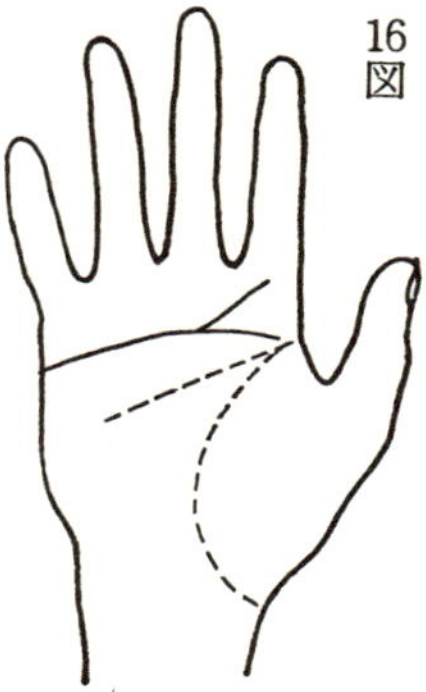
16図

食指と薬指との間に入っているのは、幸福で安泰な家庭生活を示す相であって、配偶者運も良く、愛情の幸福を示す相である。15図のような愛情線は奇知によって成功する傾向をたぶんに示すものである。

　しかし、これに類した相でも、16図のように一本が木星丘のところまで伸びていた場合は非常に矛盾した性格を示すことになる。この相は自己欺瞞者の相と見て差し支えない。

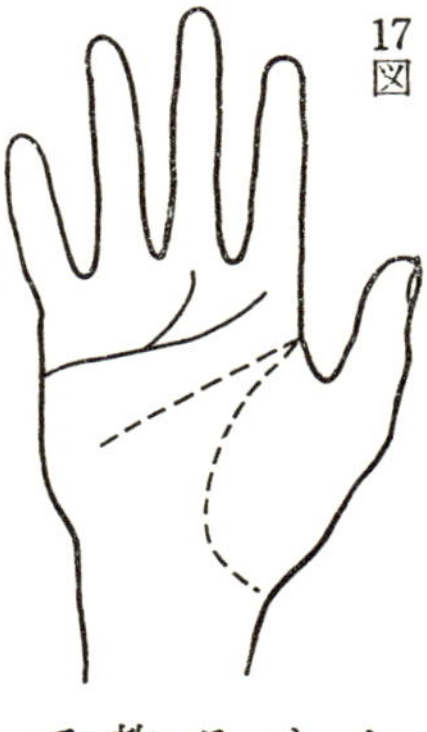
17図

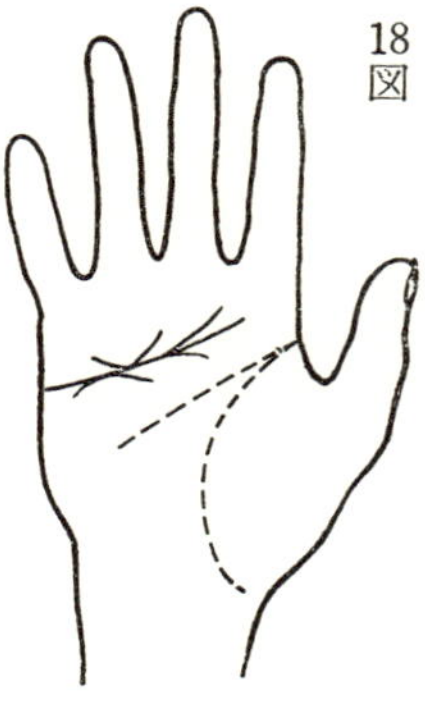
18図

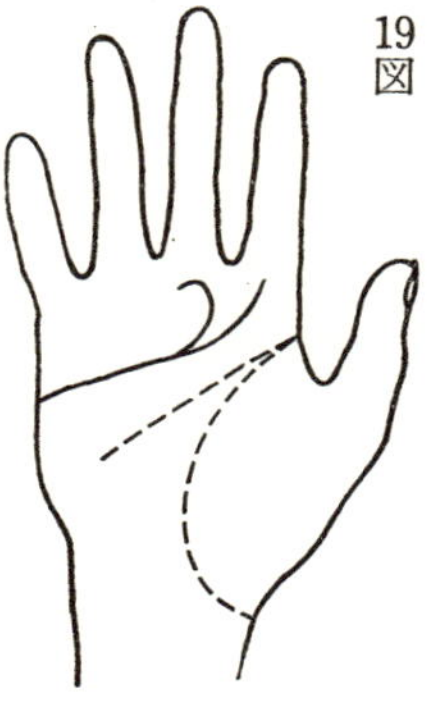
19図

17図は比較的に見かけない相であるがまれにはある形である。この相の人は宗教的には全く狂信的であり、何事も神や仏の摂理と考える宿命的思想の持主が多いことを示す。

　また18図のような愛情線は、恋人のために大きな失望を抱かせる相である。大体にこのような人は愛の点において肉体的なものより精神的な点に重点を置き、極端に潔癖である。それが相手を失望させることを知るべき

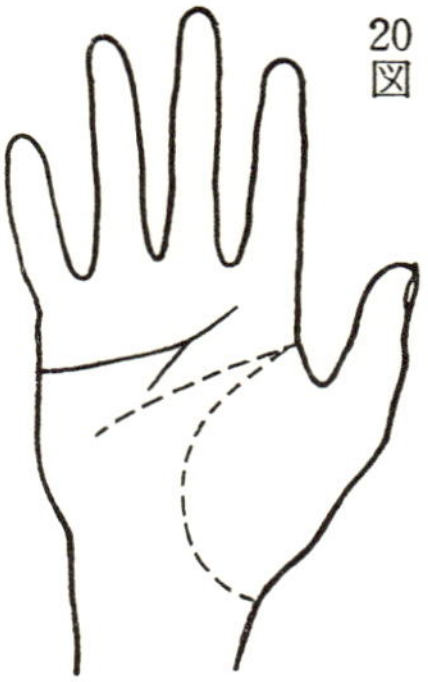
20図

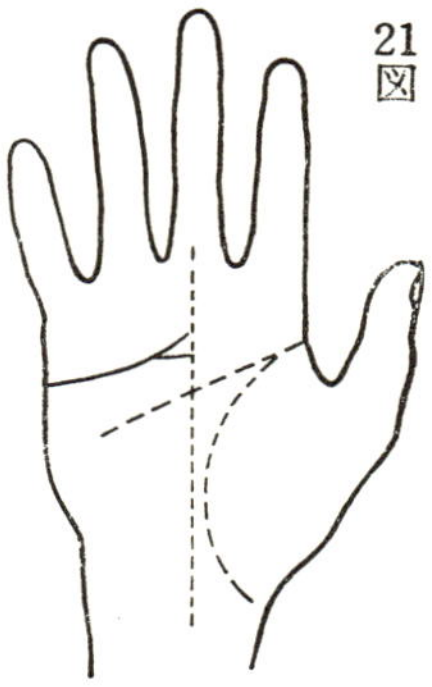
21図

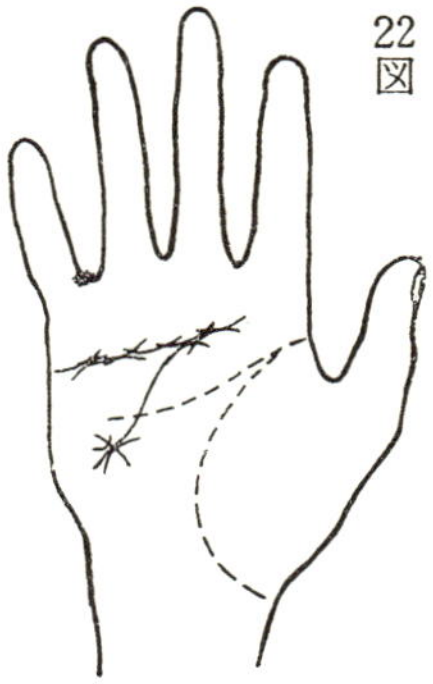
22図

である。

19図は道ならぬ恋情を示す相であり、配偶者のある人との恋愛とか自分が既に配偶者があるのに、他の異性と不純な恋に陥るといったようになることを示すものである。

20図は恋愛に対したぶんに打算的な傾向を示すものである。

21図のように二股の愛情線が運命線で止まっているのは、後家相の一つで中年期に配偶者と死別か生別する相である。

また22図のような相は色情の点で異状な相で、これは遺伝的な傾向をたぶんに持っている。

愛情線と頭脳線の間隔

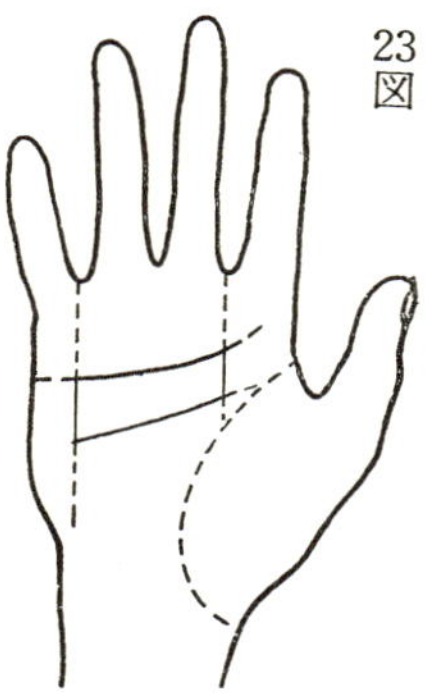
23図

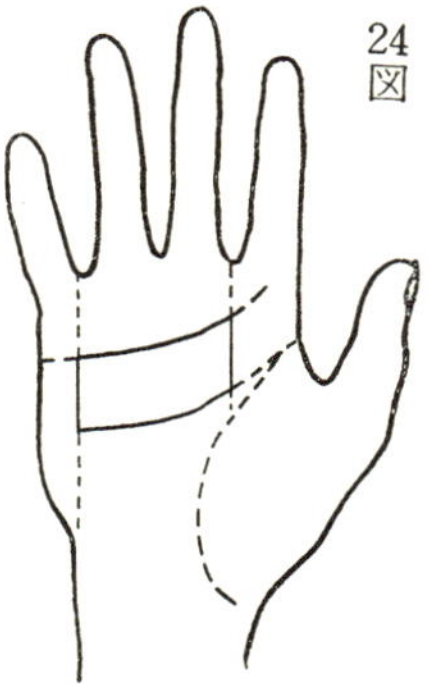
24図

愛情線と頭脳線との間を方庭と称し、性格判定上の重要な役割を持っている。

23図のように両線の間隔が非常に良い形の方庭をなしている場合は、落ち着いたしっかりした忠実な性格を示し、充分に信頼できる人であることを示すものである。

24図のように方庭が広く、底部で凹《くぼ》ん

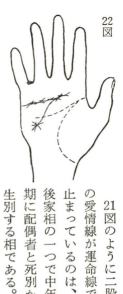

25図

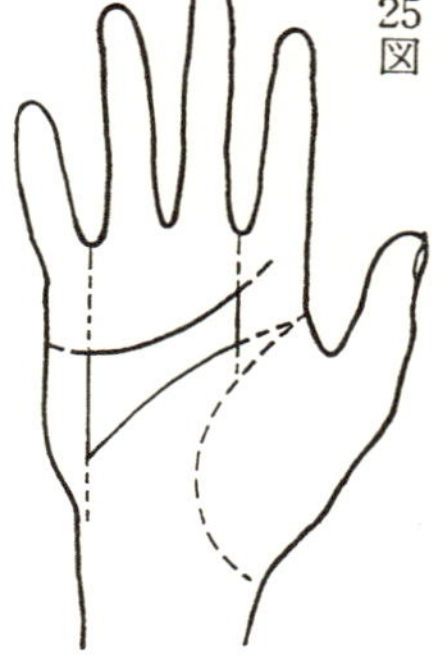

26図

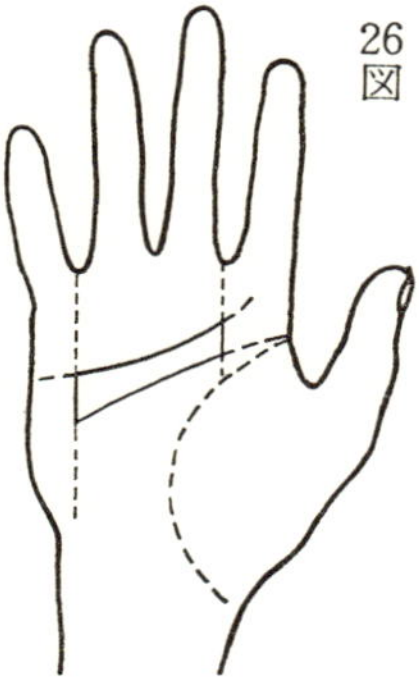

でいるのは、強大な独立心を示す相であって、早くから独立的な生活に入ることを示している。

25図のような方庭すなわち、両線の間が極端に狭く両側が広くなっているのは、他人の批判を気にする神経質な性格を表示するものである。

26図のように両線の間隔が狭いのは雅量に乏しい人で、何事にも感情的な人である。

愛情線が鎖状形のとき

27図のように愛情線が鎖状形か乱れているときは浮気や情事で絶えず問題を起すことを示している。

27図

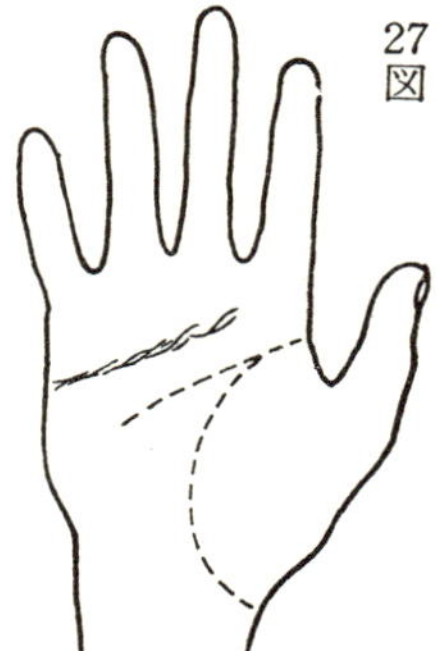

28図

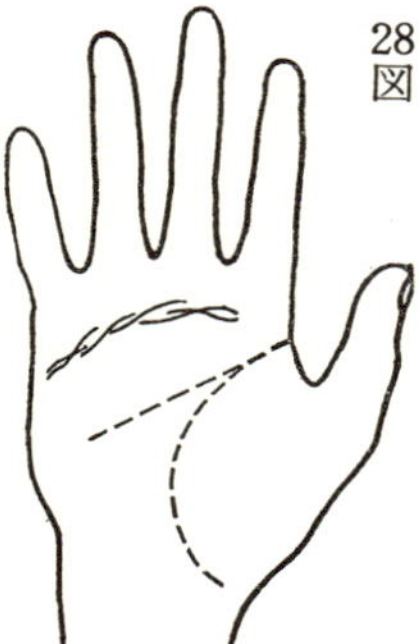

しかし、生命線や健康線に病気の徴候が見受けられるときは心臓病の相である。

またこのような線が土星丘で終っているときは、異性に対して冷淡な性格を示すものである。

28図のような愛情線は、異性に対して軽蔑する態度を示すものであるが、もし手形が悪いときは、性的な悪癖を示す。

愛情線の切れ目

愛情線の切れ目は、愛情の失望を予告するものである。しかし、それもその切れ目の場所により、その表示する意味が異なる。

29図

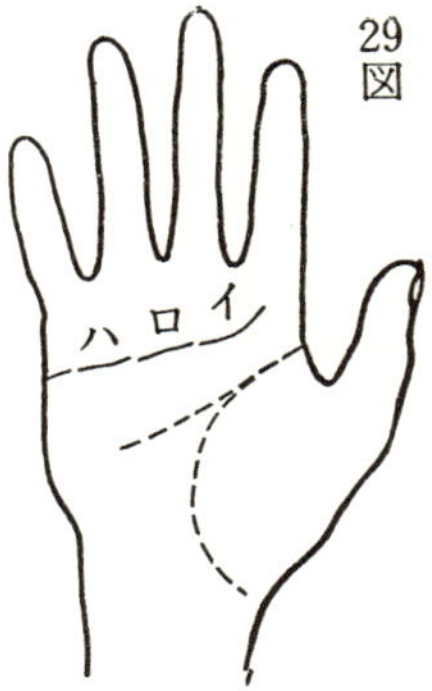

29図イのように土星丘の下で切れているのは、恋愛が、ある運命的事情のために破れることを示すものである。ロのように太陽丘の下で切れているのは、気まぐれのために破恋を招く相である。ハのように水星丘の下で切れているのは、利己的な性格から恋の破綻を招く形である。

愛情線が無いのは

愛情線が全くないか、または非常に薄弱なものは、深い愛情を感ずる力に欠けている。しかしながら、非常に好色家であり、特に手が柔軟なときは、その判断を決定的なものにする。

二重愛情線

30図

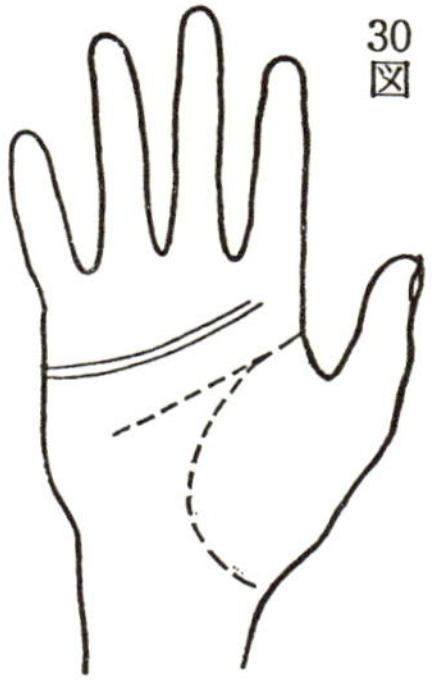

30図のように愛情線が二本現れているのは、健康的にも人一倍強壮なところがあり、女性は婦人病などに絶対かからない相とされている。また、この相の人は愛情的に大きな悲しみに出会っても、それに耐え得る強い気持ちの持主でもある。

愛情線の先端

愛情線の先端が針の先のように細く、将来発展するであろうと思われる傾向を示している場合は、その人の運命も発展途上にある相であり、前途が期待できる覇気と努力性とを持った人である。それに反して先端が太く止まっている場合は、すべて運命的に上伸性を失ったことを示すもので、現在以上の成功は困難な相である。

愛情線から下降する線

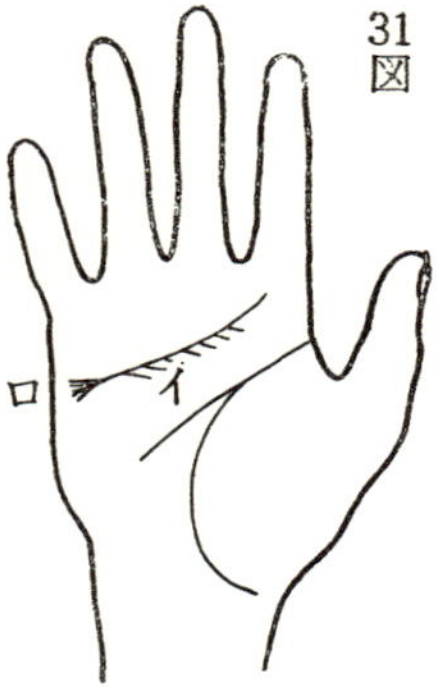

31図

31図イは一般に多情多恨の相だとされている。しかし、実際は必ずしもそうした相だとは断言できないものがある。なぜかというと、そのような点を抑圧する素質が手相の面でいかに表示されるかが問題になるからである。しかし、この相の共通的性格として考えられることは、人を歓待し、すべてに好意をもって接するという点であり、交際的に気受けの良い性格を示す。

またロは子供の有無を示す線であり、この線が全然見受けられない女性は、子供縁に恵まれない場合が多く、この線がたくさん出ている女性は、子供縁の厚い場合が多いものである。しかし、子供の問題については後で詳細にふれよう。

桝《ます》かけ紋についての研究

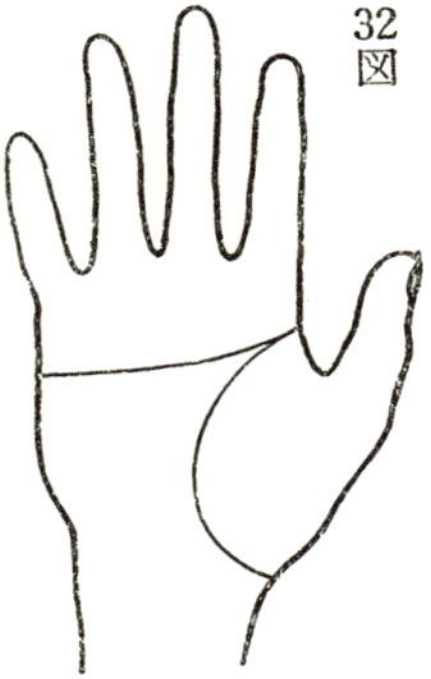
32図

頭脳線と愛情線が32図のように一本になっているのを桝かけ紋と称び、東洋流にいえば巨福を積む相といわれており、また欧米では執着力の強い相だとされている。そこで、自分の今までの実験生活から見ていかなる判定が正しいかというと、この相を持つ者は、事業的才能を持つ者が多く、企業家的色彩が一般に強いのが常である。事業計画には特異な才能を有し、仕事のためには寝食を忘れるほど熱心であるが、その仕事が一応軌道に乗ると熱意を失い、更に新しい企画の実現に努力するといった傾向がたぶんにある。しかし、部下運にはあまり恵まれず、自分の満足のいくような部下を得ることができない。

33図

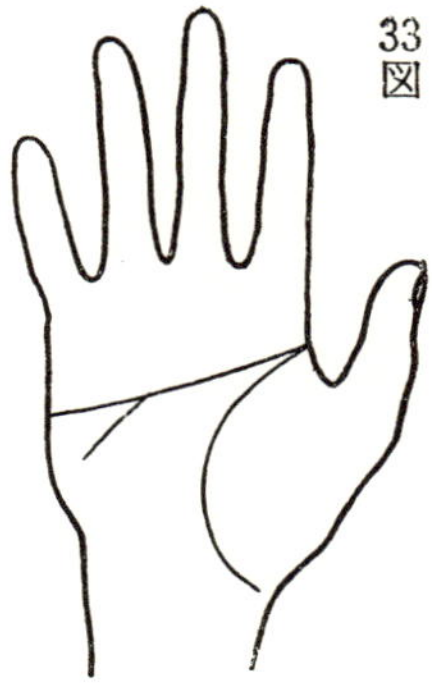

殊に活動的な手、芸術的な手にこの相を有する場合は、特にこの傾向は著しい。しかし、実用的な手の場合は、事業が軌道に乗ってからも事業的興味を持続するものである。

同じ桝かけ紋でも、33図のように途中から枝線の出ている場合は、32図と相似した性格、運命を持っているが、常識的で人情的な点が異なり、部下運についても多少恵まれる傾向を持つ。

×

三大線の見方については、以上で大略を述べたが、次にその他のいくつかの重要な線について記すことにしよう。

運命線

運命線は雑線中でも重要な線であり、土星丘に向って上昇する線をいう。ここで注意を要することは、この線があるから必ず運が良いとする従来の見方は誤りであり、その良否は、運命線の方向、良否、手形のいかんによって決定されるものだということである。またテノヒラ全体の血色の良否や線自体の力の問題も重要なのである。また運命線が手に見られないからといって、その人が幸運に対するチャンスがないとはいえない。その場合、頭脳線が運命線に変るべき重要な役割を果たしている。

運命線と手形

運命線が非常に出やすい手と出にくい手のあることは、手形と線について研究したことのある人の等しく認めるところであろう。こうしたことから考えたとき、運命線が出にくいと思われる手にある運命線は、出やすい手にあるものよりも重要な役割を果たすものといえるのである。これを更に具体的に述べると、哲学的な手、芸術的な手、空想的な手の三つの型の場合は、手の形態のもたらす必然的な結果として運命線のような縦《たて》に上昇する線が多く、原始的な手、実用的な手、活動的な手の場合は、それに比べて上昇する線はきわめて少ないのが常である。

運命線と生命線の間隔

以上で、運命線を見るについての予備知識を得たであろうから、次に運命線の見方を説明することにしよう。

運命線の見方で一番重要なことでありながら一般に見過ごされてきたことは、運命線と生命線との間隔が広いか狭いかということである。

運命線が1図イのように生命線に接近して出ているのは、神経が過敏で空想性が強いために、成功を逃す傾向を示すものであり、それに対してロのように運命線が生命線と離れているのは、運命線の形としては理想的な形である。このような運命線の持主は、恵まれた幸運を示すものである。

1図

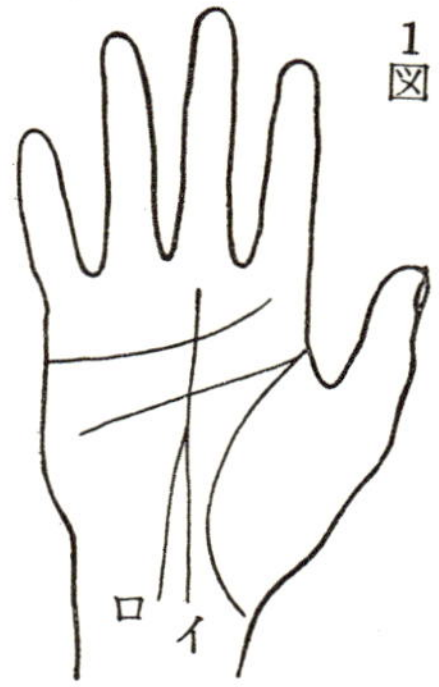

運命線の出発点と終点

運命線は長く明瞭で、切れ目や乱れのないのが良いとされているが、注意を要することは、出発点は手首線の上から出ているのが良く、手首線の内部から出ているのは決して良好な相とはいえないということである。これは本人に対して非常に悲しい運命を約束する不吉な傾向を示すものである。それに引き替え、手首線の上部から出ている運命線は早くから幸運に恵まれること、責任を双肩ににないうことのあることを示すものである。

またその終点も中指の内まで伸びているのは、本人に不名誉な事件の起る相であるし、中指の手前で止まっていることが理想的な形なのである。また運命線の長く明瞭な婦人は、多くの場合、孤寡の運命を示すものである。その場合、頭脳線が男性の手に見かけるように、長く強く明瞭であれば、その傾向を強くすると考えてよいであろう。

運命線の上部と下部

次に運命線の上部と下部による運命の状態を異にする点であるが、これにはまず親指球の中心に一点を置き、それから水平に一線を引き、その線から上を上部とし、その線から下を下部と定める。

2図

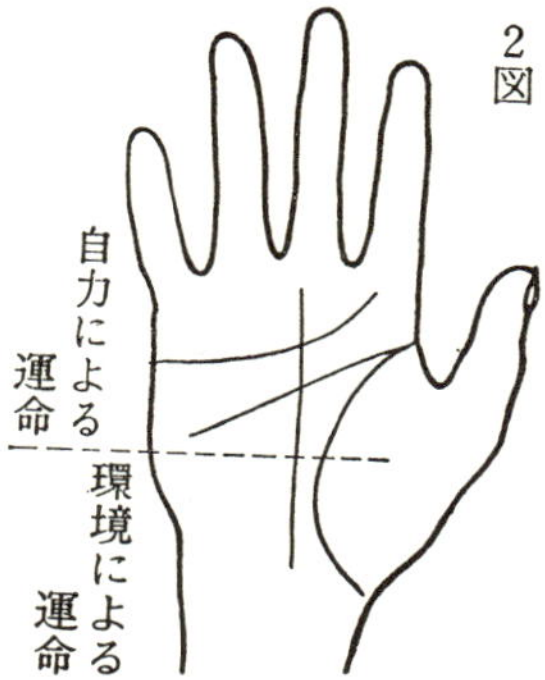

上部は自分自身の才能や努力による運命の傾向を示すもので、下部は少年期における環境の良否を示している（2図）。

運命線の発源点

運命線の発源点については前項で少し記したが、次にその詳細について述べることにしよう。3図イのように手首線の上部から発源する運命線は活動的な手の人にはまれにある相で、一般的には芸術的な手の人に多く見かけるものである。この人たちは運命に対してある程度狂信的で、何事も運命的に考える性格が強く、運気の良いときはどこまでも強気な代りに、運気が一度凋落《ちょうらく》すると極端に弱気な性質になるのが常である。しかし、比較的幸運の機会を得ることが多く、手腕や才能以上の成功をする場合が

3図

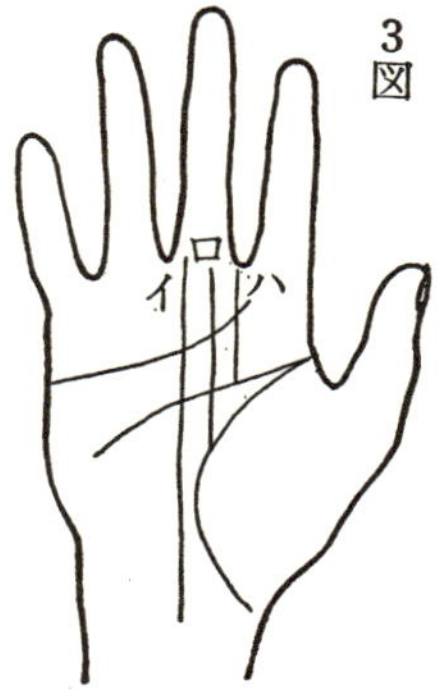

多いものだが、その原因の一つは、その両親の社会的地位の影響によるものである。ただし、運命線が幸運を示していても頭脳線が良い相で

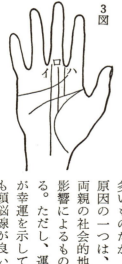

なければ成功の永続性は期待できないものである。運命線は良いのに貧困生活に苦しんでいる人たちがいるが、頭脳線の形状が不良の場合が大部分である。

3図ロのように生命線から発源する運命線は、活動的な手、実際的な手の人に一番多い相であり、この人たちはいかなる過酷な運命の試練にも耐え得る人で、いかなるときでも希望を失わない良い人生観を持つものである。

3図ハのように頭脳線から発源する運命線は、その人の持つ才能から成功する相で、頭脳線の傾向と手形によって、その人がどんな仕事の分野で成功するかが明瞭にされる。しかし、実験上の結果として注意を喚起したいことは、たとえ、このような線があっても木星丘が発達していないときは、頭の働きは鈍いほうで、才能による発達の相とは見られず、ただ三十五、六歳ごろから成功の機会に恵まれるものと判断できるのである。

次に4図イのように愛情線から上昇する運命線はきわめて地味な仕事で晩年成功する形で、決して投機的な仕事では成功しない。農業とか科学とか、困

4図

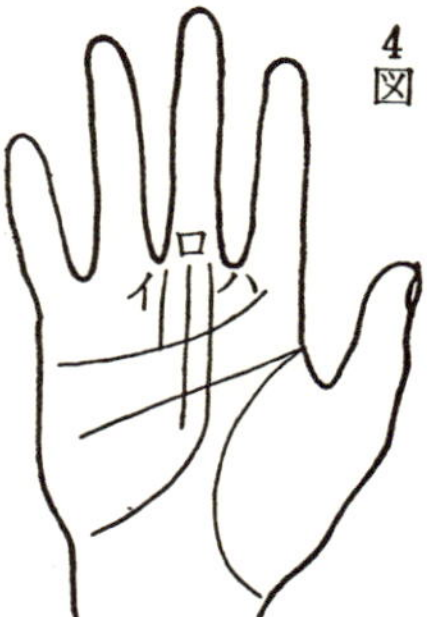

難な仕事で着々と成功の地盤を作っていくのが常である。

テノヒラの中央火星平原と称ばれるところから、4図ロのように上昇する運命線は、非常に困難な生活を示すが、第三者に利せられることなく、強大な生活力と忍耐のおかげで後半生を成功に導く相である。

4図ハのように月丘から上昇する運命線は、幸福な恋愛を象徴するもので、異性の利益を土台としての成功とか、第三者の気分的な援助による成功を示すもので、私の経験からすると、芸者のような職業の人は、例外なくこの線を持っている。しかし、芸者以外の職業の人でも、この線があることは占者の銘記しなければならないところである。

5図イのように金星丘から発源する運命線は、親類が本人の生活を支配していることを示し、心配するような物質的苦労もない代りにすばらしい成功も

5図

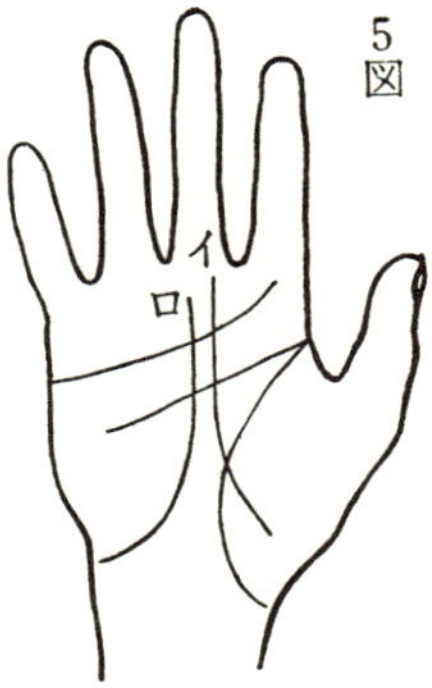

期待できない。

5図ロのように月丘の底部から弧線を描いて上昇する運命線は、直感力の優れた人の手に見受けられる。この相の人は投機的な仕事には特に才能があり、事業家としても勘の良いところから失敗することの少ない人である。しかし、その場合、食指、中指、薬指の三本の指が円錐形であるのが常則である。

運命線の終止点

運命線の終止点の位置は、非常に重要な役割を持つものであり、それを正確に見取ることが、正確な判断を生むことを忘れてはならない。

6図イのように頭脳線で止まっている運命線は、頭脳線の良否によってたぶんに意味が違ってくる。頭脳線が悪いときは、考え違いや見込み違いから失敗や損失を招く相だが、頭脳線が良いときは、決して以上のような判断は下せない。むしろその正反対な現象すら出ることがある。

6図ロのように中指の中にまで運命線の入っているのは、運命線の終止点としては一番悪い印であって、女性ならば配偶者に早逝される相であるし、男ならば痛ましい人生を語るものである。

6図

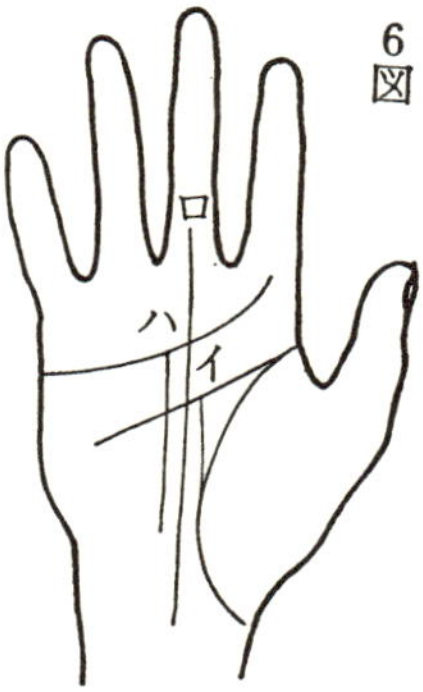

7図

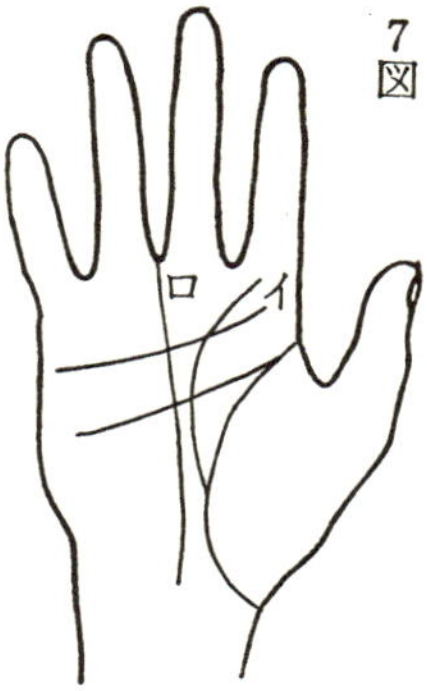

6図ハのように愛情線で止まる運命線は、社会的に相当の地位についている人が多いものだが、一般の手相書には愛情的過失から運命上に多大の障害をきたす相とされている。しかし、それらの判定は、愛情線自体が悪い場合にいえるので

あり、愛情線の良好の場合には的中しないものである。

７図イのように運命線が途中からカーブして木星丘に向っているのは、名誉や地位を得る吉相であって、社会的に著名になることを示すものである。７図ロのように指と指との間に流れている運命線は、浪費家で、収入の多い割に財を保つことのできないことを示す。

運命線の切れ目と乱れ

運命線の切れ目は、男子の場合、職業の変化、事業の失敗、居所の変動等を示すときが多く、女子の場合は、配偶者との死別生別、生活環境の変化等を示すときが多い。そしてその切れ方によってその衝撃の軽重が決まるのである。例えば、のように完全に切れているのは衝撃が大きく、失業した場合も次の就職までに時間がかかるとか、事業上失敗した場合も立直りが遅いといった現象が出てくる。それに比べてのように重なり合って切れているときは衝撃が少なく、失業する前に勤め先が決まっていたり、仕事上の失敗があっても致命的なものとならない。また切れた個所の非常に多い場合は、その人の人生過程が苦難に満ちていることを示すものである。

乱れている運命線は、切れ目を持つ運命線より一層悪く波乱に富んだ生涯、苦難の連続等を示す。その上細かな横線がたくさん出ていたら、常にイライラした神経過敏な性格を示すものである。

二股の運命線

二股の運命線には二つの場合がある。下のほうで二股になっているときと、上のほうで二股に分れているのがそれで、下のほうで二股に分れているときは、運命線の流年からいって十八歳から二十歳位の所で一本になっているのが理想的な印である。

また上のほうで二股に分れているのは非常に良好な表徴であり、成功を約束する吉相であるときが多いものである。

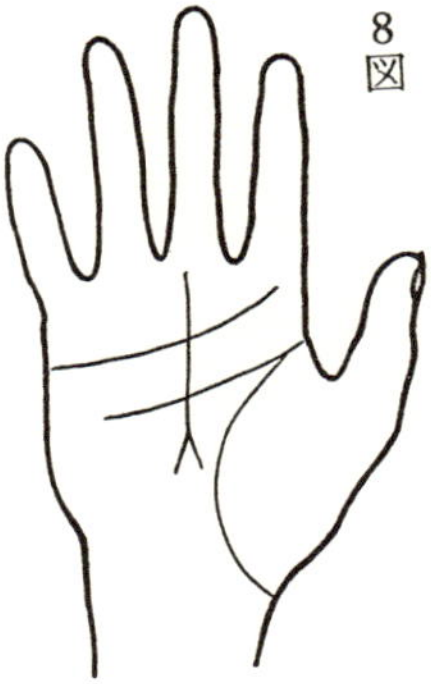

8図

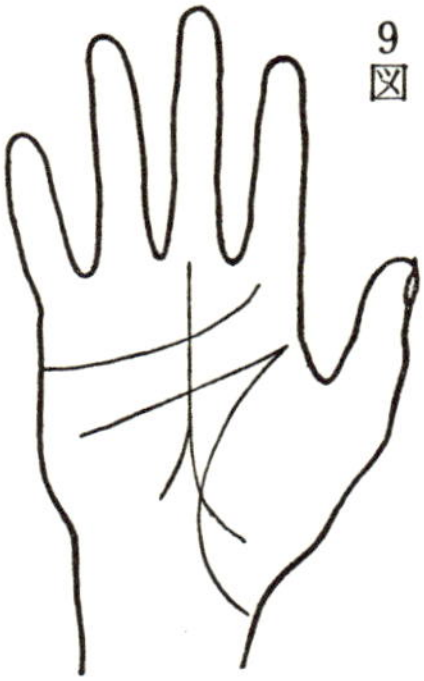

9図

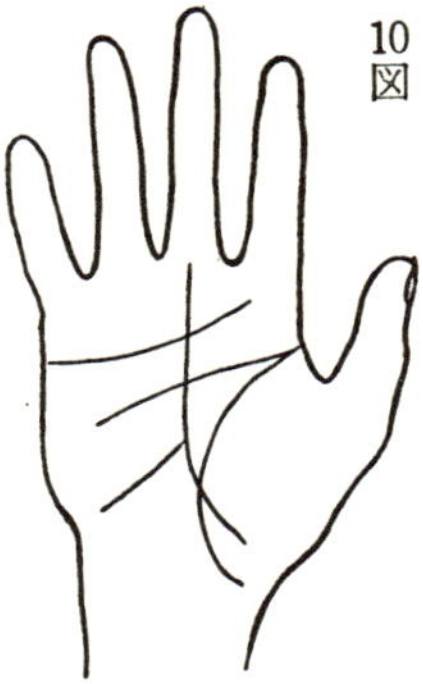

10図

8図のような運命線は、第三者の影響を示すもので、後の線の良否により影響が良いか悪いか決定される。

9図のような運命線は、早く養子に行くか、両親が夫婦別れして本人の所有について争ったりすることを示すものである。

10図のような運命線は、大きな恋愛事件の刺激で成功をあせるが、無鉄砲な想像のために妨げられることを示す。

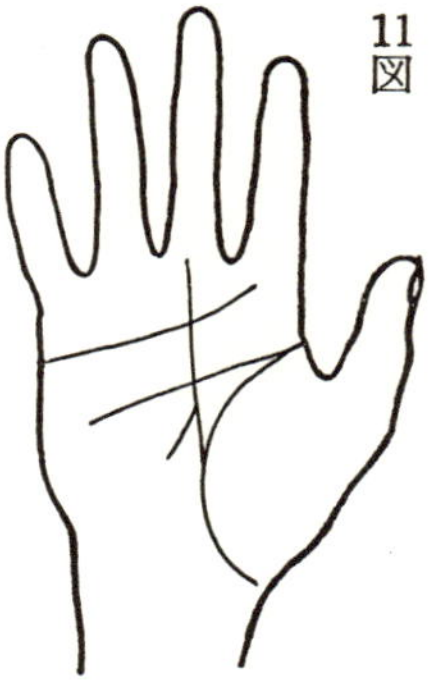

11図

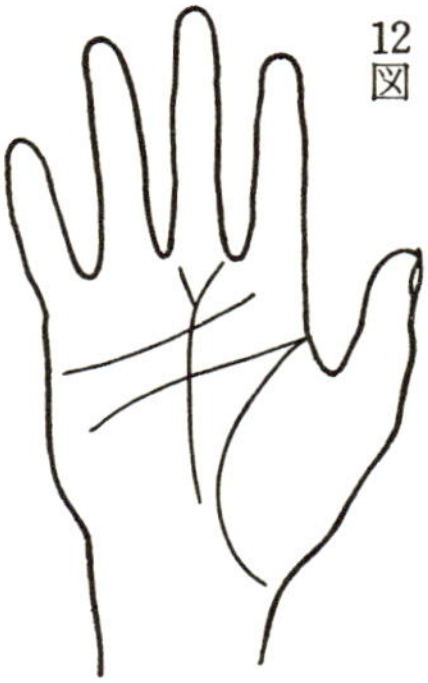

12図

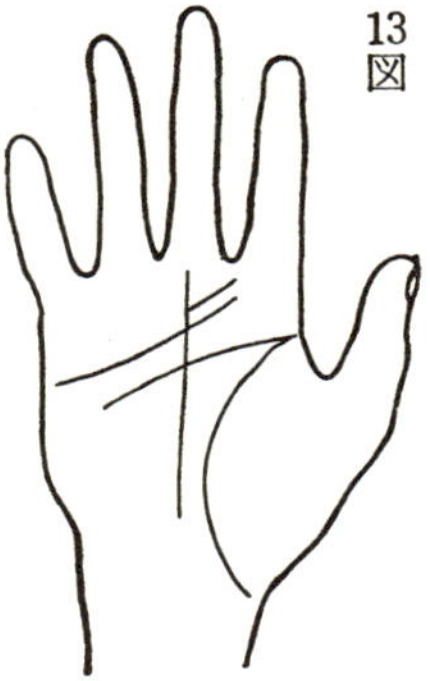

13図

11図のような運命線は、強力な意思と生活力がすべてのことを好都合に運ぶことを示すものである。

12図のような運命線は、慎重な態度で着々と地歩を固めてゆく、地味で着実な運命を示すものである。

13図のような運命線は、大きな野心の実現を示す相で、殊に結婚を一つの契機とする場合が多いのが特徴である。

一本の線は土星丘に向い、一本の線は太陽丘に向う14図の

14図

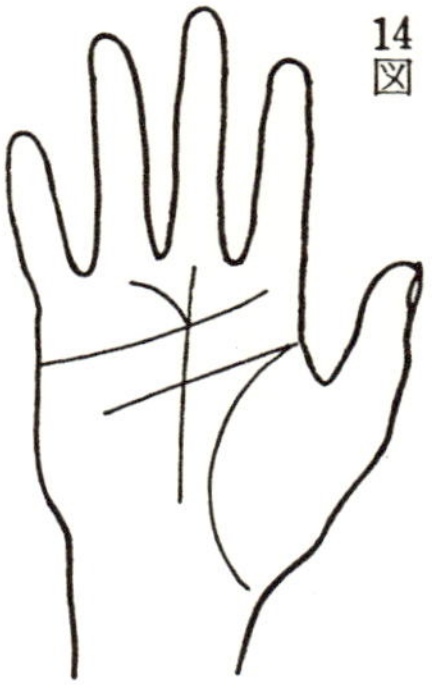

ような線は、芸術的方面で成功する相を示すもので、芸術的な手の場合は、その意味を更に強める傾向がある。

運命線に現れる障害線

運命線に現れる障害線はいろいろな形で表示される。もちろん、障害線は良好な表徴ではない。次に障害線の現れ方とその見方について記してみよう。

15図

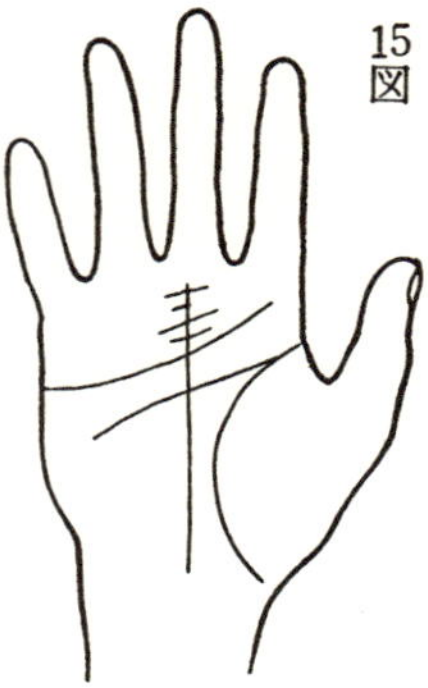

運命線の上部に15図のようにたくさんの障害線の出ているのは、非常に良くない印であり、終生支障の絶えない悲運の相である。この場合、運命線に切れ目や乱れがあれば、その状態は一層はなはだしく、運命線自体の良好な場合は特に晩年において悲運な状態がはなはだしいことを示すものである。

16図

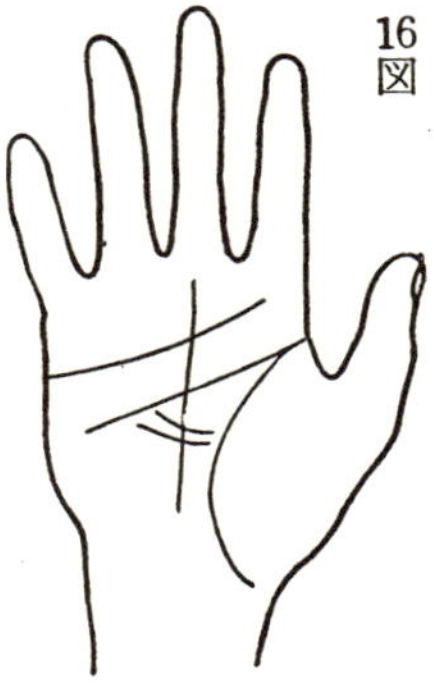

17図

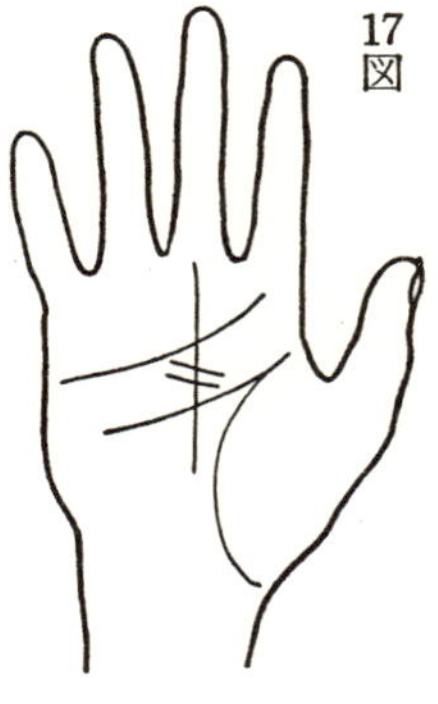

18図

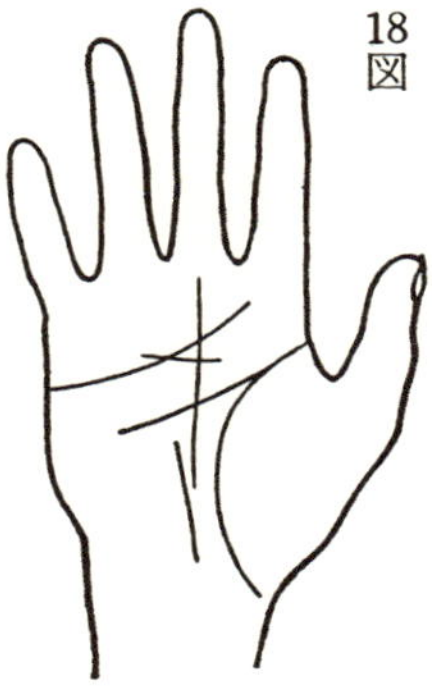

16図における障害線は、訴訟による財的困難か、出版物による損害で大きな打撃を受けることを示す相である。

17図は悲惨な恋愛事件のため、社会的、経済的に繁栄を害す相である。

18図は配偶者と死別する相であり後家相である。この場合、結婚線に凶相があれば特にその意味を強くする。

太陽線

太陽線は一名財運線ともいわれ、富と名誉とを示す線と見られている。またこの線には芸術に対する趣味とか才能を示す意味をたぶんに含んでいる。この線も運命線と同じように哲学的な手、芸術的な手、空想的な手には比較的強く出ているが、実用的な手や活動的な手の人には明瞭に出ていないのが常である。言い替えれば、手指が長くて厚味が薄い手には上昇する線が出やすく、その反対の場合は出にくいことになる。しかし、出にくい手形にこの線がある場合は、非常に重要性を持つものである。

太陽線の発源点

太陽線の発源点は、生命線、月丘、火星平原、火星丘、頭脳線、愛情線、運命線、金星丘、手首線等から発源するものである。

1図

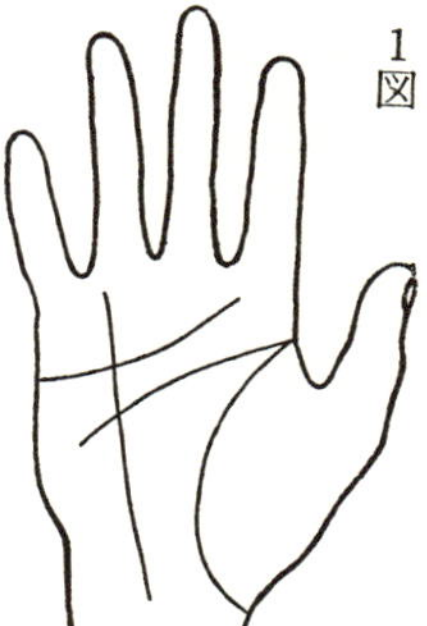

1図のような太陽線は、自己の才能を実用化するきわめて大きな活力を持っている相である。例えば、芸術的な手の人なら、芸術的才能を通じて名誉と富を得る相であり、活動的な手の人なら、未開地への旅行をする相である。またこの場合、木星丘の発達が重要な問題になる。もし木星丘が高い人にこのような太陽線があれば、明澄《めいちょう》な頭脳と積極性とをもって野心を発達させるものである。それに引き替え、木星丘が低い場合は、積極性に欠け、この線の持つ充分な効果をもたらすことができない。

2図

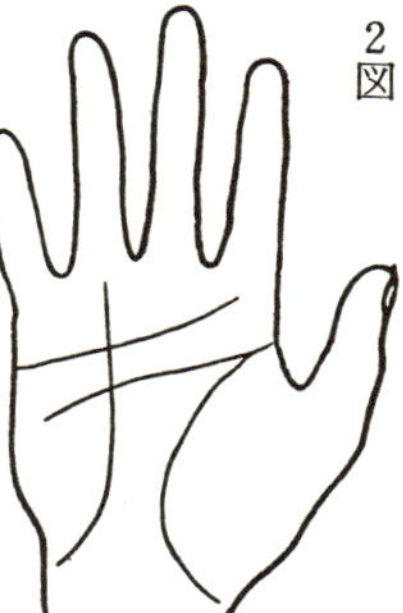

月丘の下部から上昇する太陽線にも、2図のように弧線を描いたものと、3図

3図

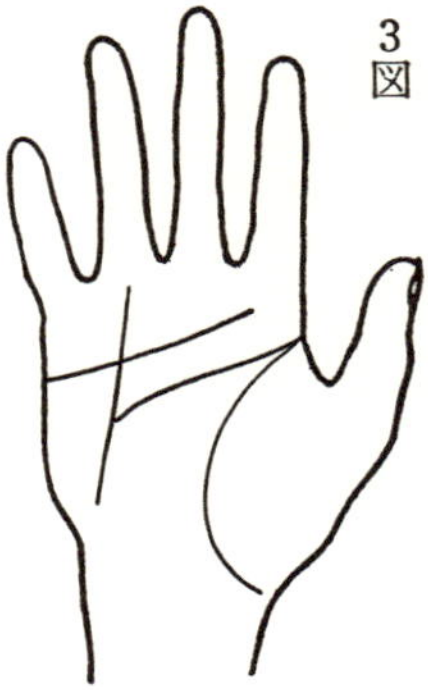

4図

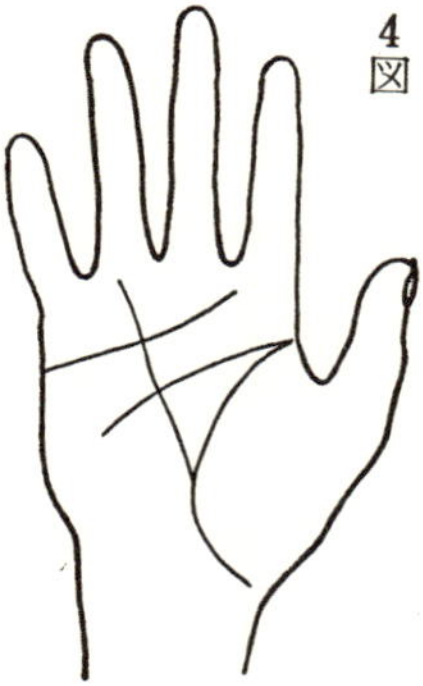

5図

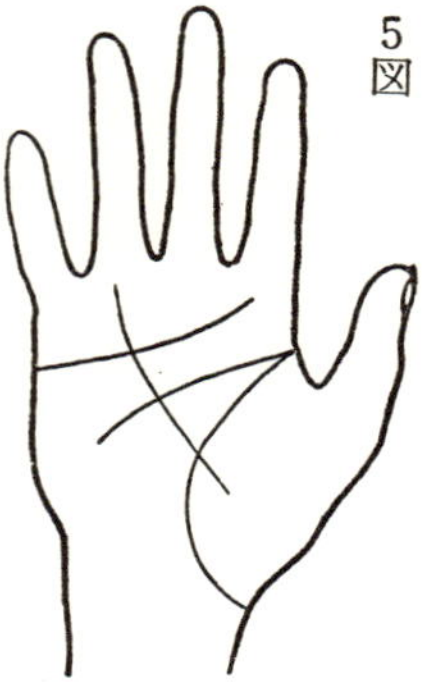

のように直線的なものとがある。
　2図のような太陽線は、賭博好きな人の手に多く見受け、3図のような太陽線は援助により成功する場合が多いものである。芸術を通じて成功する人には、4図のような生命線から出る太陽線を見受ける。そうでないときは親族からの財的援助を示す。5図は芸術的に成功する相だが、その多くは軟文学的なものであるときが多いものである。

6図

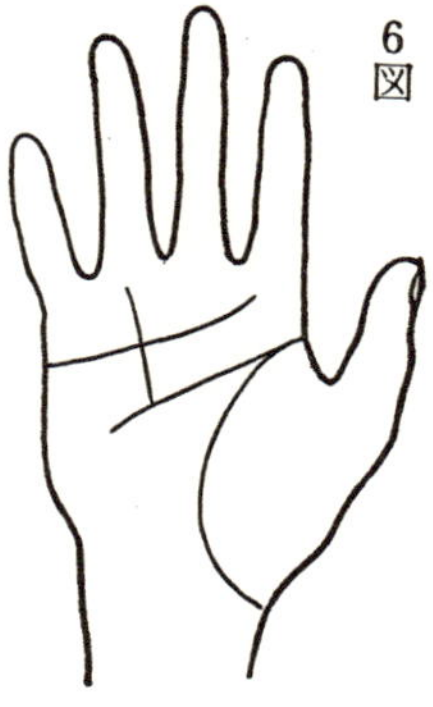

7図

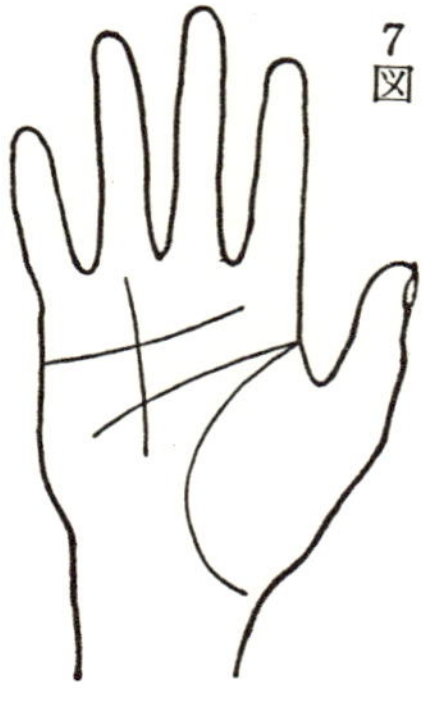

8図

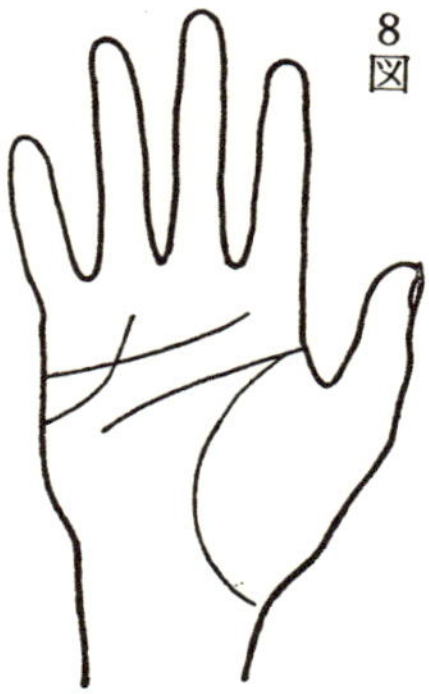

　6図の頭脳線から発源する太陽線は、音楽や文学で恋愛が結ばれたり、才能を通じて社会的成功を得ることを示す相である。火星平原から出発する7図の太陽線は、自己の奮闘と努力により財産を作り出す相である。火星丘から出る8図のような太陽線は、少資本で大きな効果のあがる職業に関心を持ち、接客的な仕事に成功する相である。
　運命線から分岐上昇する9図の太陽線

9図

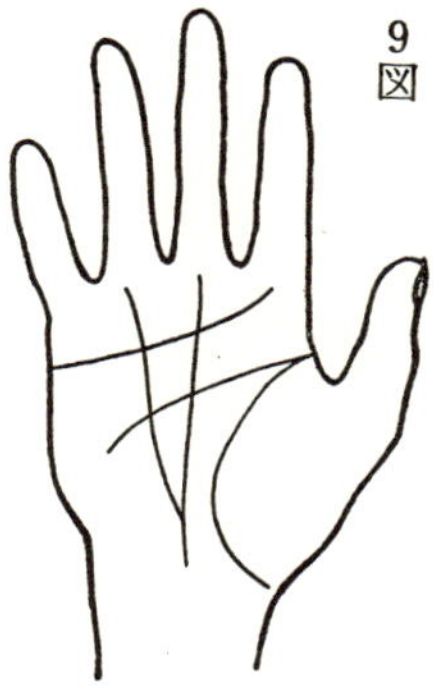

10図

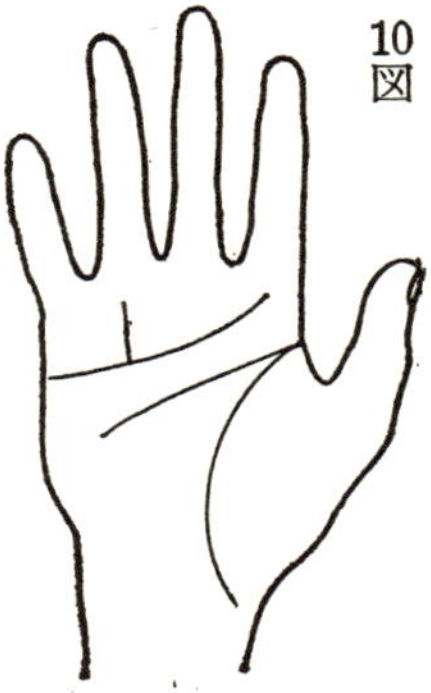

は、その分岐する流年ごろから運気が非常に盛んになり、地位や名誉を得る可能性の多いことを示すものである。

　太陽線が10図のように愛情線から上昇しているのは、美術や芸術に対する趣味や理解を示すものである。

太陽線の枝線

　大きく分岐して上昇している太陽線の枝線は、多く良好な暗示に富み、小さく分岐しているのは悪い相とされている。また下降する枝線は物質的損害、

11図

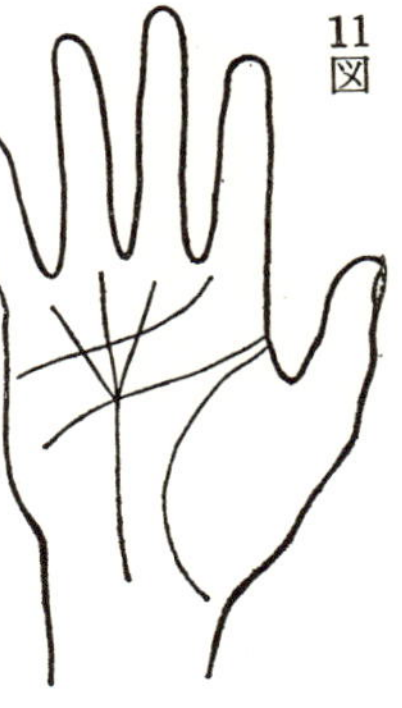

12図

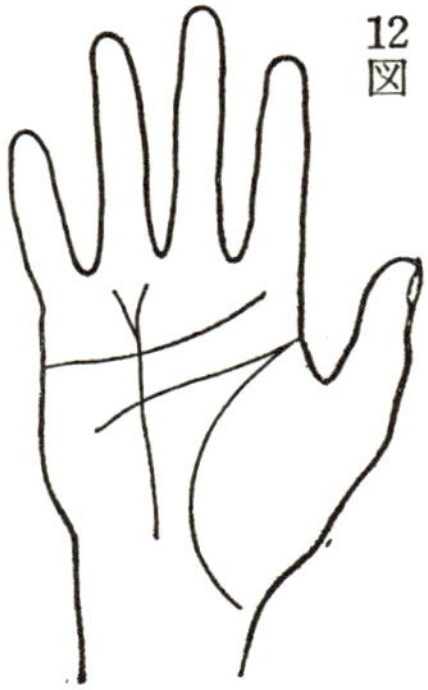

13図

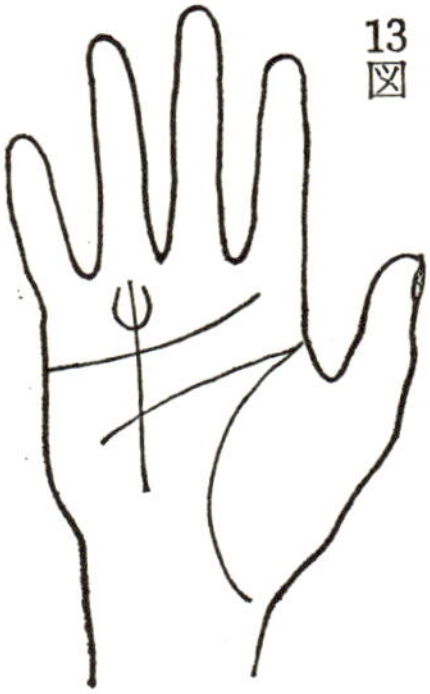

地位や名誉の失墜等を示すものであり、悪い相である。

　11図のように太陽線が大きく三つに分岐上昇しているのは大成功者の相であり太陽線中最良の表示である。12図のように太陽丘上で小さく二分しているのは、二つの異なった望みのためにその両方ともに実効をあげることができない相である。13図に見るような太陽線は、富に対する野心の人一倍強い相だが、その野心を実現することは困

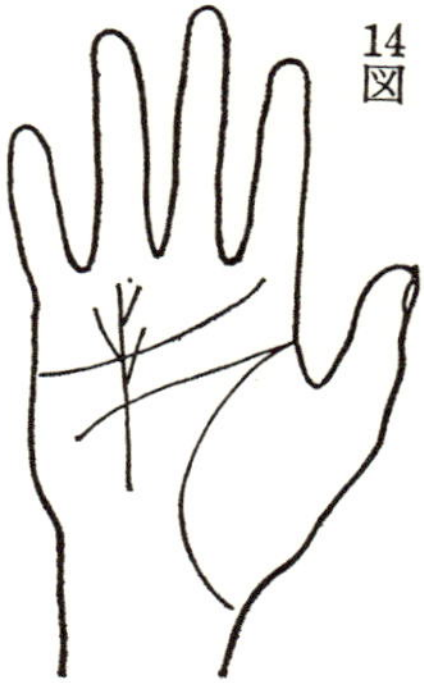

14図

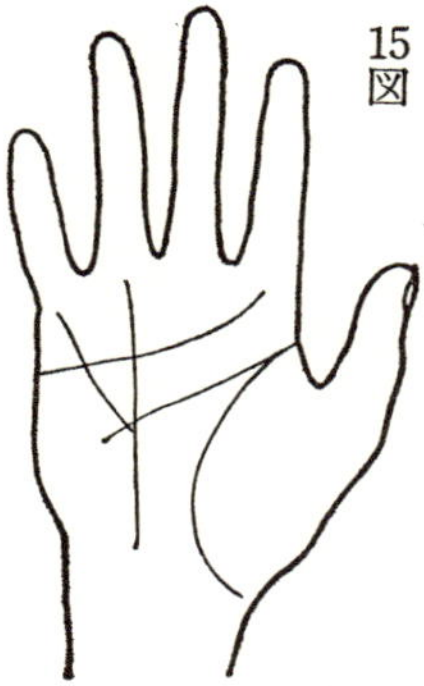

15図

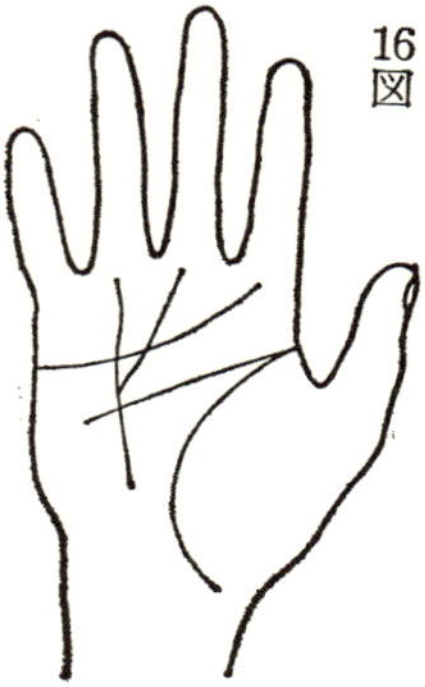

16図

難である。

14図の太陽線は、心の集中性のないところから、携わる仕事に失敗する相である。15図の太陽線は商売上手な性格から大きな財産を作り出す相である。16図の太陽線は地味で堅実な努力家で、一歩一歩地歩を固めていく人で、財ができても表を飾らない人である。

太陽線の切れ目

太陽線の切れ目は、多く失敗を意味する表示と、見られている。したがって、切れ目の流年は、人生上大きな問題を持つ年といわれる。しかし、切れ目の形態も、‖のような切れ目なら意味が軽いということは運命線の場合と同一である。17図のような太陽線は、多芸のために、かえって財的にも名誉的にも恵まれない相で、俗にいう器用貧乏の類である。18図のような太陽線は、たびたび失敗する相だが、ロの線が明瞭な場合は

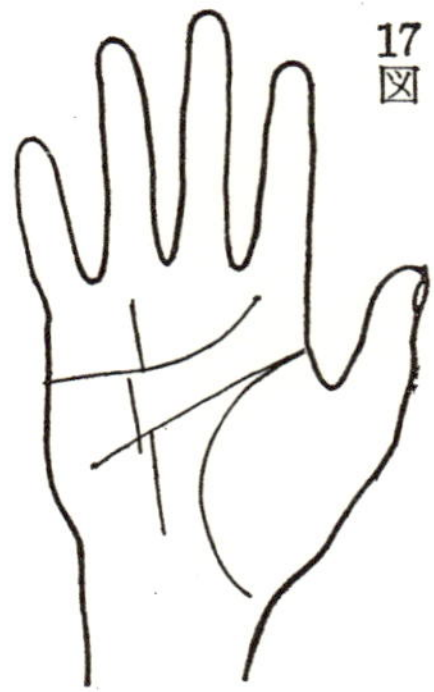

17図

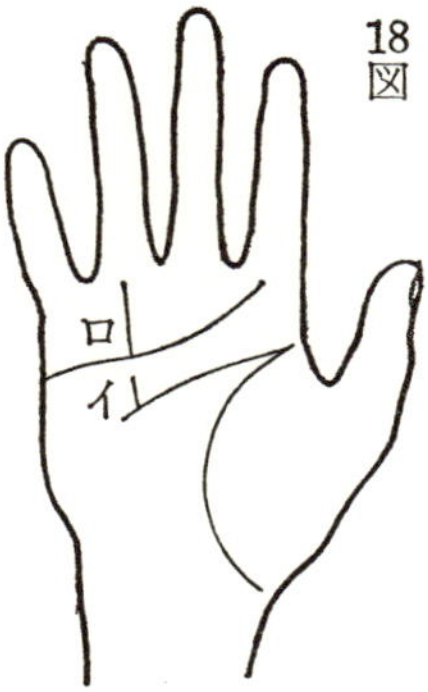

18図

19図

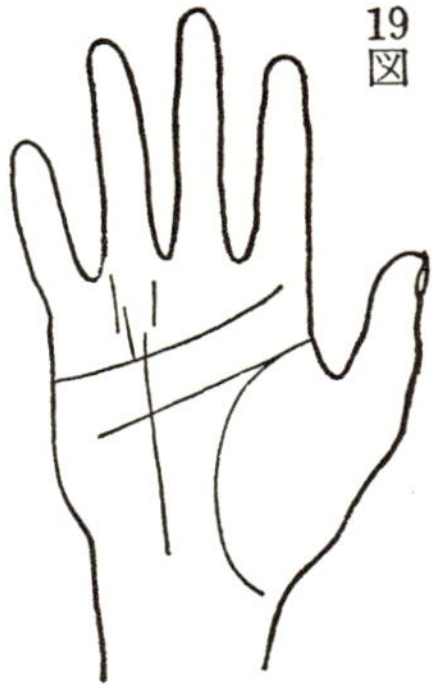

最後の成功を意味するものである。19図の太陽線は、無益な努力を続ける相で、大きな成功は期待できない。

太陽線に現れる障害線

太陽線を横切る小さい線は、障害の印である。したがって、どこに現れても決して良い相ではない。しかし、出る位置や方向により、その意味に変化を伴うことは改めていうまでもない。

20図

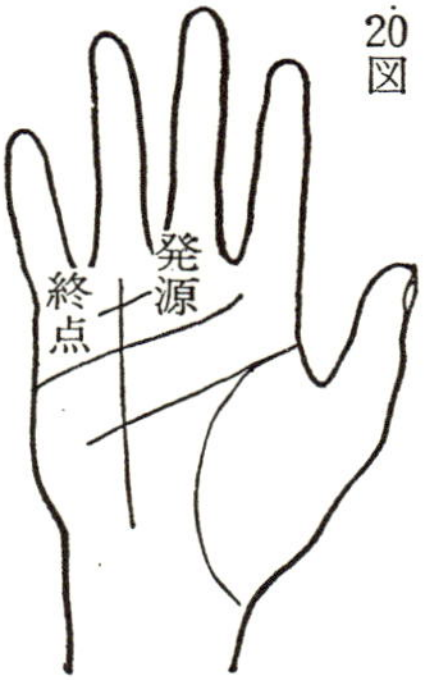

20図の障害線は、当然成功すべき才能と機会に恵まれながら資本が無いために成功を妨げられる相である。21図は本人の変りやすい気持ちから好機を逸する相である。22図は兄弟のために金銭的損失を被る相である。23図イは本人の少年時代に両親が失敗したことを示し、ロ、ハ、ニは同業者の干渉による損失を示す相である。

21図

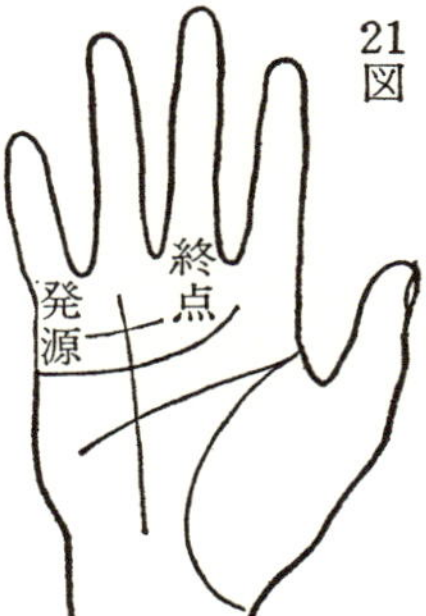

22図

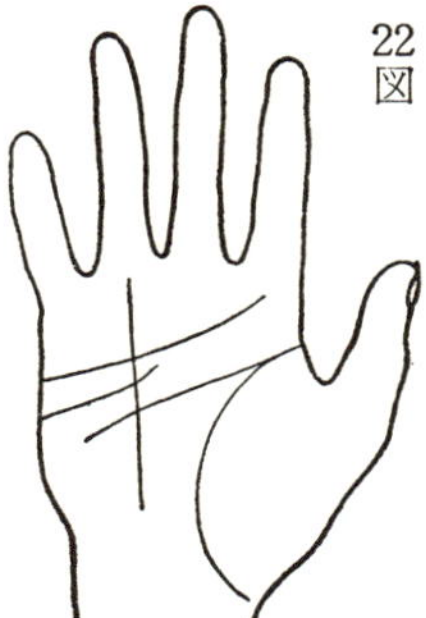

23図

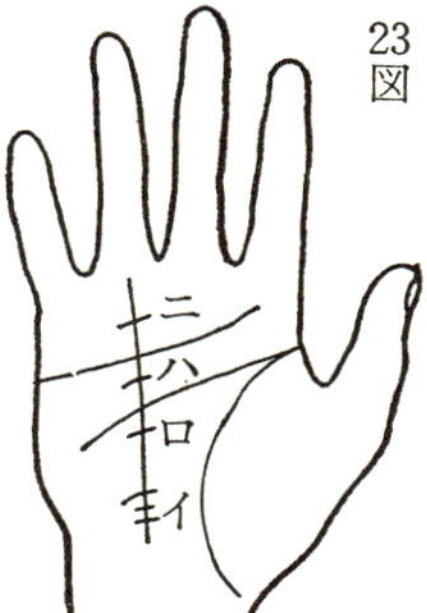

遺産相続の相

遺産相続は手相の上でいかに現れるかというと、これは太陽線に関係を持つ場合と手首線に関係を持つ場合とがある。したがって、この問題の判定に当っては、この両者をよく参照してみることが肝要である。24図イは親族からの遺産を受ける相、ロは親からの遺産を受ける相続相の一番正常な相である。

24図

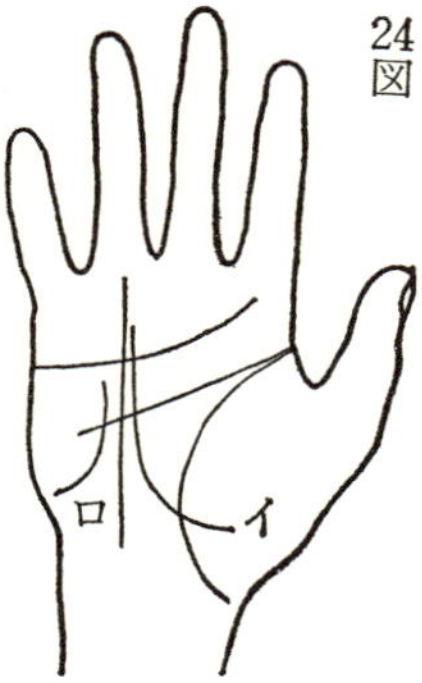

25図

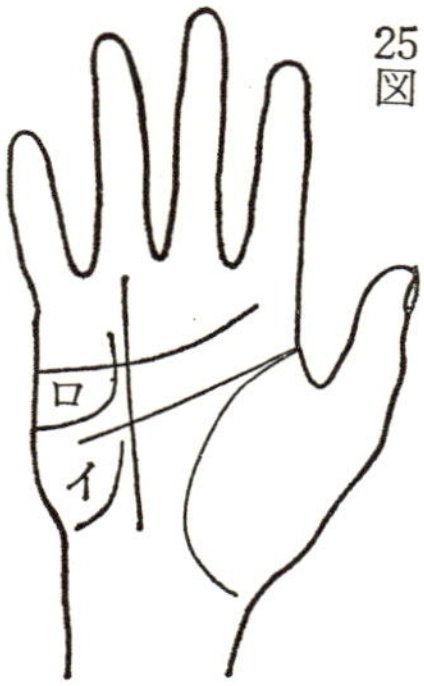

25図イは全くの他人から遺産を受け継ぐ相、ロは兄弟からの遺産を受け継ぐ相である。

26図イは大きな財産を受け継ぐ相である。この線は手首線に向って先端が下がっていることが特徴。ロは普通の相続。27図は大財を相続する相。またその位置に星形（×）が出ているのも相続相だが、これは手の形の良好な場合に限られ、形が悪ければ悪徳者の相である。

26図

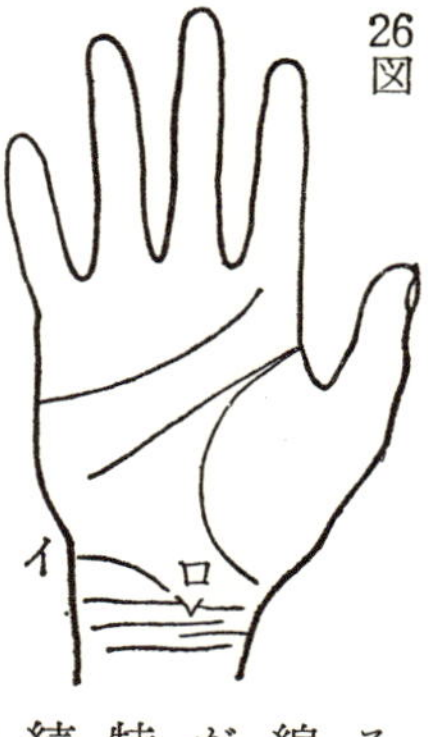

27図

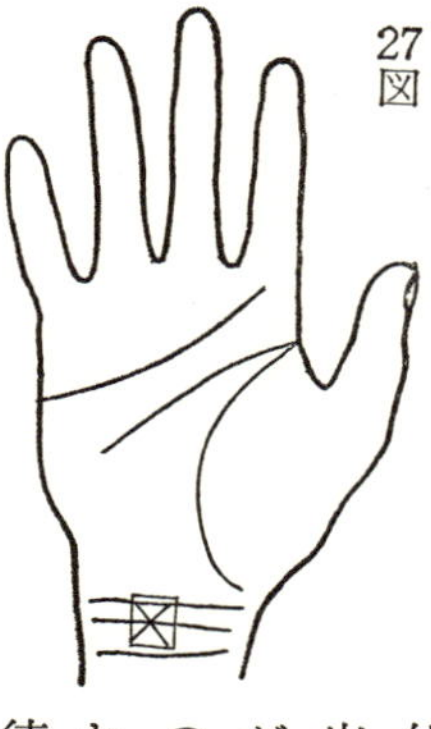

健康線

健康線は生命線の比較的下部付近から生命線に触れたり触れなかったりして発源し、斜めに上昇し、その方向を水星丘に向けるが、愛情線にまで及ばない場合と水星丘にまで及んでいる場合とがある。

健康線は全然手に認められないのが一番望ましく、そのような人は健康な身体を約束される相だとされている。しかし、このときでも生命線の良否は根本的な問題となる。

生命線が非常に良好な場合でも、健康線が凶相を示していると、それは無病息災の相だとは断定できないのである。

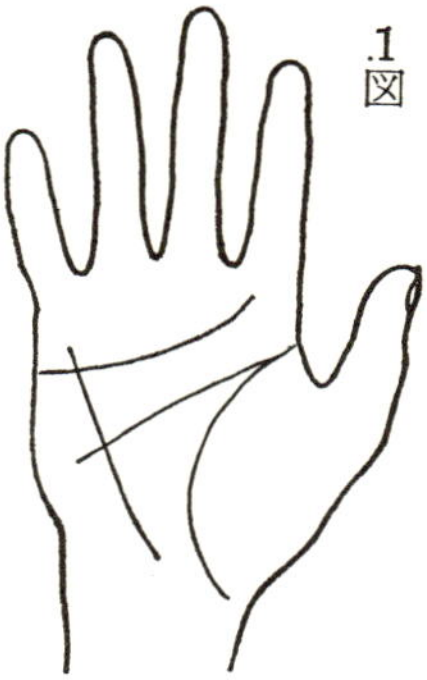

1図

したがって、その間の消息は微妙で、鑑定者の深い注意を必要とする。

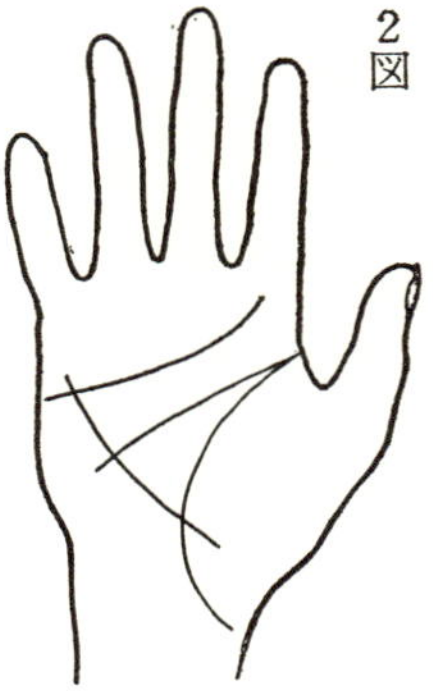

2図

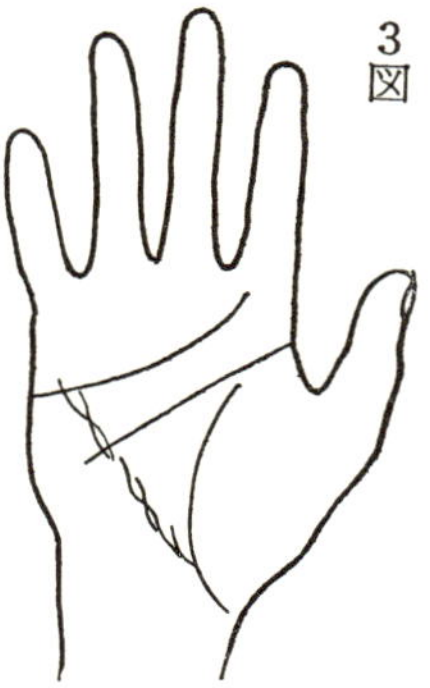

3図

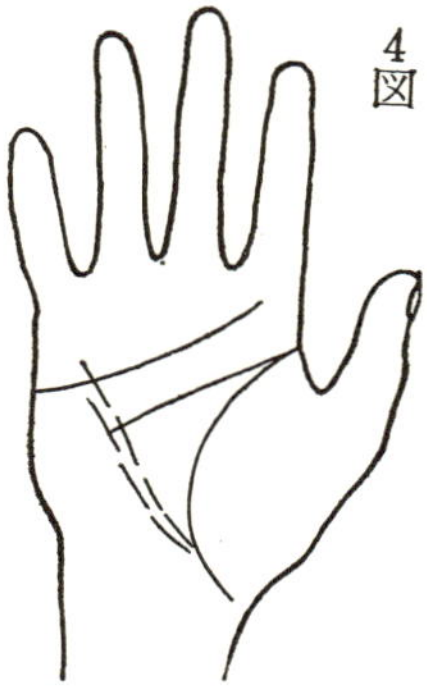

4図

健康線に切れ目や乱れがなく、1図のように生命線に触れていないのは健康の印である。

水星丘の下で愛情線から出発して生命線に走入する2図のような健康線は、心臓が弱いことを示すものである。

3図のように鎖状の不規則な健康線は肝臓系統の疾患を示すものである。

4図のように小さな直線で切れ切れな健康線は、消化器の悪い相である。

5図
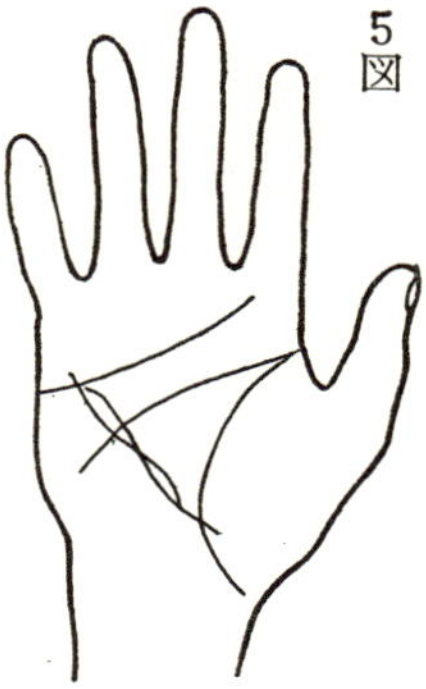

6図
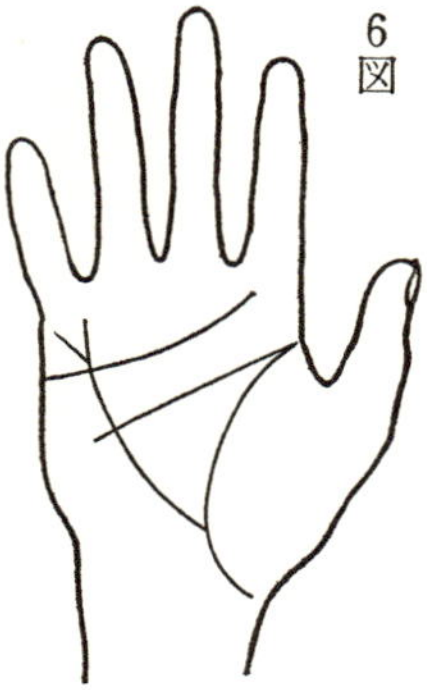

7図
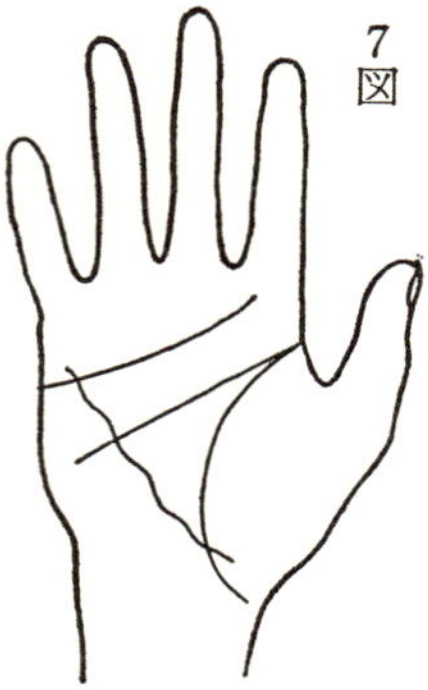

5図のような健康線は、呼吸器系統の疾患に特に注意を要する相である。

6図のように先で二股になっている健康線は、大体に虚弱な体質で、また早く老衰期に入りやすい相である。

7図のような健康線は、消化器障害のため記憶力の減退を招く相で、事業上不利な徴候を示している。

8図のように頭脳線で止まる健康線は脳に関する熱病にかかる傾向がある。脳

8図
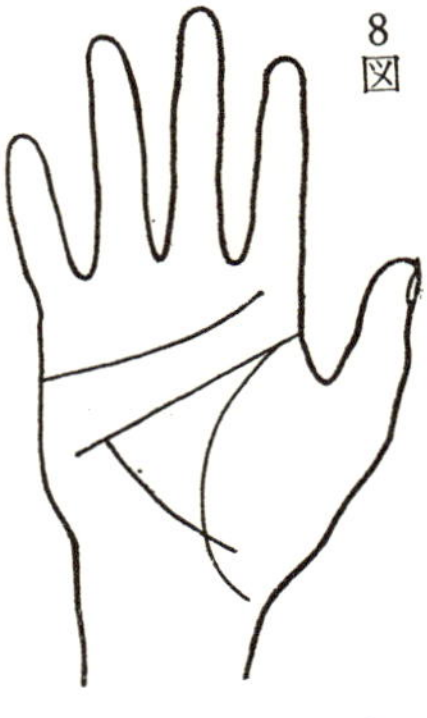

9図
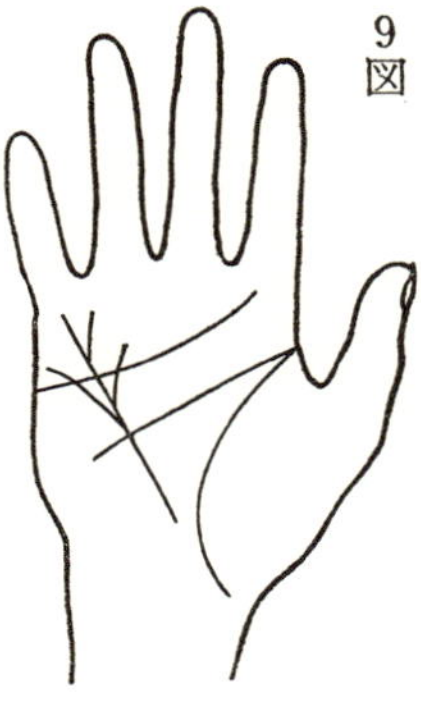

10図
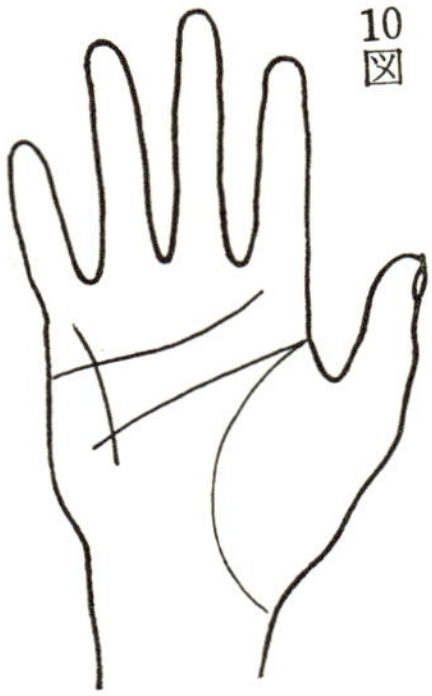

膜炎に特に注意を要する。

9図のような健康線は、携わる仕事がたびたび変化することを示す相である。

10図のような健康線は、心配しないでもすむことを、あれやこれやと心配したがる、いわゆる取り越し苦労をする相である。

11図のような健康線は、病気をすると必ず消化不良を起すといった人に見かける相である。

12図イのように太陽丘下の健康線上に

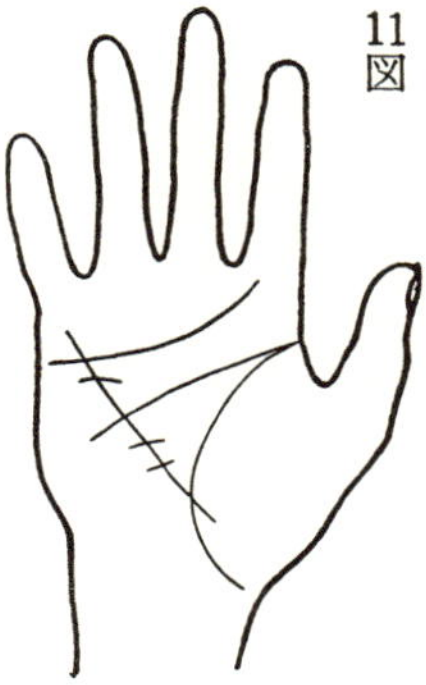

11図

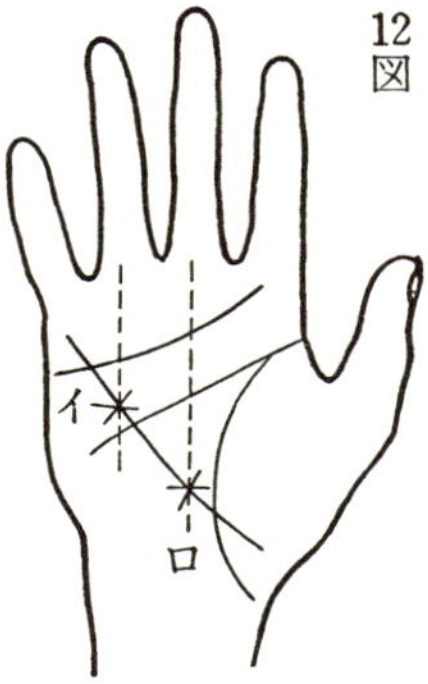

12図

出る星は、悪質の眼病から盲目になる相であり、ロのように土星丘下にあれば、子供を産まないとか、難産の傾向を示したものとみて差し支えない。

結婚線

結婚線と子供線は、手相の中で一番的中しない線だという定評があるが、この線に対する熱意ある研究を進めようとするもののいないことは寂しい。

著者はこの線の研究に当って、既有の知識にとらわれることなく、どこまでも新しい観念から出発した。しかし、その結果は今までの手相学における考え方をたぶんに変えなければならなくなった。

だが、ここに記す、いわゆる自分の発見なるものが、終戦後三十年の結果の集積なので、まだまだ決定

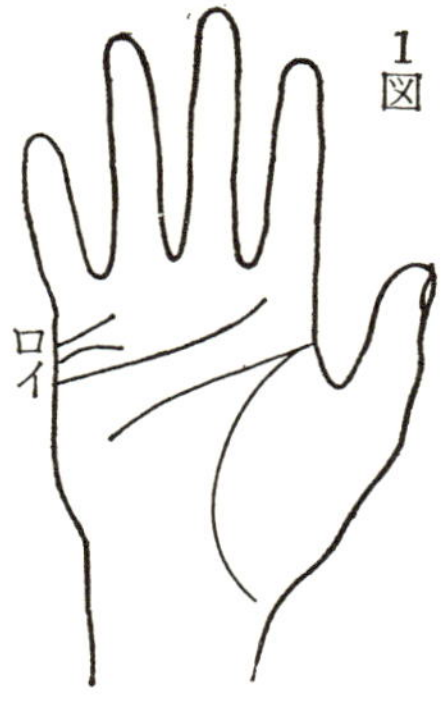

1図

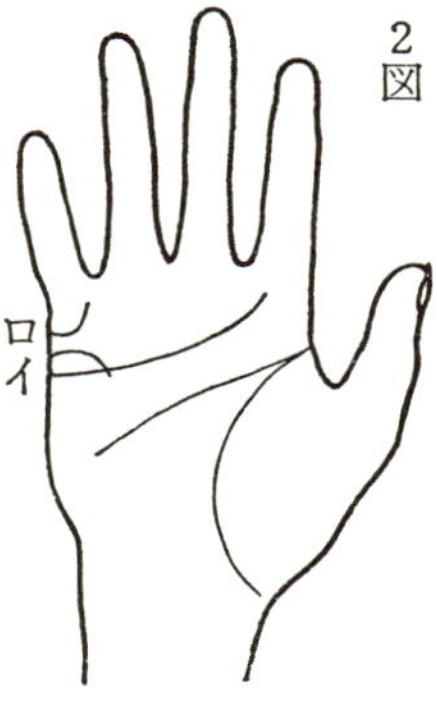

2図

的なものとするに足りない気持ちがあるが、それでも今まで記されたものよりも真理に近いことを自負するものであり、それによって実験された場合、読者は更に高い的中率を持つことができるものと確信するのである。

1図イは、先端がやや心持ち下向きの状態を示す結婚線で

3図

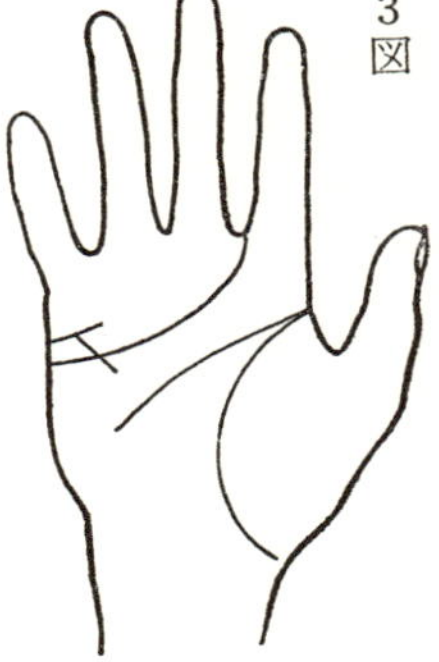

4図

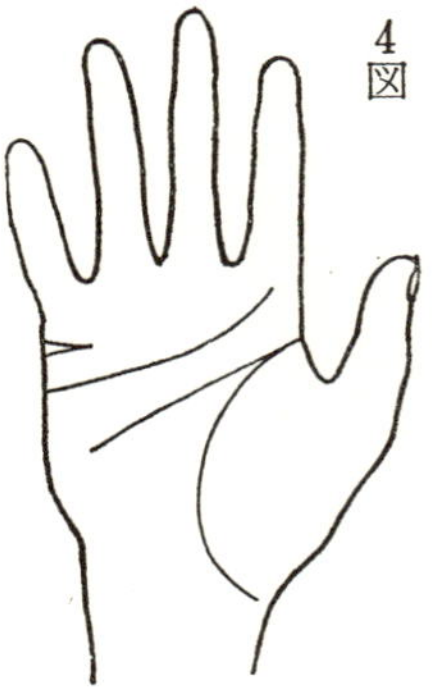

5図

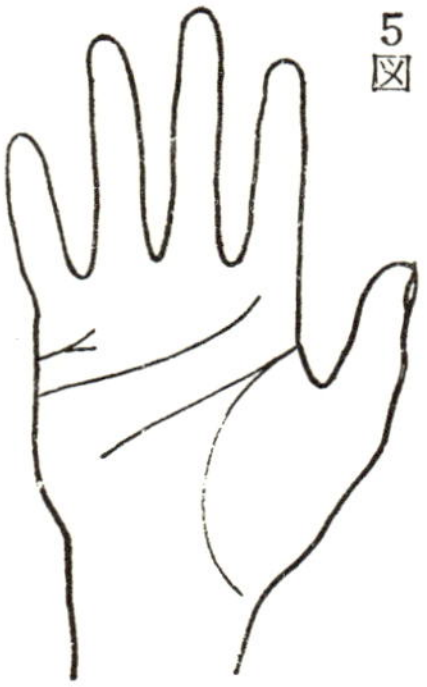

比較的早く結婚することを示し、ロのように心持ち上向きの結婚線は、遅い結婚を示す相である。

2図イのように下降して愛情線を切っているのは、配偶者との死別を示し、ロのようなのは、結婚を好まぬ独身生活者の相である。

3図の結婚線は、最愛の配偶者と死別する運命を示すもので、その時期は運命線上の欠点の流年によって判断する。

4図の結婚線は、自分の欠点から結婚

6図

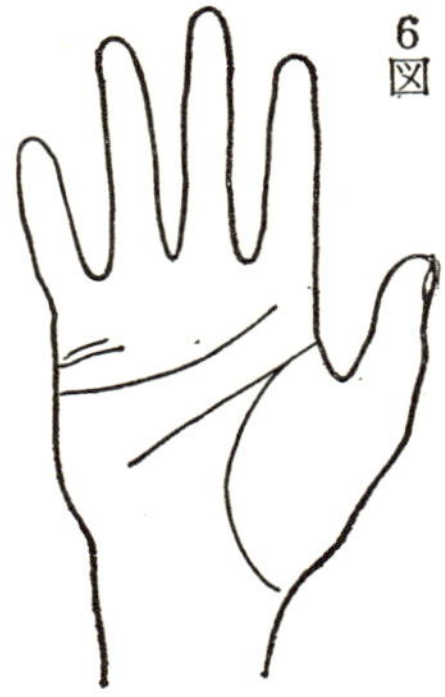

7図

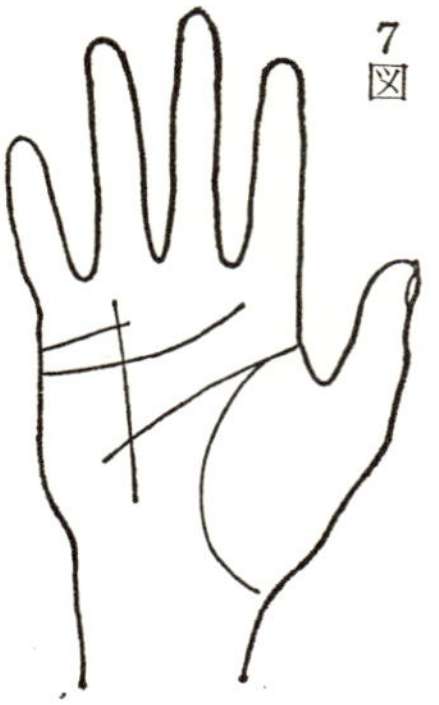

8図

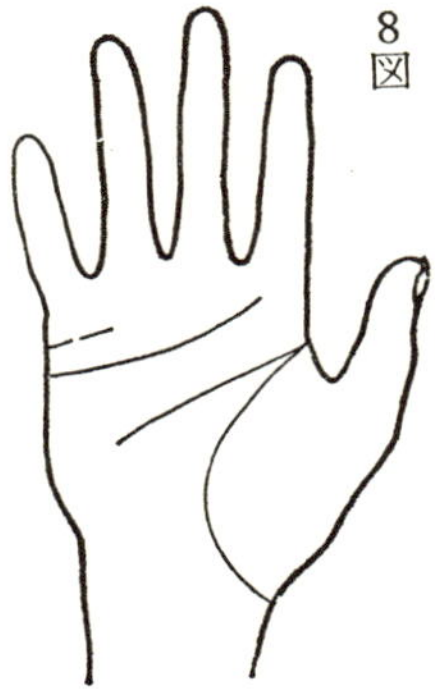

生活に破綻をきたす相である。

5図の結婚線は、相手の欠点が原因で結婚生活に破綻をきたす場合と、単なる一時的別居生活を示す場合とがある。

6図の結婚線は、不幸な結婚の表示であり、結婚生活がこの人の人生を暗いものにすることが考えられる。

7図のように結婚線が太陽線に入っているのは、著名な人との結婚を示すものである。

8図のように切れ

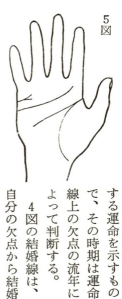

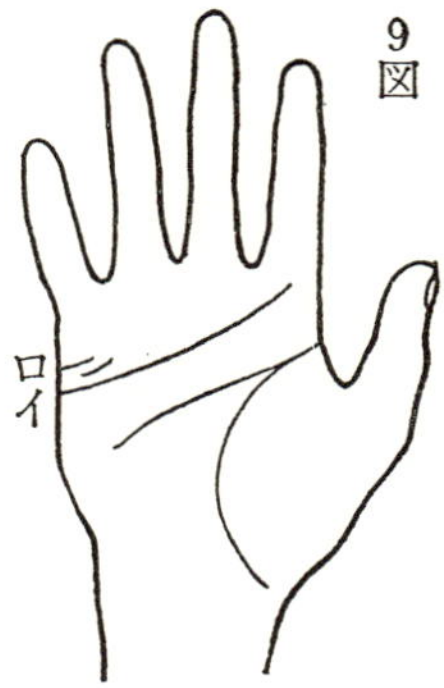

9図

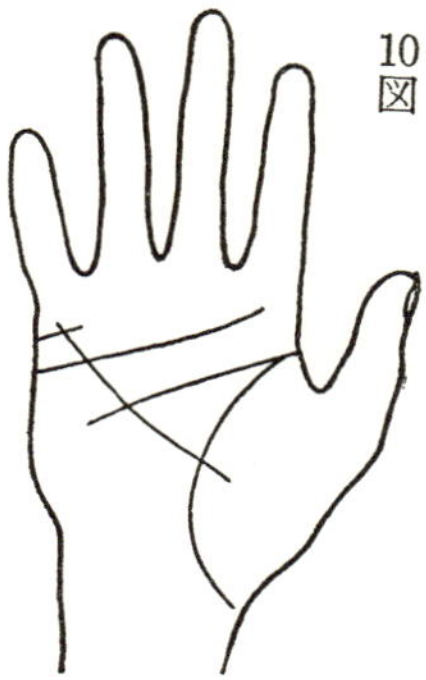

10図

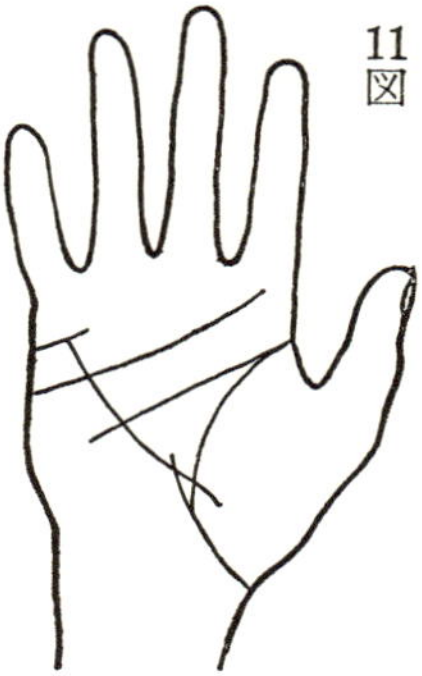

11図

ている結婚線は、夫婦の離別を示す相で不吉の表示と見ることができる。

9図イは一度離婚して再び復縁する相である。ロは結婚問題について第三者の反対のあることを示すものである。

10図は結婚問題でいろいろめんどうが起る相で、その多くは親類の反対と見ればよいだろう。

11図は離別を示す相だが、離別について難しい問題がたくさん起ってくる。また、この線が結婚線を切っていても同じである。

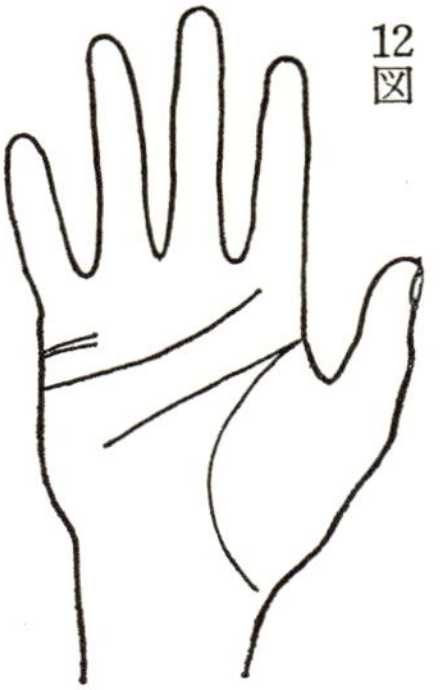

12図

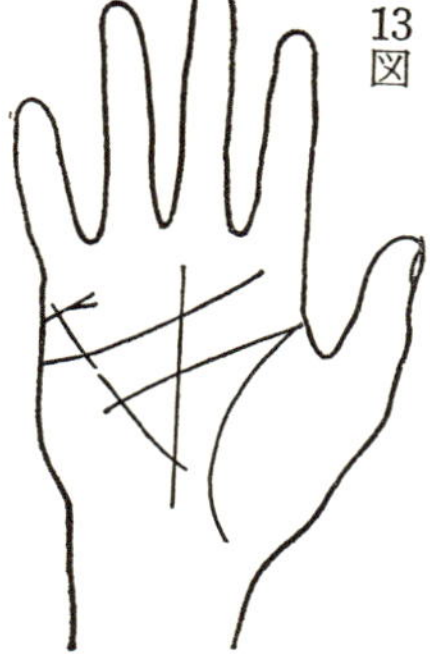

13図

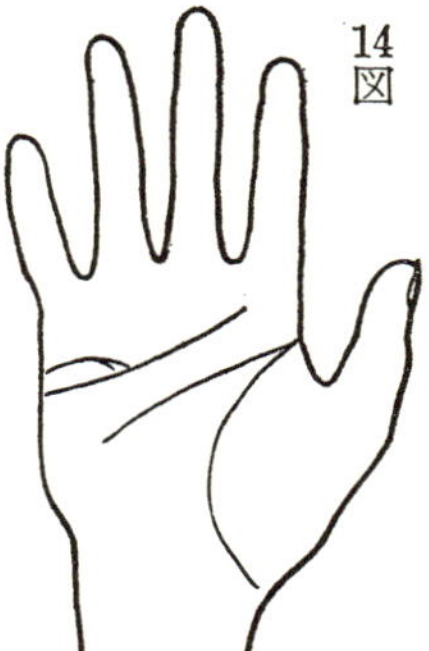

14図

12図の結婚線のように、密接した複線を持っている場合は正妻以外に妾を持つ相である。

13図も離婚相の一つである。

14図は離婚が法律上の問題になることを示すものである。

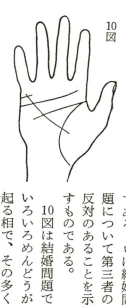

金星帯

金星帯は、第一指と第二指の中間から起り、第三指と第四指の中間で終る、切れたり切れなかったりする半円形のことである。

普通これは好色の相と見られているが、その形態、すなわち手の全体が好色を示す場合は、その徴候を極端なものにする。そうでないときには、過敏的、知識的な性質と関連しているが、気分の変化が多く、小さなことにも怒りやすく、神経質的な気質を示すものが多いようである。また、その線は私の調査によると、本人の親が非常に大酒家であった場合に出る可能性が強く、そうでないときには、あまり見かけないということができるのである。

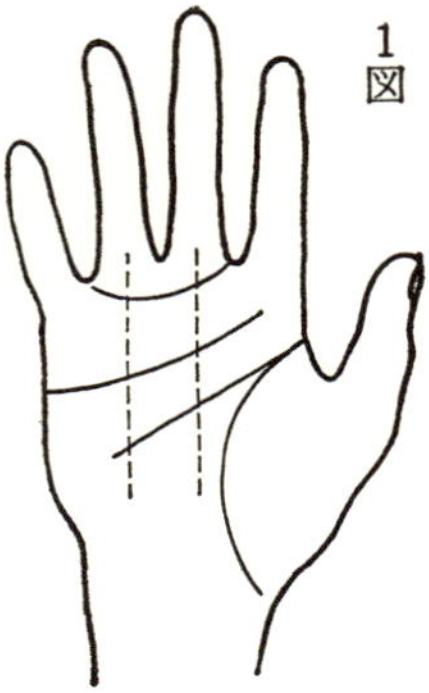

1図

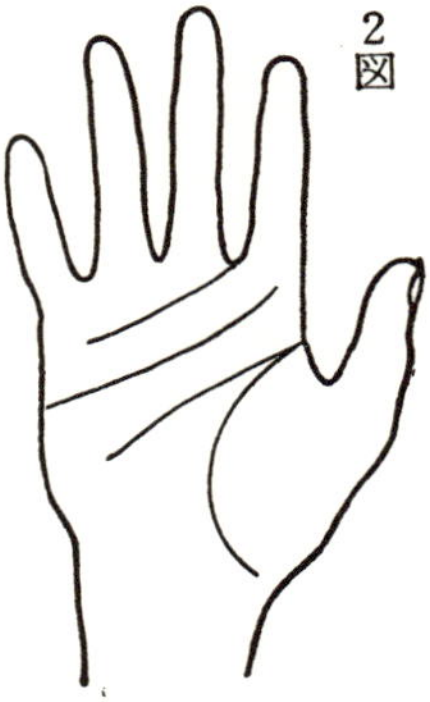

2図

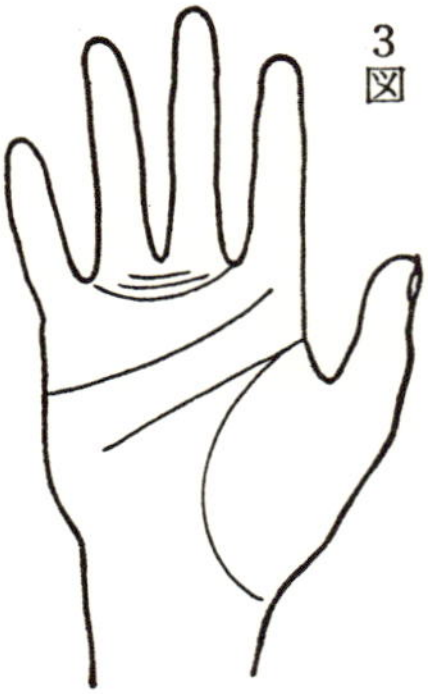

3図

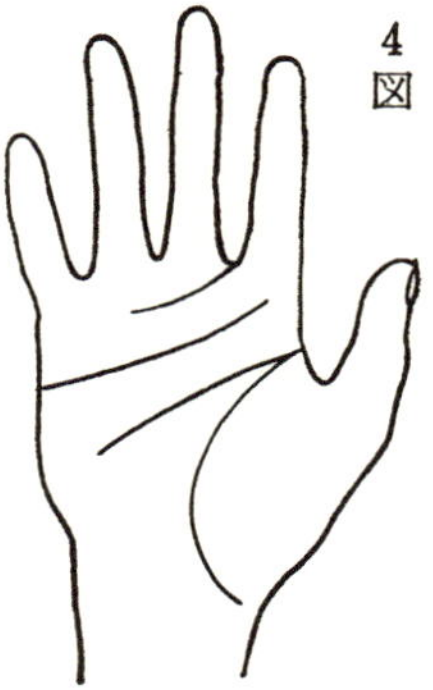

4図

また金星帯は、いろいろの形態で出現するので次にそれを記すことにしよう。

1図の金星帯は、神経質な性格の表示であり、才能がありながら、そうした性格に害されがちである。しかし、運命線、太陽線が切れていれば、奇知をもって成功する相である。

2図の金星帯は、あらゆる計画の実現のために非常に精力的な人の手に多く見かける相である。

3図は、不自然な悪徳を示す金星帯で

5図

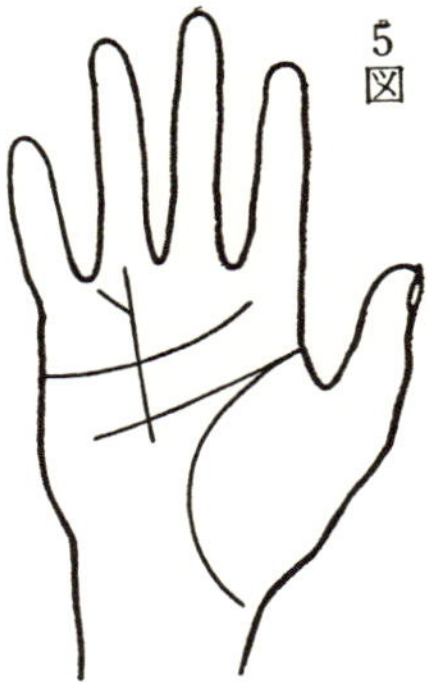

6図

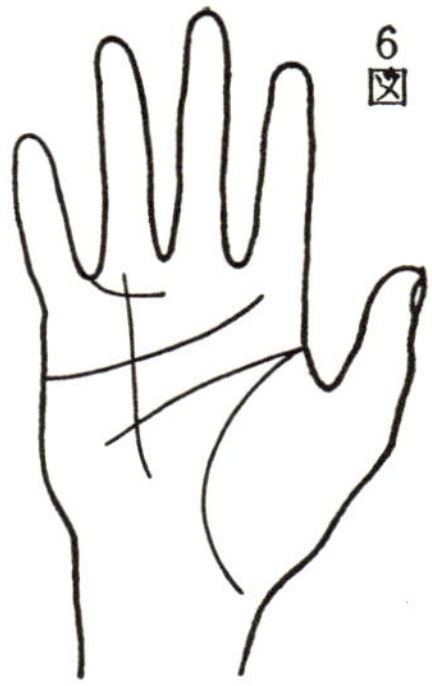

7図

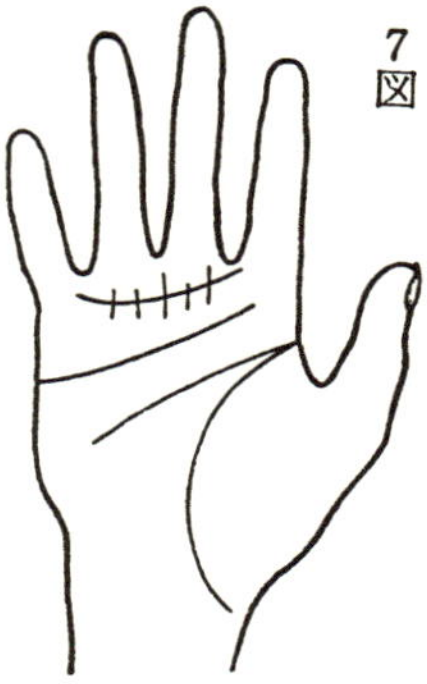

ある。もしこの線内に星があると花柳病にかかる相である。

4図は、異性に対して親切な性格を示すと共に、自分の携わる仕事に対しては熱心で研究的な性格を持つものである。

5図は、ある一定の期間における放蕩を示すもので、多くは結婚前の放蕩的生活を示す。

6図は、女のために失敗を招く相で、多くは放蕩のために富を失う相と見ることができる。

7図の金星帯は、

8図

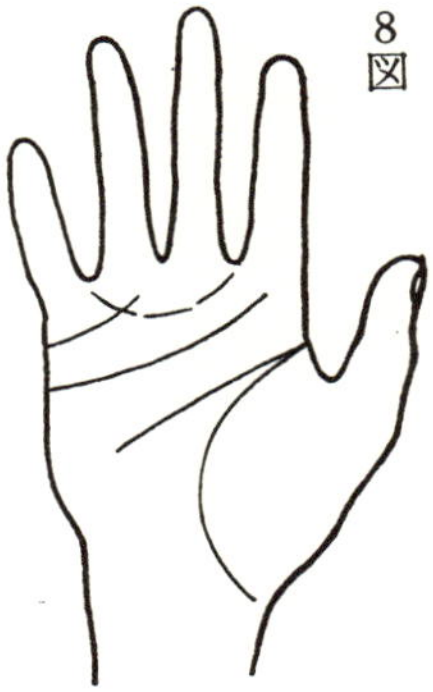

色情性のヒステリーの徴候を示すものとして注意を要する相である。

8図のように金星帯に結婚線の入っているのは、ヒステリー的性格が結婚生活を不幸にすることを示す相である。

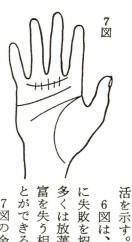

子供線

今まで研究された手の線のうちでも、子供線くらい信じられない線はない。西洋や東洋のいかなる手相の本に書かれている子供線でも、実際に当てはめてみると、そのすべてが信じられないという結論に到達する。それについて考えられることは、子供は両親の間にもうけられるもので、片親の手だけで判定を下せるのか、また両親のうち、母親に判断の中心を置くべきか、再婚、三婚の場合はどうか――等等の難しい問題が含まれているからである。

そこで私は、既説の子供線を一応白紙の状態に返して、新しく研究することにした。観る対象は母親とし、愛情線、親指球、運命線、太陽線を研究の対象としたが、次のような結論を得た。しかし、子供の数に対する正確な判定は至難であるところから避けたので、その点お断わりしておく。

愛情線の初めに1図のような枝線があるのは、子

1図

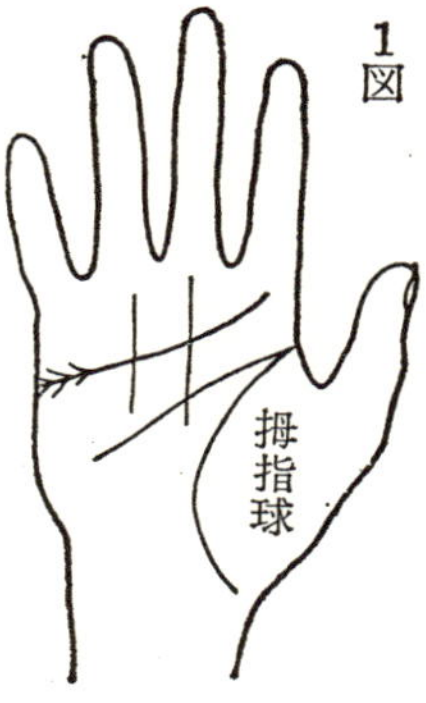

2図

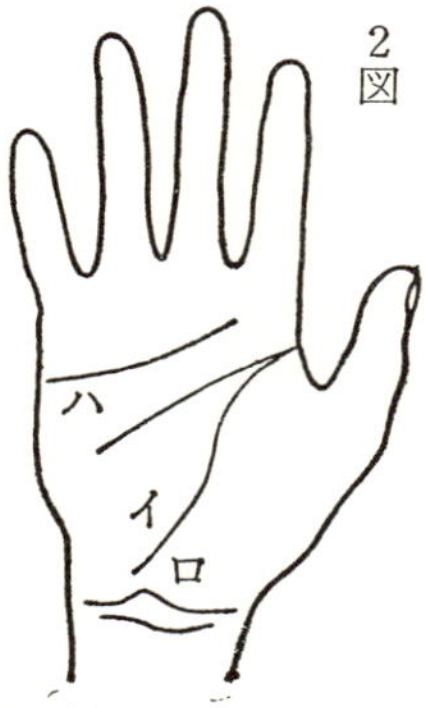

3図

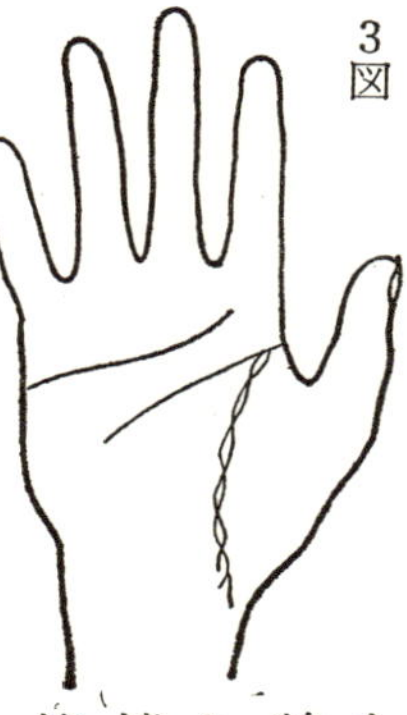

供のある相、親指球が高ければ子供は多いほうである。また運命線、太陽線が晩年の幸福を示しているときは、優良な子供に恵まれる相である。

しかし、枝線といっても、乱れたものや不鮮明なものには注意しなければならない。

2図イに示すような生命線、ロの手首線は、共に子供の生れない相であり、愛情線の初めに細かな枝線のないのも子供に恵まれない相であ

4図

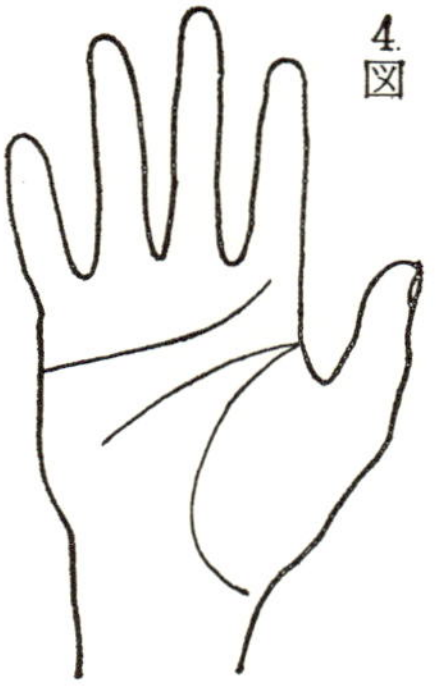

5図

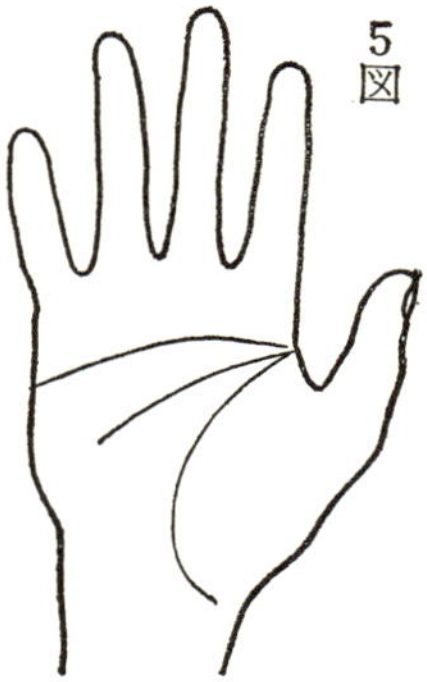

6図

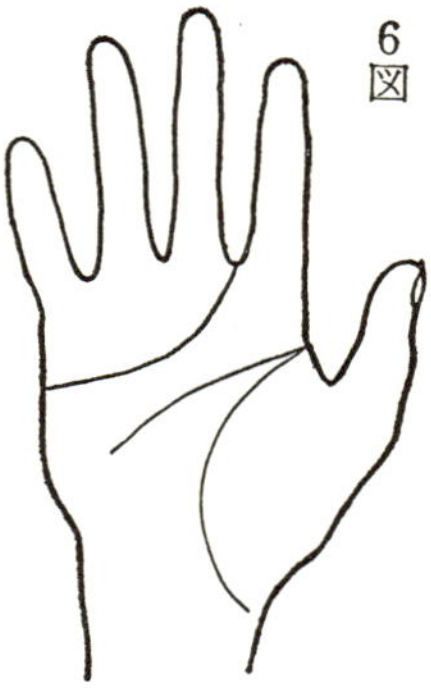

る。

3図のように生命線が弱々しくて親指球が低く小さいのは子供を生む精力が欠けている相と見て差し支えない。

4図のように愛情線の先端が木星丘上で上曲しているのは男の子が生れやすい相である。ただし、これは主線をいうので先線はとらない。

5図のように愛情線の先端が下曲しているのは、女の子が生れやすい相である。

6図に示すような

愛情線は、男の子も女の子も生まれる相である。

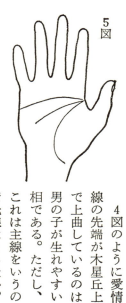

付録　指紋による運命判断

手相に同一の手相がないように、指紋にも同一の指紋がない。しかも、手の線は、変化するが、指紋は生れたときから、死に至るまで全く変化しない。

そうしたところから、指紋は一つの先天的な傾向を示すものではないか――といった手相家らしい考え方を持つのも当然である。細部に観察した場合、俗に渦紋（うずまき）とか流紋（ながれ）とかいっても、いろいろな指紋があるらしい。

しかし、ここでは、一般的に見やすいように渦紋と流紋の二つに分けて、それが、どのように五本の指に分布されているかということで、三十二種に分けて記すことにした。

これは、イギリスの手相家ジラー氏の研究を土台として、自分の実験から多少の修正を試みたものである。また、この指紋を観察する場合、男女を問わず左手を見ることを原則としている。

次に、本論に先立って、どんなのを渦紋というか、どんなのを流紋というか、図解で記して参考としよう。

1、五指共に渦紋（九天九地型）

これは、非常に自信家で、我慢強く、剛情な性格を持っている。それだけに、どんな場合でも弱音を吐かないし、人に頭を下げることは大きらいである。それだけに、ときには素晴しく発展するが、落ちぶれると、トコトン落ちてしまうことになりやすい。いわゆる波乱の多い人生ということを示している。だが、どんな場合でも弱音を吐かない意地っ張りのところから、外観的にはあまりわからないときが多い。

2、五指共に流紋（バカ正直型）

俗にバカ正直といわれるほどの、生真面目で、融通がきかないところから、上手に立回って、うまく出世コースに乗るといったわけにはゆかない。

しかし、年輪を重ねるにしたがって、頭脳も働いてくるだろうし、お上手の一つも言えるようになるところから、実直に働いてさえおれば、漸進的ではあるが、成功することになる。

ただ、注意することは、人と協同して事業をやると、相手に食われて失敗することが多いから、細くとも独立経営で行くか、確実な会社に勤めることが、賢明な道である。

3、親指だけ渦紋他は流紋（大器晩成型）

なかなかの努力家で、人の二倍も三倍も働くといったところがある。少々くらいの困難や不運に出会っても、決してガックリするようなことがない。

若いころには、かなりの困難や辛苦に直面したりするが、晩年になると、功なり名を遂げて、幸福で安泰な人生を楽しむことができることになる。

4、食指だけ渦紋、他は流紋（社交家型）

家の中に引込んで、コツコツやることはきらいで、活動的なところがある。また、人のために労苦をいとわず努力奔走したり面倒をみたりするが、とかく、それを鼻にかけて自慢するところから、親切もあだになって、人の憎しみを受けることになりやすい。

やることは、なんでも大まかで、細かなことは不得手で、投機的なことには案外興味をもったりする。

5、中指だけ渦紋、他は流紋（意気衝天型）

言うことも、計画することも、大げさで、抱負は広大のようだが、言うことの十分の一も実行できない。意気ばかり強くても、計画が地についていなければ、なんにもならない。

運勢としては、親の家を継がずに、独立して家をなす人だから、無理な夢ばかり抱かず着実な道を進むように努力することが賢明である。

6、薬指だけ渦紋、他は流紋（出世型）

どんなことにも抜け目がなく、その上器用で役にたつところから、目上の引立てを得て、出世コースを順調に行く相である。

「やつは、出世が早いね」と、同僚から羨やまれるといった人で、若いのに相当の地位を獲得することになる。

7、小指だけ渦紋、他は流紋（**手腕家型**）

なかなか手腕家で、父親の職業を継がないで、自分の計画した事業に、切り替えて思い切って行動して成功するといった相である。

ただ、欠点としては、辛抱強くないところから、時流に乗っているときは良いが、社会的背景が悪いと、失敗したりするときがあるから、忍耐強くなるように、修養することが大切である。

8、親指食指が渦紋、他は流紋（**貴公子型**）

寛大で、鷹揚で、こせこせしない貴公子風なところから、人から尊敬される。しかし、お坊ちゃん型で、人が好いところから、人に利用されたりする心配がある。

その点さえ注意すれば、大いに発展する立派な相といえよう。

9、親指と中指が渦紋、他は流紋（**浮気型**）

郷里を離れて、他郷で生活することになりやすい。それだけに、ガンバリが人一倍大切なのに、浮気っぽくて、定住性がないところから、一生涯安定した運命を築くことが、むずかしい。

せいぜい、修養を積んで、安定した運命をつくり出すように心掛けることが大切。

10、親指と薬指が渦紋、他は流紋（**晩年好運型**）

若いときには、苦労も困難もあるが、中年ごろから、頭角を現し始め、その能力も認められ、信用も増すし、仕事も順調に運ぶことになる。晩年に向うほど、好調で成功すること間違いない。

11、親指と小指が渦紋、他は流紋（**弁舌型**）

しゃべらせたら、理路整然となかなか達者なところをみせるから、弁護士だとか、裁判官だとか、政治家などに向く素質があるし、そうした職業で頭角を現す可能性もある。

また、この相の人は、父祖より抜きんでて出世をする運勢だから、目先の利欲に捕われないで、大いに勉強すること……

12、親指、食指、中指が渦紋、他は流紋（**薄志弱行型**）

自信力がきわめて弱くて、気迷いの多い性質なので、一業に打ち込んで行くといったことができない。その上そのために、一生を誤ることになりやすい。その上気短かで、むかっ腹を立て、つまらぬことで目上にタテついたりするところから、機会を逸しやすい。

この薄志弱行という、欠点を改めるような努力をすれば、もっと希望のもてる人生を開拓できないことはなかろう。

13、小指だけ流紋、他は渦紋（妥協型）

性質が温順で、人と衝突することが大嫌いといった人で、すべてのことに、適当なところで妥協してしまう。そんなところから、同僚の気受けもよいし、出世する可能性も強いものである。

それだけに、力量以上に成功することになる。

14、親指だけ流紋、他は渦紋（せっかち型）

せっかちで、神経質で、さっぱり落着きのないことが欠点。それだけに、気宇広大に気を永くもつような修行を積むことが肝心である。大体に、頭脳も良く、才気もあるのだから、その点さえ気をつければ、成功することは疑いない。

15、食指だけ流紋、他は渦紋（道徳型）

どちらかというと、理想が高いほうで、それだけに、商人向きではない。学者とか教育者とか、宗教家のような仕事が適業で、その方向に向えば、他の職業に携わるよりは、成功する率が高い。

しかし、セックスの問題で災難にあうことがあるから、その点に注意。

16、中指だけ流紋、他は渦紋（義侠型）

これは、頼まれればいやということが言えず、なんでも引受けてしまったり、弱いものなら助けてやろうといった、義侠心の強い相である。

そして、事に当っては綿密で、勤勉だから、社会的に信用も得るし、発展の可能性もある。

しかし、それだけに、他人に悪用されることもあるから注意を要す。

17、薬指だけ流紋、他は渦紋（温厚着実型）

温厚着実で、人付き合いも調子がよいから、目上にも、部下にも気に入られて、順調に成功する。自分の天職に安んじてさえおれば、社会的にも、家庭的にも幸福な人生を送ることのできる結構な相である。

18、食指・中指・薬指が渦紋、他は流紋(ガンコ型)

正直なことはよいのだが、頑固なところがあるのが欠点で、ときどき我意を張って目上と衝突したりすることがある。それが禍いして、若いころには、とかく後援してくれる人が少ない。

しかし、年をとるに従って、気質も柔らかくなり、かどもとれてくるところから、出世の芽も出てくる。

19、親指と薬指が流紋、他は渦紋(鈍重型)

鈍重な性質で、いうことも、することもハキハキしない。そのかわり、うまず、怠らず進むところから、人の気づかないうちに一歩一歩成功に向って、富も名誉も、つかむことができる相だ。

20、食指と中指が渦紋、他は流紋(君子型)

道徳が堅固で、上を敬い、下を慈み、いわゆる君子の風格を持っている。どんな人とも共調して仕事のできる人だから、会社の重役でも、銀行の頭取でも、大商店の支配人でも間に合わないところがない。

しかし、異性問題にはヨワイところがあるから、その点にご用心……。

21、食指と薬指が流紋、他は渦紋(馬車馬型)

せっかちで、馬車馬的で、なんでも自分の志望は一気に、手っ取り早くやってのけようとする性質である。この性格を直さないと、しばしば失敗を招くことになる。反省的な修養が必要である。

22、食指と小指が流紋、他は渦紋(親分型)

性質もゆっとりしていて、なんとなく風格のあるもので、人使いも上手だし、同情心もあって、好んで人の世話をするほうだから、とかく、親分に祭りあげられる相である。

また、ものごとに慎重で、頭脳もキレるし器用だから、必ず発展成功する。

23、中指と小指が渦紋、他は流紋(心臓型)

自分の考えたこと、やることは何んでも最高なものと、どんな相手にでも、心臓強く押してゆくところから、人との衝突を生じやすい。しかし、人物としては悪いわけではないし、結構役にも立つのだから、適当に性格をコントロールして進むこと……

24、中指と薬指が渦紋、他は流紋(器用貧乏型)

気の多い性質で、なんにでも手を出してみるが、徹底できない厄介な人物、その癖小器用で、大工の真似もやるし、経師屋の真似もやる。いわゆる器用貧乏といったところ。

何事も根気強く、一業を貫く決心で進まないと大成しない。

25、中指と薬指が流紋、他は渦紋（**豪傑型**）

金銭にも恬淡《てんたん》だし、何ごとにも無頓着、一定の住所に落着く意志もなく、家庭に安定を求める気持ちもない。大風呂敷で、粗大で、豪傑的な人。

それだけに、政治屋とか、三百代言だのが適職といったところ。

26、中指と小指が流紋、他は渦紋（**相場師型**）

望みは大きいし、機をみるのが敏捷だから投機的な仕事をするには、大変向いている。貿易商、鉱山師、航海業、相場師といった仕事には最適。

しかし、運勢には、若いころ苦労して晩年に運気を発することになろう。

27、食指と薬指が渦紋、他は流紋（**意地張り型**）

剛情で、意地っ張りで、人と争論を起しやすい。

この相の人は、肉親があまり頼りにならないから、早い時代に独立し生活の安定を保つように心掛けないと、中年以後苦労することになる。

28、親指と中指が流紋、他は渦紋（**ザル水型**）

数理観念が乏しく、締めくくりがまずいので相当かせぐのに、ザルに水をくむように、いつもピーピーしている。

しかし、適当なアシスタントがいて、計理をよくみてくれるようにすれば、案外成功することになる。

29、食指と小指が渦紋、他は流紋（**慎重型**）

小さいときから、老成じみて、ませた考え方をする早熟型、万事に用心深く、石橋を叩いた上に渡ったり、渡らなかったりする。

それだけに、人生につまずきもないだろし、苦労も少ない、まず平穏な世渡りができる人。

30、親指と薬指と小指が渦紋、他は流紋（**迂余曲折型**）

温厚篤実なところから、人の信用も厚く、働き以上に出世もできるのだが、中年ごろまでは、運命が開けかけては、いろいろ障害ができがちで、迂余曲折は免れない。そのかわり晩年には、発展もし成功もして、幸福な生活を楽しむことができる。

31、薬指と小指が渦紋、他は流紋（向学型）

学問は好きだし、弁舌も達者で、その上如才がない性分だから、心がけ次第では、どんな立身出世もできる相である。

32、親指と食指が流紋、他は渦紋（大金持型）

これは、お金に縁のある相で、万事意の如く順調に運び、一生不自由することがない。

しかし、あまり調子に乗って増長すると、思わぬ大失敗を招くことがあるから、ある程度慎重に進むことが大切である。

著者紹介

中村　文聡（なかむら ぶんそう）

明治39年（1906）生れ。昭和55年（1980）逝去。

著書に「生れ月の占い方」「新手相術」「推命学講義」「命理深源」「観相入神伝」「気学家相講座」「気学占い方入門」他多数。

〔復刻版〕

人相と手相入門

１９７５年12月15日　初刷発行（大泉書店版）
２０１９年12月３日　復刻版発行（東洋書院版）

定価――本体２７００円＋税

著者――中村文聡

発行者――斎藤　勝己

発行所――株式会社東洋書院
〒１６０－０００３　東京都新宿区四谷本塩町15－8－8F
電　話　０３－３３５３－７５７９
ＦＡＸ　０３－３３５８－７４５８
http://www.toyoshoin.com

印刷所――株式会社平河工業社

製本所――株式会社難波製本

ISBN978-4-88594-534-2